ESTRATÉGIA CONECTADA

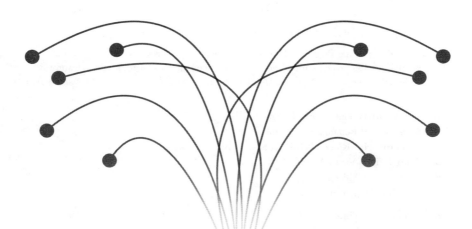

ESTRATÉGIA CONECTADA

Nicolaj Siggelkow Christian Terwiesch

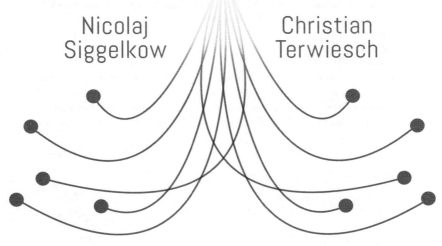

Como construir relacionamentos contínuos com clientes e alcançar vantagem competitiva

Tradução
Maria Silvia Mourão Netto

Benvirá

Copyright © 2019 Harvard Business School Publishing

Publicado mediante acordo com a Harvard Business Review Press
A cópia ou a distribuição não autorizada desta obra constitui violação de direitos autorais
Título original: *Connected Strategy – Building Continuous Customer Relationships for Competitive Advantage*

Direção executiva Flávia Alves Bravin
Direção editorial Renata Pascual Müller
Gerência editorial Rita de Cássia da Silva Puoço
Aquisição Tatiana Vieira Allegro
Edição Ana Laura Valerio
Produção Rosana Peroni Fazolari

Preparação Alessandra Miranda de Sá
Revisão Laila Guilherme
Diagramação Johannes Christian Bergmann
Capa Adaptado do projeto gráfico original de John Korpics
Impressão e acabamento Bartira

Dados Internacionais de Catalogação na Publicação (CIP)
Angélica Ilacqua CRB-8/7057

Siggelkow, Nicolaj

Estratégia conectada : como construir relacionamentos contínuos com clientes e alcançar vantagem competitiva / Nicolaj Siggelkow e Christian Terwiesch ; tradução de Maria Silvia Mourão Netto. – São Paulo : Benvirá, 2020.
280 p.

Bibliografia
ISBN 978-85-5717-370-5
Título original: *Connected Strategy – Building Continuous Customer Relationships for Competitive Advantage*

1. Serviços ao cliente - Inovações tecnológicas 2. Marketing de relacionamento 3. Consumidores - Educação - Comunicação I. Título II. Terwiesch, Christian III. Mourão Netto, Maria Silvia

20-2090	CDD 658.812
	CDU 658.89

Índice para catálogo sistemático:
1. Relacionamento com o consumidor

1ª edição, agosto de 2020

Nenhuma parte desta publicação poderá ser reproduzida por qualquer meio ou forma sem a prévia autorização da Saraiva Educação. A violação dos direitos autorais é crime estabelecido na Lei n. 9.610/98 e punido pelo artigo 184 do Código Penal.

Todos os direitos reservados à Benvirá, um selo da Saraiva Educação.
Av. Paulista, 901 – 3º andar
Bela Vista – São Paulo – SP – CEP: 01311-100

SAC: sac.sets@somoseducacao.com.br

CÓDIGO DA OBRA 703227 CL 670945 CAE 732342

*Para meu pai, que teria ficado muito orgulhoso
ao ler este livro.*
Nicolaj Siggelkow

*Para meus pais, que me ensinaram mais sobre negócios do
que qualquer escola poderia.*
Christian Terwiesch

Sumário

Prólogo: A magia da estratégia conectada 9

1. A estrutura da estratégia conectada 17

**Parte I – Recompensas das
estratégias conectadas**..33

2. Superação da escolha entre a experiência superior
do consumidor e a mitigação dos custos 35

3. Workshop 1
*Como usar a conectividade para oferecer uma experiência superior ao
consumidor com custos mais baixos* 67

**Parte II – Como criar relacionamentos conectados
com o cliente** 79

4. Reconhecer, requisitar e responder
Como construir experiências conectadas com o cliente............................81

5. Repetir
Como construir relacionamentos com o cliente para criar
vantagem competitiva 111

6. Workshop 2
Como construir relacionamentos conectados com o cliente 145

Parte III – Como criar modelos de entrega conectados 169

7. Como desenhar arquiteturas de conexão 171

8. Modelos de rendimento para estratégias conectadas 201

9. Infraestrutura tecnológica para estratégias conectadas 225

10. Workshop 3
Como construir seu modelo de entrega conectado 249

Epílogo: Como aproveitar o potencial da estratégia conectada... 267

Agradecimentos 271

Referências 273

Sobre os autores 281

Prólogo
A magia da estratégia conectada

As práticas de entretenimento da gigante Disney mostram uma mudança radical no modo como as empresas criam vantagens competitivas por meio do que denominamos *estratégia conectada*. As empresas que contam com uma estratégia conectada mudam de maneira fundamental o modo como interagem com os clientes, além das conexões que criam entre os vários participantes de seu ecossistema. Em essência, a estratégia conectada transforma as interações episódicas tradicionais com os consumidores em relacionamentos conectados com eles, caracterizados por interações contínuas, personalizadas e de baixo atrito.

Há muitos anos, a Disney vem organizando miniacampamentos para crianças como parte de suas operações de entretenimento. Pais exaustos durante o passeio pela Disney podem se separar dos filhos por algumas horas a fim de desfrutar de um pouco de privacidade durante a visita. A Disney sempre levou a sério sua responsabilidade com as crianças que ficam sob seus cuidados. Até 2005, isso significava interromper as atividades no acampamento a cada 30 minutos para fazer a chamada, o que gerava trabalho extra para a equipe e acabava com a diversão. Em 2005, então, a Disney começou a usar monitores para rastrear a garotada; a princípio, esses monitores eram usados pela área médica para acompanhar os deslocamentos de pacientes com demên-

9

cia, que corriam o risco de sair andando e se perder. As crianças ganhavam pequenas pulseiras de identificação, que as localizavam com precisão dentro de cada brinquedo.

Esse foi o ponto de partida para uma experiência Disney inteiramente nova, chamada MagicPlus. Tendo a possibilidade de saber a identidade e a localização de cada convidado, a Disney logo se perguntou de que outra maneira poderia usar o sistema MagicPlus para melhorar a experiência do convidado e a eficiência de suas operações.

As respostas que surgiram diziam respeito a um leque bastante amplo das operações de seu parque temático. Uma parte do programa de recepção e boas-vindas era a rotina de os personagens da Disney interagirem com os convidados no recinto do parque. Antes do Magic-Plus, chamado depois de MagicBand, personagens da Disney vestidos como Mickey Mouse ou Capitão Jack Sparrow pouco sabiam sobre as crianças. Com a MagicBand, o Mickey e o Capitão não apenas sabem o nome de cada criança como também têm informações sobre visitas anteriores da família aos parques temáticos da Disney no mundo inteiro. Se Sydney, de seis anos, conheceu Mickey Mouse no ano passado em Orlando e, neste ano, está no parque em Anaheim, Mickey vai se "lembrar" do primeiro encontro, tornando a experiência da criança algo verdadeiramente mágico.

Além de criar experiências mais intensas para o visitante, a Magic-Band também aprimorou as operações do parque e, com isso, reduziu os custos da Disney, um resultado de fato mágico em termos de negócios. Desde rastrear os pedidos de comida até lidar com queixas de visitantes, e ainda identificar cada um deles e viabilizar o acesso, por *tablet*, a todas as suas interações prévias com os personagens do elenco Disney, em todas essas vertentes a eficiência foi bastante aperfeiçoada. Além disso, a MagicBand permitia que os visitantes fizessem reserva em brinquedos muito procurados em determinados horários, encurtando drasticamente o tempo de espera. Desse modo, a Disney pôde direcionar o fluxo de visitantes e começar de imediato a operação das atrações já no início do dia, aumentando o número total de visitantes que podia ser recebido em um parque temático, oferecendo ao mesmo tempo uma ótima experiência a todos eles.

As estratégias conectadas se desenvolvem em um ambiente em rápida mudança. Diante de tanto sucesso, seria fácil imaginar que a Disney equiparia todos os seus parques com a MagicBand, mas não foi esse o caso quando inaugurou o Shangai Disney Resort. Não que os chineses não soubessem como apreciar a magia. É que, quando o parque foi aberto, havia surgido uma alternativa mais eficiente e quase todos os visitantes já tinham uma tecnologia mágica no bolso: um smartphone. Dotado dos aplicativos certos, os telefones de hoje oferecem todas as informações e acessos à Disney que a MagicBand fornecia antes.

O tema comum ao caso da Disney e a muitos outros estudos de caso deste livro é que vivemos em um mundo em que novas formas de conectividade estão transformando o modo como as companhias conduzem seus negócios. As estratégias conectadas permitem que o executivo crie experiências de qualidade superior para o consumidor, ao mesmo tempo que obtém melhorias substanciais em sua eficiência operacional. Em resumo, as estratégias conectadas podem compensar de forma significativa as escolhas que vêm ocorrendo tradicionalmente entre diminuir custos e proporcionar uma experiência superior ao consumidor. Ao adotar estratégias conectadas, as empresas conseguem criar vantagens competitivas formidáveis. Assim, não surpreende que o rápido crescimento que vêm registrando esteja produzindo novos sucessos e fracassos nos negócios.

As tecnologias implícitas nas estratégias conectadas vêm se aprimorando a uma velocidade estonteante. Os cerca de três bilhões de smartphones em funcionamento no mundo todo equivalem ao poder dos supercomputadores de apenas uma década atrás. A internet das coisas (IoT, na sigla em inglês) permite a comunicação instantânea entre sistemas que antes não conseguiam dialogar entre si. Rastreadores de saúde e condicionamento físico que podem ser usados no corpo agora rivalizam em termos de precisão com instrumentos médicos. Além disso, sistemas de recomendação que funcionam por meio de inteligência artificial apresentam soluções com mais rapidez do que qualquer ser humano conseguiria. Diante de todos esses avanços, experiências mágicas para o usuário estão vindo à tona em muitos setores do mercado. Porém, o mais fascinante é que a tecnologia em si é, em geral, relegada a uma função de apoio. A inovação mais importante das estratégias conectadas está no aprimoramento do modelo de negócio da empresa. Veja os quatro exemplos a seguir.

1) A Amazon redefiniu como os varejistas interagem com os consumidores. Até recentemente, os consumidores faziam longas listas de compras e tinham de ir a várias lojas para adquirir tudo. Agora, falam com a Alexa da Amazon para pedir comida, comprar roupas e vários outras coisas, e os produtos são entregues em sua casa, às vezes em poucas horas. Além da Alexa, a Amazon também criou o Dash Button, um pequeno dispositivo *wi-fi* que o consumidor pode ligar à geladeira, à máquina de lavar roupa, ao armário do banheiro e apertar para pedir água, detergente, papel higiênico e outros itens.

2) A publicação de livros universitários também vem passando por uma transformação fundamental. No passado, os estudantes compravam ou emprestavam os manuais, liam os capítulos indicados (ou pelo menos pretendiam fazê-lo) e depois se preparavam para os exames finais, resolvendo alguns problemas práticos ao final de cada capítulo. Hoje, a divisão de Ensino Superior da McGraw-Hill abandonou a palavra *livro* e, em vez dela, busca vender *experiências digitais de aprendizagem*. Os livros não são apenas inteiramente digitais, mas também inteligentes. Conforme os alunos atravessa o semestre, a tecnologia rastreia as leituras que fazem e transmitem esses dados ao professor e à editora. Quando o aluno tem dificuldade com alguma tarefa, o livro digital o direciona ao capítulo apropriado e oferece uma breve mensagem em vídeo sobre como resolver uma tarefa similar. Desse modo, o aluno recebe uma experiência de aprendizagem customizada em vez de um

manual-padrão, e os editores vão além de seu papel tradicional, tornando-se também tutores.

3) Os clientes costumavam interagir com a Nike uma vez ao ano, comprando tênis para corrida, e essa interação ocorria por meio de algum revendedor varejista, e não com a própria Nike. Agora, os clientes compram um sistema de bem-estar que inclui um *chip* embutido no calçado – um programa que analisa o último treino que realizaram, além de uma rede social de apoio com outros praticantes de corrida inscritos na Nike. Os consumidores interagem todos os dias com a Nike, o que transforma a empresa, de fabricante de calçados, em fornecedora de serviços de saúde e condicionamento físico, chegando a instruir os clientes sobre como atingir suas metas.

4) Milhões de consumidores adotaram tecnologias vestíveis, permitindo assim que dispositivos como o Apple Watch e o FitBit rastreiem sua vida diária. Alguns usuários mais radicais – também chamados de *seres quantificados* – vêm mensurando cada aspecto de seu corpo, desde a taxa de glicemia ao peso, passando por hábitos de nutrição e ciclos de sono. Quando a Apple sabe mais sobre um paciente do que o próprio médico, isso traz implicações significativas para o segmento dos serviços de saúde. Muitos sistemas de entrega digital têm integrado esse fluxo de dados aos registros médicos eletrônicos do paciente. No passado, pacientes e médicos viam-se em visitas periódicas. Agora, mudanças de peso e o uso correto da medicação são informados todos os dias ao serviço de saúde, oferecendo intervenções imediatas para lidar com anormalidades identificadas nos dados fornecidos. Na linha de frente desse segmento, a Medtronic está um passo adiante. Alguns dispositivos implantados não apenas rastreiam dados relativos à saúde e os comunicam, como também são inteligentes o bastante para agir automaticamente quando detectam padrões anormais em variáveis relevantes do ponto de vista clínico.

Como você já deve ter reparado, há dois aspectos comuns a esses desenvolvimentos. O primeiro é que as companhias estão mudando de maneira contundente o modo como se conectam com os consumidores. Em vez de interações episódicas, as empresas vêm se empenhando em manter a conexão continuamente, prestando serviços e apresentando produtos conforme surge a necessidade do cliente – às vezes, inclusive, antes mesmo que ele tenha tomado consciência dessa necessidade. Essas companhias criam, desse modo, um relacionamento conectado com os clientes.

Segundo, as empresas não só atendem a uma gama mais ampla de necessidades como podem fazê-lo a um custo menor. Para a maioria de seus negócios, a Amazon não precisa de dispendiosas lojas de varejo; o sistema tutorial customizado da McGraw-Hill, baseado em inteligência artificial, dispensa instrutores, que custam caro; a motivação para atingir metas no sistema da Nike é gerada pela rede social de contatos, e não por instrutores pessoais; e os dispositivos médicos implantados para mensurações automáticas da Medtronic também economizam dinheiro ao evitar a internação hospitalar. O potencial das estratégias conectadas está em criar experiências ao consumidor que pareçam mágicas, ao mesmo tempo que aumentam a eficiência operacional para obter mais sucesso financeiro.

Diante desse tremendo potencial, as estratégias conectadas criam grandes oportunidades para você, mas também para toda a sua atual e futura concorrência! Elas levarão a rompimentos com vários segmentos de mercado. Em uma época em que plataformas de mobilidade são mais bem avaliadas no mercado do que algumas das maiores montadoras de carros do mundo, o aumento na conectividade pode muitas vezes representar mais uma ameaça do que uma oportunidade. Mas, em quase todo o segmento, ameaças que podem causar possíveis rompimentos vêm e vão, e a qualquer momento pode acontecer de você ter uma surpresa proveniente de qualquer outra nova iniciativa. Quais delas sobreviverão? Quais trazem, de fato, um rompimento? Esperamos que as referências e as ferramentas deste livro não só o ajudem a criar sua própria estratégia conectada como também lhe forneçam uma nova perspectiva, permitindo-lhe distinguir modismos tecnológicos de desafios verdadeiramente estratégicos.

O que é uma estratégia conectada? Quais ferramentas e modelos você pode usar para construir uma estratégia conectada para sua organização? Como isso pode ajudá-lo a criar uma vantagem competitiva? Quais são os grandes exemplos com os quais aprender? As respostas a essas perguntas são o conteúdo deste livro.

1

A estrutura da
estratégia conectada

Uma boa maneira de começar a entender a estratégia conectada é considerar o relacionamento tradicional entre clientes e empresas. As interações tradicionais começam quando os clientes se dão conta de que têm uma necessidade que precisam satisfazer. Essa necessidade pode ser o desejo de ver o Mickey Mouse ou andar na montanha--russa; o sonho de aprender contabilidade financeira ou a vontade de entrar em forma antes que comece o verão. Então, o cliente imagina de que maneira quer satisfazer essa necessidade. Pesquisa parques temáticos e acomodações na internet, vai atrás de livros sobre contabilidade em uma boa livraria, pergunta aos amigos ou a algum professor da academia do bairro como treinar para o triatlo.

Em algum ponto, o cliente atinge um nível de conhecimento que o induz à ação de investir algum dinheiro nisso. Reserva o voo para a Disney, compra um livro caro ou se inscreve para uma semana de preparação física intensiva. Mas há um atrito considerável nessas transações tradicionais: o cliente despende uma quantidade significativa de esforço para buscar, solicitar e receber o produto ou o serviço que deseja.

As companhias estão posicionadas na outra ponta dessas transações tradicionais. Sim, elas podem usar a verba de marketing para influenciar o cliente ao longo dessa jornada que culminará com o pedido,

17

mas contam com conexões limitadas com esse cliente. Essas interações episódicas só têm início quando o cliente faz um pedido e terminam com a entrega do produto.

Nas interações tradicionais, as companhias trabalham muito para providenciar produtos e serviços de alta qualidade com a máxima rapidez possível e a um custo competitivo. Gerenciam e aperfeiçoam suas operações e o marketing segundo o modelo das vendas episódicas, mas sofrem com a limitação inerente à falta de conexões profundas com os clientes. Interações episódicas tradicionais entre clientes e companhias costumam exigir que os clientes invistam um esforço significativo na elaboração de uma solução para suas necessidades, e depois peçam e recebam o produto ou serviço. Além disso, em geral há uma lacuna entre o que o cliente quer e o que a companhia fornece. Essa lacuna pode ser de tempo (o cliente tem de esperar) ou entre o que o cliente realmente quer e o que a companhia tem a oferecer.

A empresa que é capaz de passar das interações episódicas com os clientes para um relacionamento conectado supera essas deficiências. Considere mais uma vez o poder da MagicBand. A Disney costumava ter apenas algumas interações com os visitantes, e estas aconteciam a intervalos claramente definidos: quando chegavam ao parque e compravam ingresso ou quando pediam um sanduíche na lanchonete. Agora, sensores rastreiam o visitante por meio da MagicBand a cada passo e a cada segundo. A MagicBand não só reduz o esforço para pedir e receber o sanduíche ou o suvenir, como constrói a experiência dando sugestões ao visitante.

Nesse mesmo sentido, a McGraw-Hill interagia a princípio com o leitor apenas quando lhe vendia um livro, e mesmo essa conexão era delegada a um varejista, assim como no caso da Nike. Hoje em dia, porém, cada vez que o leitor lê um livro digital ou lida com um problema prático, cria-se uma conexão que permite ao editor obter informações sobre o leitor, fazer a curadoria de suas ofertas e instruí-lo quando ele não consegue ir em frente. Enquanto isso, na área de serviços de saúde, a estratégia conectada faz com que o relacionamento médico-paciente passe do encontro episódico a cada poucos meses para um fluxo contínuo de dados que vão do paciente à equipe de atendimento, permitindo que se cuidem dessas necessidades médicas antes que elas se tornem graves.

Evoluir de um padrão de interações episódicas para relacionamentos conectados transforma o parque temático em uma experiência mágica; transforma uma editora em um criador de jornadas de aprendizagem; e moderniza o sistema hospitalar, tornando-o uma organização de serviços de saúde preventivos. Esses relacionamentos profundamente conectados criam mais lealdade e lucros mais expressivos.

Estratégias conectadas não acontecem por acaso: precisam ser elaboradas com cuidado e têm dois elementos principais: *um relacionamento conectado com o cliente* e *um modelo conectado de entrega*. O relacionamento conectado com o cliente é o que o encanta. O modelo conectado de entrega é o que permite à companhia criar esse relacionamento a baixo custo. Cada relacionamento conectado com o cliente e cada modelo de entrega são o resultado de escolhas estratégicas feitas em uma série de dimensões. Vejamos quais são elas na Figura 1.1.

Figura 1.1
Estratégia conectada

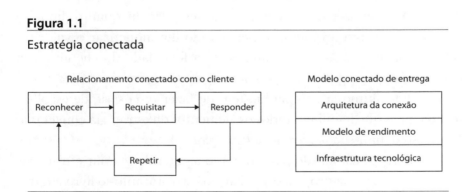

Conforme a Figura 1.1, no centro da estratégia conectada está o relacionamento conectado entre o cliente e a companhia. Achamos produtivo pensar em quatro dimensões de relacionamento conectado com o cliente, às quais iremos nos referir como os *quatro Rs do relacionamento conectado*. A primeira é a informação que passa do cliente para a companhia e permite que ambas as partes *reconheçam* a necessidade do cliente. Assim que uma necessidade é reconhecida, o cliente ou a companhia identificam o produto ou o serviço que satisfará essa necessidade, levando à *requisição* da opção desejada. Por sua vez, isso faz a companhia *responder*, criando uma experiência customizada e de baixo atrito para o cliente. Ao interagir frequentemente com o cliente, a companhia é capaz de *repetir* as interações com ele, o que permite à empresa refinar de forma contínua o ciclo de *reconhecer-requisitar-responder*, convertendo interações episódicas em um verdadeiro relacionamento com o cliente.

A fim de criar relacionamentos conectados com os clientes de maneira eficiente quanto aos custos, a companhia precisa criar um *modelo conectado de entrega*. Este resulta de três decisões estratégicas principais. A primeira é que a companhia tem de decidir quem se conecta a quem em seu ecossistema. Quais conexões precisam ser criadas entre fornecedores, clientes e com ela mesma? Chamamos isso de *arquitetura da conexão*. A segunda é que a companhia deve decidir quanto dinheiro transitará por essa arquitetura, permitindo-lhe monetizar o valor resultante da superação da escolha entre a felicidade do cliente e sua eficiência operacional, ou seja, ela tem de desenhar seu *modelo de rendimento*. Por último, a companhia tem de fazer uma série de escolhas tecnológicas que habilitem todos os elementos da estratégia conectada. É preciso definir sua *infraestrutura tecnológica*.

Este livro foi elaborado para ajudá-lo a entender e criar estratégias conectadas para sua própria organização. Estruturamos o livro em três partes. Na Parte I, mostramos em detalhes como as estratégias conectadas lhe permitem superar as escolhas existentes entre a felicidade do cliente e a eficiência de suas operações. A Parte II o ajudará a entender

20   Estratégia conectada

como construir relacionamentos conectados com o cliente. Por fim, a Parte III descreve como construir um modelo conectado de entrega. Cada uma dessas partes termina com uma seção que chamamos de Workshop. Nesses workshops, apresentamos exercícios testados e refinados por um público de alunos executivos. Eles servirão para ajudá-lo a avaliar as atuais atividades de sua companhia e criar sua própria estratégia conectada. Para que você tenha uma ideia do que virá a seguir, apresentamos rapidamente uma prévia.

Parte I: Recompensas das estratégias conectadas

No Capítulo 2 – "Superação da escolha entre a experiência superior do consumidor e a mitigação dos custos", discutimos vários estudos de caso que apresentam como as estratégias conectadas podem superar a escolha entre a felicidade do cliente e a eficiência; essa escolha é essencial à maioria dos modelos tradicionais de planejamento estratégico. Ao rastrear os visitantes de um parque temático, vender livros inteligentes e cuidar da saúde de pacientes em vez de pensar neles como unidades de venda, a estratégia conectada cria valor ao superar as escolhas existentes entre o valor que o cliente recebe e o custo no qual a companhia incorrerá. A recompensa de uma estratégia conectada está em oferecer mais valor ao cliente a um custo mais baixo para a empresa.

Explicamos como as inovações atuais no setor de varejo de alimentos, entre elas serviços de entrega de *kits* de refeição, vitrines reais aumentadas e lojas sem filas no caixa, vêm aumentando tanto a satisfação do cliente como a eficiência operacional do segmento.

Usando um estudo de caso detalhado do mercado de táxis por aplicativo, discutimos em seguida como empresas, por exemplo, Uber e Lyft, não apenas melhoraram a experiência do passageiro em comparação com as empresas de táxi tradicionais como também foram capazes de fazê-lo com um custo de satisfação muito menor. Ao conectar passageiros e motoristas, as empresas de táxi por aplicativo criaram um mercado para serviços de motorista. Além disso, ao permitir que os preços variassem conforme a oferta e a procura, os motoristas receberam um incentivo para trabalhar quando e onde fosse mais rentável. Fazer a correspondência entre oferta e procura em um mundo dinâmico exige novas formas de conectividade que vão além de uma pessoa acenando na calçada para um táxi ou telefonando para um funcionário mal-humorado de uma central para que envie um táxi. Assim que a conectividade entra em campo, os recursos podem ser usados com muito mais eficiência.

Terminamos o capítulo discutindo como as estratégias conectadas podem levar a uma vantagem competitiva e refletindo sobre a importância da privacidade dos dados no contexto das estratégias conectadas.

O Capítulo 3 – "Workshop 1: Como usar a conectividade para oferecer uma experiência superior ao consumidor com custos mais baixos", contém uma série de planilhas que o ajudarão a iniciar o processo de criação de uma estratégia conectada para sua organização.

Parte II: Como criar relacionamentos conectados com o cliente

Na Parte II do livro, analisamos em profundidade como você pode criar um relacionamento conectado com seus clientes, em que as interações episódicas são substituídas por interações frequentes, de baixo atrito e customizadas, alimentadas por um rico intercâmbio de dados.

No Capítulo 4 – "Reconhecer, requisitar e responder: como construir experiências conectadas com o cliente", investigamos as três primeiras dimensões de um relacionamento conectado. A dimensão *reconhecer* engloba o fluxo de informações entre o cliente e a empresa, que permitem reconhecer a necessidade do cliente. Apresentamos as diversas maneiras de configurar esse fluxo de informações, que tanto pode ser iniciado pelo cliente como ser autônomo. Assim que a informação alcança a companhia, esta precisa interpretá-la e convertê-la (ou ajudar o cliente a fazer isso) em uma *requisição* da opção desejada. Por fim, a companhia precisa *responder* a essa requisição e proporcionar a opção desejada com baixo atrito. Com base em nossa pesquisa, identificamos quatro tipos de experiências conectadas para o cliente, a saber:

- Resposta ao desejo.
- Oferta com curadoria.
- Conduta de instrução.
- Execução automática.

Vejamos cada um desses tipos, retomando os exemplos do Prólogo. A Amazon é um ótimo exemplo de experiência conectada de *resposta ao desejo*. Assim que o cliente expressa seu desejo, a Amazon responde com rapidez e conveniência. Na Disney, uma função-chave da MagicBand é criar uma experiência de resposta ao desejo. Quando o visitante quer entrar em um brinquedo, pagar seu sanduíche ou abrir a porta do quarto no hotel, basta passar a MagicBand pelo sensor.

O exemplo do livro-texto da McGraw-Hill ilustra a *oferta com curadoria*. Ter muitas interações com cada cliente permite que a companhia se informe sobre as necessidades dele. Contando com esse conhecimento e confiança, o cliente não está mais sozinho para achar a solução que busca. Neste caso, a empresa e o cliente fazem essa busca juntos. A editora não apenas auxilia o aluno a descobrir a resposta para o problema de *valuation* da corporação na página 247 como, além disso, detecta que o aluno ainda está tendo dificuldade com o cálculo do valor líquido bruto e pede que ele reveja o conteúdo da página 35, por exemplo.

As companhias que criam estratégias conectadas costumam criar mais de uma experiência conectada para o cliente. Retomando o exemplo da Disney, fica claro que a MagicBand faz mais do que criar uma experiência de resposta ao desejo. Com essa pulseira, o cliente pode comunicar sua decisão de que não quer mais visitar a Magic Mountain. Em vez disso, ele diz à Disney (ou a empresa sabe disso pelas experiências anteriores) que quer experimentar um brinquedo que proporcione mais senso de aventura e depois fazer uma refeição deliciosa nas próximas duas horas. A Disney então usa essa informação para criar um itinerário personalizado. Além disso, a empresa é capaz até de customizar a experiência em diferentes atrações. Por exemplo, se um visitante criou um avatar em um dos *videogames* da Disney, esse avatar vai aparecer no pôster "Procurado" que o visitante vê no brinquedo "Piratas do Caribe".

O terceiro tipo de experiência conectada para o cliente é chamado de *conduta de instrução*. Companhias como a Nike tentam mudar o comportamento do cliente para que adote o que é bom, inteligente ou saudável. A Nike não força você a correr com mais frequência, mas pode se oferecer para ajudá-lo a atingir suas metas de condicionamento físico e de saúde. Do mesmo modo, o tutor virtual de um livro-texto inteligente diz: "Olá, você não completou a leitura que devia fazer nesta semana", e o dispositivo vestível começa a vibrar se o usuário não se levantou da cadeira no trabalho nas últimas horas.

Os dispositivos conectados que permitem aos prestadores de serviços de saúde intervir antes que surja uma necessidade urgente, assim como dispositivos implantados capazes de agir de modo independente, são exemplos da experiência conectada de *execução automática*. O cardiologista é consultado no momento em que uma arritmia é registrada pelo monitor de frequência cardíaca. De modo semelhante, um álbum de fotos digitais é criado e enviado ao cliente a partir das imagens que ele fez no parque temático, e isso sem que o cliente tenha usado uma câmera. Tal como acontece com muitas estratégias conectadas, essas conexões profundas podem suscitar questões quanto à privacidade, situando-se em uma zona limítrofe entre o Big Brother e o amor pres-

24   Estratégia conectada

timoso dos pais. Vamos analisar essas questões ao longo do livro. E, para deixar claro, não encaramos essa visão como padrão para todas as experiências conectadas do cliente, embora a maior parte dos alunos ficasse feliz em deixar que o livro-texto fizesse as provas por eles...

Embora essas experiências individuais dos clientes já criem muito valor, assim que a companhia é capaz de repetir essas interações, passa a ter a capacidade de refinar de modo substancial a experiência do cliente com o passar do tempo. Uma empresa que tem uma estratégia conectada é capaz de transformar uma série de experiências dos clientes em um *relacionamento* conectado com eles, e essa é uma das condições cruciais para a companhia desenvolver vantagem competitiva. Essa transformação é o assunto do Capítulo 5 – "Repetir: como construir relacionamentos com o cliente para criar vantagem competitiva".

Acreditamos que muitas experiências conectadas do cliente vão se tornar um leque de apostas. É por isso que a dimensão *repetir* é tão importante. É por meio dessa dimensão – ou seja, a capacidade da companhia para aprender com as interações existentes a fim de esboçar futuras interações – que a empresa terá condições de criar uma vantagem competitiva sustentável. A dimensão *repetir* ajuda a companhia com duas formas de aprendizagem, detalhadas a seguir.

Em primeiro lugar, no nível de um cliente em particular, a companhia aprende como fazer melhor correspondência entre as necessidades dessa pessoa e os produtos e serviços existentes na empresa. A Disney aprende que o João parece gostar mais de sorvete do que de batata frita e mais de peças de teatro do que dos brinquedos, por isso é capaz de criar um itinerário mais divertido para ele. A McGraw--Hill aprende que Pedro tem dificuldade para realizar cálculos de juros compostos; então, a editora é capaz de dirigir a atenção desse aluno para um material que trabalha exatamente essa deficiência. A Netflix aprende que Verônica gosta de sátiras políticas, portanto dá a essa cliente sugestões mais pertinentes de filmes que ela possa apreciar.

Em segundo lugar, além dessa aprendizagem específica sobre o cliente, a empresa pode se dedicar à aprendizagem em nível populacional, o que lhe permite ajustar seu portfólio atual de produtos e serviços. A Disney aprende que a procura geral por sorvete de iogurte está aumentando, então pode instalar mais barracas que vendem esse produto. A McGraw-Hill aprende que muitos alunos têm dificuldade com o cálculo de juros compostos, por isso concentra-se em aprimorar seu módulo *on-line* sobre esse tópico. A Netflix observa que muitos assinantes gostam de filmes dramáticos sobre política; sendo assim, licencia mais séries desse gênero. Além disso, a aprendizagem em nível populacional pode permitir que a empresa saiba mais sobre seus clientes do que qualquer um de seus fornecedores, e isso lhe possibilita criar novos produtos e serviços. Contando com um conhecimento mais profundo de seus consumidores, os produtores de conteúdo da McGraw-Hill podem desenvolver novas experiências educacionais, e a Netflix passa a produzir os próprios filmes.

Com o tempo, esses dois níveis de aprendizagem têm mais um efeito importante: as empresas são capazes de atender às necessidades mais fundamentais de seus clientes. A McGraw-Hill pode aprender que o cliente não só quer entender contabilidade financeira, como também pretende seguir carreira em Wall Street. A Nike pode descobrir que determinado praticante de corrida tem interesse, além de se manter em forma, em treinar para sua primeira maratona. Esse conhecimento pode permitir a criação de um leque ainda mais amplo de serviços e levar a tal confiança no relacionamento entre a empresa e seus clientes, que se tornará muito difícil de ser superado pela concorrência. Para construir esses relacionamentos de confiança, os dados dos clientes precisam ser usados de modo transparente e seguro – assunto ao qual retornaremos no final do Capítulo 5.

O Capítulo 6 – "Workshop 2: Como construir relacionamentos conectados com o cliente" encerra a Parte II do livro, guiando o leitor ao longo de uma série de exercícios que o auxiliarão a criar relacionamentos conectados com o cliente.

Parte III: Como criar modelos de entrega conectados

Assim que você tem uma ideia do tipo de relacionamento conectado que quer estabelecer com seus clientes, a questão é como pôr em prática esse relacionamento com bom custo-benefício. Você precisa criar um modelo de entrega conectado. Esses modelos consistem em três partes, que constituem o tema dos três próximos capítulos: como desenhar arquiteturas de conexão, modelos de rendimento para estratégias conectadas e infraestrutura tecnológica para estratégias conectadas.

No Capítulo 7 – "Como desenhar arquiteturas de conexão", apresentamos algumas maneiras de as empresas reconfigurarem a rede de conexões envolvendo os diversos participantes de seu ecossistema. Empresas que fornecem serviço de táxi por chamada, como Uber e Lyft, criaram conexões entre partes até então não conectadas: pessoas com carro e pessoas que procuravam quem as levasse de carro de um lugar a outro. Essa configuração da cadeia de valor tem suas vantagens, mas há muitas alternativas. No mundo da mobilidade, a Daimler decidiu criar o próprio serviço de compartilhamento de carro (Car2Go), formando uma conexão direta entre a montadora e seus clientes. Por sua vez, a Zipcar, outra operadora de compartilhamento de veículos, tem conexões tanto com a montadora como com os locadores, pois tem de comprar os carros antes de poder alugá-los. Por fim, o serviço de compartilhamento de carona chamado BlaBlaCar conecta quem procura uma viagem com quem tem espaço livre no carro. A ideia é que as pessoas viajem com companhias, compartilhem os custos e economizem.

Quando for implantar uma estratégia conectada, você precisa decidir a dose de experiência que sua companhia vai gerar internamente ao cliente e a dose que delegará a outros parceiros no ecossistema. Além disso, talvez tenha de criar novas conexões entre os participantes do seu ecossistema. O Capítulo 7 oferece diretrizes para tomar essas decisões.

Como veremos adiante, há cinco arquiteturas de conexão comuns, usadas por vários setores da economia:

- Produtor conectado.
- Varejista conectado.
- Criador de mercado conectado.
- Organizador de grandes grupos.
- Criador de rede ponto a ponto.

No Capítulo 7, vamos descrever em detalhes cada uma dessas arquiteturas de conexão. Quando reconhecer seus aspectos específicos, você poderá fazer escolhas acertadas para o seu negócio.

Concluímos o capítulo apresentando a matriz de uma estratégia conectada. Entendemos que essa matriz é um modelo muito valioso para catalogar de forma sistemática as várias atividades da concorrência em sua área de atuação, assim como uma ferramenta inovadora quando se trata de gerar novas ideias para sua própria estratégia conectada.

O Capítulo 8 – "Modelos de rendimento para estratégias conectadas" acrescenta a segunda consideração do seu projeto quanto ao modelo de entrega conectada: o modelo de rendimento. Algumas estratégias conectadas podem adotar modelos tradicionais de rendimento. A divisão de parques temáticos da Disney ainda gera a maior parte de seu dinheiro com a venda de ingressos, comida, mercadorias alusivas e taxas para experiências especiais dentro do parque. Compare isso com a operação da Niantic e da Nintendo, duas companhias que também produzem experiências espetaculares, centradas em personagens fictícios. Com o Pokémon Go, os sócios aproveitaram a realidade estendida para criar uma plataforma de tecnologia que transforma qualquer lugar em parque temático virtual. Você pode brincar com esse jogo em qualquer lugar, a qualquer momento, e pode jogar de graça junto com seus outros 65 milhões de usuários ativos. A Niantic gera rendimento por meio de compras via aplicativos que incrementam o jogo e também por meio de empresas patrocinadoras que criam locais atraentes para o jogo (por exemplo, lojas da Starbucks e do McDonald's).

Muitas vezes, são os avanços tecnológicos que tornam as estratégias conectadas viáveis do ponto de vista econômico. Claro que todos gostariam de contar com serviços por demanda personalizados que satisfizessem a maioria de suas necessidades fundamentais. Mas como as companhias podem oferecer esses serviços customizados a preços acessíveis? Amplas melhorias em várias dimensões – desde coleta, transmissão, armazenagem e análise de dados até logística e fabricação – tornaram as estratégias conectadas uma possibilidade. No Capítulo 9 – "Infraestrutura tecnológica para estratégias conectadas", vamos esclarecer e delinear esses avanços. Ao retomar os relacionamentos conectados que você esboçou na Parte II, poderemos identificar as principais tecnologias e perguntar sistematicamente quais delas lhe permitirão dar ainda mais sofisticação a sua estratégia conectada.

Por fim, o Capítulo 10 – "Workshop 3: Como construir seu modelo conectado de entrega" apresenta uma série de exercícios e ferramentas que servirão não só para você montar a sua própria estratégia conectada como também para que tenha um melhor entendimento do que está acontecendo em seu ramo de atividade.

Os conceitos que acabamos de propor permitem agora que apresentemos a definição formal de uma estratégia conectada:

> A estratégia conectada de uma empresa é um conjunto de escolhas operacionais e tecnológicas que fundamentalmente mudam:
> - como a empresa se conecta com seus clientes ao pôr em prática o circuito *reconhecer-requisitar-responder-repetir*, que transforma as interações episódicas em relacionamentos contínuos de baixo atrito e com alto teor de customização;
> - as conexões que a empresa cria entre os diversos participantes de seu ecossistema por meio do tipo de arquitetura de conexão que escolhe e do subsequente valor econômico adquirido por meio de seu modelo de rendimento.

Como nasceu este livro

Nós dois lecionamos nos programas de MBA e de Educação Executiva na Wharton School. Também somos codiretores do Mack Institute for Innovation Management. Nos últimos anos, conforme novas empresas e outras já antigas romperam com suas áreas de interesse, introduzindo mudanças fundamentais em sua maneira de se conectar com o consumidor, começamos a refletir sobre os princípios que justificam seu sucesso. Ao mesmo tempo, um número crescente de gestores tem procurado o programa de Educação Executiva da Wharton para aprender a criar oportunidades para o seu negócio usando esses princípios. Como resultado, dispusemo-nos tanto a ajudar os gestores a transitar pelo mundo da internet das coisas, da economia compartilhada, das estratégias de plataformas, do aprendizado em profundidade, da tecfin (tecnologia financeira) etc. como a lhes proporcionar um conjunto de ferramentas para criar estratégias conectadas para sua organização. Nossas ideias foram aperfeiçoadas e refinadas ao longo de centenas de sessões com executivos e alunos do MBA. As histórias que contaram de suas experiências pessoais e dos desafios que enfrentaram foram *feedbacks* essenciais ao desenvolvimento do referencial que agora chamamos de estratégia conectada. O livro que você tem em mãos (ou está lendo em tela) é o resultado disso.

Assim como em qualquer pesquisa, contamos com o trabalho já realizado por gigantes da área. Fomos bastante beneficiados pela amplitude da pesquisa conduzida por Michael E. Porter, que há muito tempo vem investigando o impacto da internet e das novas tecnologias na área de estratégia. O trabalho de Adam M. Brandenburger, Harborne W. Stuart Jr. e Barry J. Nalebuff teve influência decisiva na discussão do valor e da disponibilidade para pagamento, do Capítulo 2, enquanto a jornada do cliente que estudamos no Capítulo 4 tem suas raízes intelectuais no trabalho de Ian C. McMillan e Rita Gunther McGrath. O trabalho esclarecedor de Andrew McAfee e Erik

Brynjolfsson sobre o impacto das novas tecnologias nas empresas e na sociedade sempre foi estimulante para nós. Por fim, tivemos a inspiração dos amigos, colegas e coautores David Asch e Kevin Volpp, cujas incursões pioneiras sobre o serviço de acompanhamento de pacientes fora do hospital influenciaram nossas ideias sobre relacionamentos conectados com o cliente. Evidentemente, houve várias outras fontes de influência sobre nossas ideias e nosso trabalho. Os leitores que quiserem se aprofundar em textos acadêmicos e na literatura aplicada podem consultar a seção Referências ao final do livro.

Como usar este livro

Provavelmente, você está lendo este livro não apenas para se entreter, mas, principalmente, com a intenção de refletir sobre como sua organização cria conexões com clientes e fornecedores. Entendemos. E é por isso que não o escrevemos como um manual acadêmico, nem como um tratado especializado. O objetivo principal desta obra é ajudá-lo a elaborar sua própria estratégia conectada para que você seja capaz de criar uma vantagem competitiva para sua empresa.

Ao final de cada parte do livro, faremos uma pausa e o ajudaremos a aplicar todas as referências em forma de workshop. Cada workshop consiste em planilhas e perguntas de orientação que já testamos na prática com um grande número de participantes de nossa Educação Executiva. Use esse material do jeito que mais lhe convier ou, ainda melhor, para reunir integrantes de sua equipe e outros interessados em um workshop estruturado.

No site deste livro – *connected-strategies.com* – você poderá encontrar mais informações sobre como conduzir seu próprio workshop. Esse site sugere linhas de tempo para os workshops, além de gabaritos contendo todos os exercícios e tarefas para o grupo, que você pode baixar. Também fornecemos alguns exemplos de planilhas já completas que

A estrutura da estratégia conectada   31

serão úteis quando você aplicar as ferramentas que apresentamos no livro. Por fim, o site abriga dezenas de *podcasts* enviados por executivos de uma ampla gama de ramos de atividade, desde consultores educacionais até bancos que prestam serviços de segurança.

Para ilustrar nossas ideias e modelos, usamos vários exemplos de companhias do mundo todo. Esperamos que alguns desses exemplos inspirem ideias que você possa usar em sua organização. Ao mesmo tempo, queremos deixar clara uma coisa: com certeza não esperamos que todas as empresas que mencionamos despontem como vencedoras em seus respectivos segmentos. Para sermos francos, ficaríamos extremamente surpresos se isso acontecesse. O mundo das estratégias conectadas está em desenvolvimento, e haverá diversos exemplos de sucesso e fracasso. Acreditamos no poder das ideias que apresentamos neste livro, mas não estamos oferecendo dicas de investimento para alguma companhia em especial.

Quer você seja uma *startup* tentando criar uma ruptura em determinado segmento de mercado existente ou uma empresa já consolidada que deseja revitalizar sua estratégia e defender seu negócio; quer lide diretamente com o cliente final ou atue em um ambiente *business-to-business*, acreditamos que as estratégias conectadas terão um papel crucial para ajudá-lo a obter vantagem competitiva. Afinal, se você nunca pensou em estratégias conectadas, é bem provável que outra pessoa em sua área de atividade o faça!

PARTE I

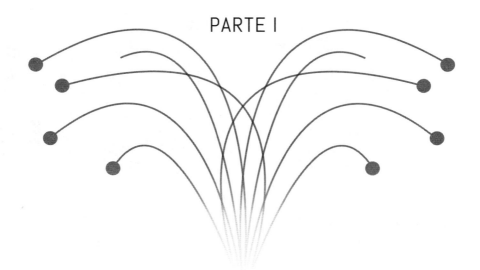

Recompensas das estratégias conectadas

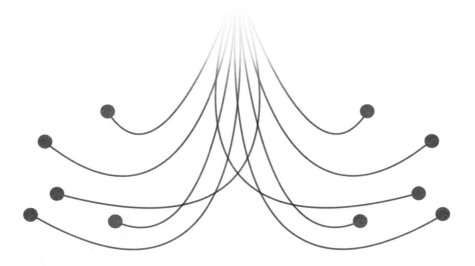

2

Superação da escolha entre a experiência superior do consumidor e a mitigação dos custos

Todo negócio, em qualquer setor de atividade, enfrenta a questão da escolha entre a qualidade da experiência do consumidor e os custos de proporcioná-la. Adicionar uma taça de espumante e mais espaço para as pernas no avião melhoram a viagem, mas também aumentam os custos. Um carro elétrico com uma bateria de 85 kWh ao estilo Tesla pode ir mais longe e mais depressa entre os ciclos de recarga, mas também custa mais do que o Nissan Leaf com sua bateria de 30 kWh. O hotel que fornece o serviço de *concierge* pessoal oferece ao consumidor uma experiência superior em comparação com o contato com o recepcionista emburrado que empurra um mapa local sobre o balcão. Em suma, experiências superiores para o consumidor implicam custos mais elevados ao serem oferecidas. Como mudar esse cenário?

Este capítulo explora a promessa fundamental das estratégias conectadas: ao criar conexões mais profundas com os clientes e novas conexões entre os vários participantes de um segmento de mercado, as empresas podem construir novos modelos de negócio que redefinam as escolhas existentes entre a experiência do consumidor e seu custo. Para exemplificar nossas ideias, analisaremos estudos de caso do varejo de alimentos e do serviço de táxi por aplicativo.

A fronteira da eficiência

Para verificar como as estratégias conectadas rompem por completo com a escolha tradicional entre custo e qualidade, vejamos o segmento de supermercados, um ramo que fatura 600 bilhões de dólares nos Estados Unidos, 500 bilhões na Índia e outros 700 bilhões na China.[1]

Samuel, um consumidor comum, está pensando em sua compra semanal de alimentos, o que representa ir até onde vendem laticínios, carnes e vegetais. Ele costuma considerar três opções: o mercado dos produtores locais, uma cadeia de supermercados, como o Carrefour, e um sacolão. Quais fatores motivam as escolhas de Samuel? Talvez, no caso dele, sua felicidade esteja mais relacionada à qualidade dos produtos disponíveis. Por exemplo, no mercado dos produtores, os legumes e as frutas são orgânicos, a carne é fresca e os laticínios são produzidos com o leite de vacas felizes. Além dos atributos do produto (por exemplo, orgânico *versus* não orgânico), outros fatores afetam a felicidade do cliente. Há inúmeras maneiras de agradar um consumidor, e podem existir inúmeros incômodos que atrapalham sua experiência. Por exemplo, o cliente tem de percorrer longas distâncias para fazer suas compras ou pode ir a pé até o local? Se tiver de dirigir, com que facilidade consegue estacionar? Quanto tempo vai levar até encontrar todos os itens que deseja? Quanto tempo vai levar no caixa? A lista é longa.

São muitas as dimensões que interferem enquanto o cliente gosta de um produto ou serviço, entre elas desempenho, atributos, customização, facilidade de acesso, tempo de espera, facilidade de uso, e assim por diante. Reunimos todas essas dimensões em uma única pontuação (pense nisso como uma média de pontos) e a chamamos de *disponibilidade do cliente para pagar*. Quanto mais você gosta de uma coisa,

---

1. No Brasil, segundo a Associação Brasileira de Supermercados (Abras Brasil), foi registrado um faturamento de 355,7 bilhões de reais em 2018. (N. da E.)

mais alto será o preço máximo que estará disposto a pagar por ela. Os economistas em geral se referem à "utilidade do cliente", expressão que abrange o mesmo conceito. É importante distinguir entre a disponibilidade para pagar que o cliente demonstra em relação a um produto em particular e o preço real que ele paga por isso. O preço de um produto em particular dependerá não somente da disponibilidade do cliente para pagar por isso, mas também da disponibilidade para pagar que a concorrência demonstra em relação aos próprios produtos e os preços que cobra.

Para se tornar mais atraentes ao cliente, as empresas querem aumentar a disponibilidade para pagar existente em seu público, mas há uma força em sentido contrário: o custo de criar e satisfazer essa experiência do cliente. A isso nos referimos como *custo da satisfação*. Quanto melhor a qualidade do produto, ou quanto mais conveniente for sua localização, mais alto será o custo total de satisfação dessa experiência do cliente. Podemos visualizar tal escolha situando as empresas em um gráfico em que a disponibilidade do cliente para pagar ocupa o eixo vertical e o custo de satisfação para a empresa fica no eixo horizontal. Na Figura 2.1, situamos as três opções do Samuel quanto ao local para comprar alimentos. O mercado dos produtores está na posição esquerda ao alto do gráfico. Ele cria no cliente uma alta disponibilidade para pagar, mas o custo dessa satisfação também é muito alto, já que os pequenos produtores não têm uma economia de escala quanto à produção ou à distribuição. O custo cai quando passamos da esquerda para a direita nesse eixo. Como resultado, o sacolão fica na porção direita inferior. Os custos são baixos, mas a disponibilidade para pagar por essa opção também é baixa. O supermercado fica entre os dois extremos.

Figura 2.1
Fronteira da eficiência

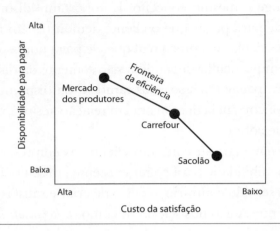

Quando ligamos os pontos que representam as empresas localizadas nas posições mais distantes no gráfico, obtemos a *fronteira de eficiência* atual desse segmento do mercado. Essa linha representa a fronteira porque as empresas nessa linha maximizaram a disponibilidade para pagar que criaram para os clientes por determinado nível de custo. Por outro lado, para dada disponibilidade para pagar, essas empresas minimizaram o custo dentro do qual podem criar essa disponibilidade. As empresas que não estão na fronteira deparam com uma grave desvantagem, enfrentando uma concorrência que tanto pode criar maior disponibilidade para pagar, incorrendo no mesmo custo, como criar a mesma disponibilidade para pagar a um custo menor. Seja como for, a concorrência é capaz de proporcionar ao cliente um acordo melhor: um produto preferível pelo mesmo preço ou o mesmo produto por um preço menor. A fronteira de eficiência também mostra que as empresas enfrentam uma escolha: assim que a companhia atingiu a fronteira de eficiência, a disponibilidade mais alta para pagar virá a um custo mais alto, ou, ao contrário, a redução do custo levará a menor disponibilidade para pagar.

Como alavancar a fronteira da eficiência

Apesar do alto número de programas de culinária na televisão, os consumidores na maioria dos países desenvolvidos perderam a vontade de passar muito tempo cozinhando. Com isso, surgiu uma categoria de produtos inteiramente nova, facilitada pela internet e por um baixo custo de transporte: *kits* que contêm ingredientes para refeição em porções customizadas, entregues na casa do assinante. Nos Estados Unidos, a Blue Apron a princípio dominou esse segmento do mercado, o que a levou a um *valuation* de 2 bilhões de dólares em sua Oferta Pública Inicial (OPI), em 2017. Lançada primeiro na Alemanha, a HelloFresh desde então já superou a Blue Apron nessa categoria. Mais recentemente, cadeias de supermercados como Walmart e Albertsons entraram para o grupo. E, como é provável que você já tenha deduzido, onde existe oportunidade para ganhar dinheiro *on-line*, a Amazon não fica atrás, e agora a companhia vende *kits* de refeições pela Amazon Fresh.

Como você verá nos estudos de caso deste livro, não estamos promovendo nenhuma companhia em particular, e sem dúvida você não deverá usar nosso trabalho para escolher as próximas ações que pretende comprar. Desde sua OPI, a Blue Apron tem enfrentado dificuldades financeiras, e o Uber – que discutiremos mais adiante neste capítulo – vem enfrentando fortes desafios legais e financeiros. O que quer que aconteça com essas companhias, acreditamos que a entrega de *kits* de refeição para assinantes e o serviço de táxi por aplicativo vieram para ficar. O fato de tanto a Blue Apron como o Uber estarem enfrentando uma concorrência acirrada é uma dura realidade para elas como empresas individuais, mas isso demonstra o dinamismo de segmentos de mercado recém-criados, destacando dessa maneira a potência dos modelos de negócios conectados. Falaremos mais sobre a estratégia conectada e a vantagem competitiva no final deste capítulo.

De que maneira funciona uma companhia como a Blue Apron? Solicita-se aos clientes que compram a assinatura desse serviço que especifiquem suas preferências. Desse ponto em diante, toda semana a Blue Apron envia ao assinante uma caixa que contém ingredientes e receitas. A empresa se abastece com produtos sustentáveis, diretamente de produtores menores, em geral lavouras familiares. Todas as carnes, peixes e frutos do mar que a empresa entrega são isentos de hormônios e antibióticos. Com alta frequência, a Blue Apron também inclui ingredientes que não são muito conhecidos, como miniberinjelas ou limões-rosa. Os agroecologistas da Blue Apron orientam os produtores quanto ao rodízio do cultivo à época do plantio, ao espaçamento entre as plantas e ao uso de pesticidas para ajudá-los a cultivar variedades incomuns de frutas, legumes e hortaliças, capazes de fornecer colheitas abundantes e uma atividade agrícola sustentável.

Por que tantos clientes se inscrevem nesse serviço? Em termos de produto, sua alta qualidade e ter sido feito de modo sustentável permitem que se situem em um nível equivalente ao dos alimentos oferecidos no mercado dos produtores. Além disso, a Blue Apron aumentou a disponibilidade do cliente para pagar ao reduzir uma série de pontos de incômodo ao longo de sua jornada em busca de comida. Não há mais necessidade de perder tempo procurando receitas, fazendo lista de compras, dirigindo até várias lojas para achar itens especiais, nem esperando na fila do caixa para pagar. Não há sobras de ingredientes estragando na geladeira. Além de todas essas vantagens, os clientes aprendem como preparar refeições exclusivas com ingredientes incomuns que talvez não usassem se não fosse assim, e que poderiam ter dificuldade para encontrar à venda. Em resumo, para muitos clientes, a disponibilidade para pagar aumentou.

E quanto ao custo da satisfação? Apesar de toda a sua conveniência, a Blue Apron tem um custo de satisfação mais baixo do que o mercado dos produtores tradicional. Uma parte dessa vantagem do custo resulta da escala massiva, em especial quando comparada às cooperativas agrícolas tradicionais. Por exemplo, no caso de alguns ingredientes, como a miniberinjela, a Blue Apron arremata praticamente todo o estoque disponível para comércio.

Quanto a operações de varejo, o modelo de assinatura da Blue Apron permite que a companhia faça, com alto nível de acurácia, a previsão da demanda por produtos, o que reduz excessos de estoque. E a Blue Apron não tem de se preocupar com inexistência de estoque, um dos maiores contratempos operacionais para supermercados. Se o abacate está em falta, a companhia pode modificar as receitas da semana e os clientes vão consumir aspargos.

A previsão também permite que a companhia ajude os agricultores a administrar com eficiência o próprio negócio. A Blue Apron em geral compra toda a safra de um produtor, gerando um fluxo de renda mais previsível do que seria possível se o agricultor tentasse vender seus produtos no mercado dos produtores onde a demanda é variável. Por fim, a Blue Apron elimina dois elos da cadeia de fornecimento: o transporte do armazém até as lojas varejistas, e os próprios locais de venda de alimentos a varejo, o que tira de cena, entre outros, os custos com imóveis, contas de serviços básicos e segurança. Ao criar uma oferta fruto de curadoria, a Blue Apron incrementou a disponibilidade de seus clientes para pagar. Ao mesmo tempo, como cria novas conexões entre agricultores e clientes – a arquitetura de conexão que, no Capítulo 7, chamaremos de *varejista conectado* –, a Blue Apron também foi capaz de reduzir seu custo de satisfação. Em resumo, a Blue Apron alavancou a fronteira de eficiência, como ilustramos na Figura 2.2. A linha pontilhada nessa figura corresponde à maior vantagem competitiva que a empresa conquistou em relação aos mercados de produtores, graças a sua estratégia conectada.

Outras estratégias conectadas despontaram no segmento de lojas de alimentos, criando uma fronteira inteiramente nova nessa área. Considere o Instacart, um serviço de entrega de compras no mesmo dia.

Figura 2.2
Alavancando a fronteira da eficiência

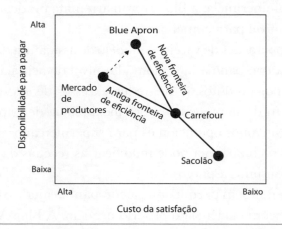

O Instacart tem como foco minimizar um ponto de incômodo específico: a compra em si. Essa empresa cria novas conexões entre os clientes que precisam de itens alimentícios e pessoas que atuam como compradoras. Assim, foi criada uma arquitetura de conexão que chamamos de organizador de grandes grupos. Usando o aplicativo do Instacart, os clientes podem comprar no ambiente virtual em uma variedade de lojas locais, entre elas mercados, produtos em *pet shops* e drogarias. O comprador remunerado vai até esses locais e pega os artigos que o cliente encomendou. A entrega pode ser feita prontamente em até uma hora ou agendada para mais tarde. Esse serviço aumenta a disponibilidade do cliente para pagar, pois lhe poupa tempo. Uma vez que os compradores podem atender a mais de uma pessoa por vez, as compras são feitas com mais eficiência, baixando assim o custo. Como mostramos na Figura 2.3, o principal resultado do Instacart também é uma mudança na fronteira – neste caso, mais ao elevar a disponibilidade para pagar do que ao reduzir os custos da satisfação.

No mundo inteiro, observamos uma variedade de experimentos que usam estratégias conectadas para aumentar a disponibilidade para pagar, melhorando a experiência do cliente ao mesmo tempo que reduzem os custos da satisfação. Na Índia, diversos mercados *on-line* – como o BigBasket – entraram em cena e permitem que o cliente faça pedidos entre mais de 20 mil produtos, entre eles frutas frescas, legumes e verduras, usando um aplicativo; depois, a compra é entregue em sua casa. Para um grupo menor de itens essenciais, a entrega em 90 minutos também é possível. A disponibilidade do cliente para pagar aumenta, uma vez que a compra toda pode ser feita mais depressa, enquanto o BigBasket não tem de investir em lojas físicas.

Na Coreia do Sul, o Tesco, um mercado varejista baseado no Reino Unido, mas com ampla operação global, experimentou adotar novos modos de abordar clientes em novos ambientes. O Tesco encarou o desafio de tentar ele mesmo atrair jovens profissionais urbanos sem tempo para ir a lojas durante o dia, e decidiu utilizar o alto índice de adoção de smartphones no país para entrar em contato com esses consumidores em locais onde costumam estar: nas estações de metrô. O Tesco criou lojas virtuais nas paredes das estações de metrô, usando pôsteres de tamanho real com a imagem de prateleiras de mercado abastecidas com diversos produtos. A sensação para o cliente é de estar diante de prateleiras reais. Os produtos exibidos nos pôsteres vêm com código QR, que pode ser escaneado pelo usuário do metrô usando o aplicativo do Tesco chamado Homeplus. A entrega pode ser agendada para o mesmo dia, de modo que a compra chegue à casa do cliente no momento em que este voltar do trabalho.

Com seu aplicativo Homeplus, o Tesco criou um relacionamento de resposta ao desejo, facilitando as compras e a recepção das mercadorias. Além disso, os pôsteres de seus produtos também serviam como plataforma de conduta de instrução, lembrando o cliente de comprar alimentos durante um tempo normalmente ocioso, ou seja, a espera pelo trem no metrô. Ao facilitar a jornada do cliente, o Tesco aumentou a disponibilidade para pagar de pessoas com pouco tempo em comparação com a realização tradicional de compras de alimentos. Ao mesmo tempo, aumentou suas vendas enquanto evitou o custo de imóveis comerciais com vitrine. Computando todos esses fatores, podemos ver como o Homeplus do Tesco efetivamente alavancou a fronteira de eficiência, elevando a disponibilidade para pagar e ao mesmo tempo diminuindo os custos (veja a Figura 2.3).

Na China, a Alibaba opera um número cada vez maior de supermercados da rede Hema. Usando o aplicativo da Hema, os clientes podem comprar alimentos frescos sem sair de casa, tê-los preparados por *chefs* e então receber o prato na porta de casa, tudo em 30 minutos. Para outros pedidos de mercadorias, compradores que vão à loja adquirem todos os itens do pedido do cliente e colocam todas as sacolas com as compras numa esteira rolante que as leva até um centro de entregas ao lado da loja. Se o cliente preferir escolher os próprios alimentos, especialmente frutos do mar frescos, ele pode ir e selecionar seus itens. Cada um tem um código de barras que pode ser escaneado e informa o preço e outros dados da mercadoria, incluindo sua origem e até algum histórico. Os clientes usam o Alipay para pagar no caixa. Com o tempo, o aplicativo da Hema aprende quais são as preferências do cliente e cria ofertas mais customizadas.

Entre outras inovações nas compras estão as lojas sem filas para pagamento no caixa. Em vez disso, há câmeras que seguem os clientes e automaticamente vão computando os produtos que retiram das prateleiras. Tanto a Amazon, com suas lojas Amazon Go, e a JD, na China, estão implantando esse sistema. Aumenta a disponibilidade do cliente para pagar com a diminuição do incômodo das filas no caixa, enquanto os custos são reduzidos com custos laborais menores.

Como nossa viagem pelo setor das compras pelo mundo afora revela, os donos de mercados enfrentam uma escolha entre a satisfação do cliente – representada por sua disponibilidade para pagar – e o custo dessa satisfação. Os varejistas de sucesso não deveriam aceitar essa escolha tal como existe agora; deveriam superá-la.

Figura 2.3

Nova fronteira da eficiência no setor de mercados

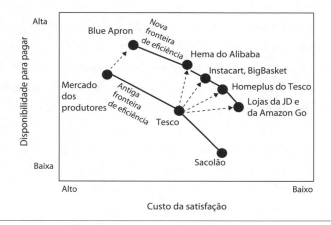

A nova fronteira de eficiência no setor de mobilidade

Para ver em mais detalhes como as estratégias conectadas podem aliviar as escolhas tradicionais em relação a custo e qualidade, deixemos o mundo do varejo de alimentos para entrar no mundo da mobilidade, onde faremos um mergulho profundo no segmento de táxi por aplicativo. Temos o Didi, na China; o Careem, no Oriente Médio; Ola, na Índia; Grab, na Malásia; Yander, na Rússia; Uber e Lyft, nos Estados Unidos. Todas essas companhias mudaram de modo fundamental a maneira de pensar das pessoas sobre seu deslocamento dentro da cidade.

> **Dominância de Pareto e mudança na fronteira de eficiência**
> Diz-se que uma estratégia domina outra se pode gerar tanto maior disponibilidade para pagar como custos mais baixos. A dominância de Pareto constitui o cerne de nossa definição de fronteira de eficiência. Todo executivo de empresa aérea gosta de aviões que ofereçam assen-

tos grandes aos passageiros e cujo funcionamento não seja dispendioso. Esses aviões – os economistas também os chamam de "tecnologias de produção" – exercem a dominância de Pareto em relação às companhias com aeronaves de assentos pequenos e altas despesas operacionais. No entanto, com uma frequência regular, os executivos da aviação têm de escolher entre aviões com assentos grandes e altos custos e os que têm assentos menores e custos baixos. Se essas são as únicas opções, nenhuma exerce a dominância de Pareto sobre a outra, de modo que ambas podem estar na fronteira de eficiência. Pode ser difícil definir qual tecnologia de produção escolher na fronteira de eficiência, e essa decisão dependerá da segmentação do mercado e da estratégia da companhia. (Consulte a seção de Referências, ao final do livro, para mais informações sobre o papel da dominância de Pareto e sua relação com a fronteira de eficiência nas finanças.)

A promessa da estratégia conectada é que a gestão não precise limitar sua atenção a fazer escolhas entre tecnologias que definem a fronteira de eficiência no presente momento. Em vez disso, propomos que, formando relacionamentos conectados com os clientes e usando a conectividade para criar novas arquiteturas de conexão e novos modelos de rendimentos, seja possível mudar a fronteira de eficiência. Em consequência, a implantação bem-sucedida de uma estratégia conectada cria opções estratégicas com dominância de Pareto: clientes felizes a custos de satisfação menores.

A razão pela qual os serviços de táxi por aplicativo ganharam tanta popularidade é que normalmente oferecem um atendimento melhor ao cliente do que os táxis tradicionais e a um custo mais baixo. O uso desse recurso mudou a fronteira de eficiência no segmento da mobilidade.

Para ver como os serviços de táxi por aplicativo alavancaram a fronteira de eficiência, podemos fazer as duas perguntas que dizem respeito ao cerne das estratégias conectadas:

1. **Podemos mudar a maneira como nos conectamos com os clientes?**

Como podemos aprofundar as conexões entre a companhia, os motoristas e os clientes? Os participantes conectados, neste caso, continuam os mesmos, mas a profundidade de sua conexão aumenta, levando a custos menores e a uma experiência superior para o cliente. Essencialmente, instalamos linhas maiores de transmissão de informação entre as entidades existentes.

2. **Podemos mudar com quem nos conectamos?**

A empresa de táxis típica conta com uma frota de 50 a 100 veículos para atender à demanda. Por outro lado, os serviços de táxi por aplicativo têm milhares de carros de proprietários privados, disponíveis nas áreas metropolitanas. Além disso, podem contar com várias fontes de informação para garantir a qualidade de seus motoristas, em vez de depender de regulações do governo para poder aprová-los. Este segundo caso é o de conectar entidades que anteriormente não estavam conectadas, ou seja, instalar novas linhas de transmissão de informação.

Como criar conexões mais profundas entre os participantes existentes

A fim de entender como conexões mais profundas entre os participantes existentes podem gerar mais valor, vamos resumir os pontos de incômodo do ponto de vista do cliente e as ineficiências do ponto de vista do motorista. No Capítulo 4, apresentaremos de modo mais formal o conceito de jornada do cliente e como identificar esses pontos de incômodo. Por ora, vejamos apenas a preferência do cliente em termos de uma empresa por aplicativo em comparação com o táxi tradicional, ou seja, como as companhias de táxi por aplicativo aumentaram a disponibilidade do cliente para pagar:

- **Conveniência ao fazer o pedido:** usar um aplicativo é muito mais fácil do que acenar para um táxi estando na calçada, telefonar para uma central ou entrar na fila do ponto de táxi. Todas essas opções implicam certo esforço por parte do cliente, portanto nenhuma dessas modalidades prima pela simpatia de seus consumidores. Isso se mostra especialmente verdadeiro nos horários de pico para o tráfego de táxis. Na cidade de Nova York, por exemplo, 70% dos táxis são ocupados na noite de quinta-feira.
- **Conveniência de pagamento:** com os táxis tradicionais, cada transação começa pegando o passageiro e termina quando ele desce do carro. Além disso, não se registra nenhuma informação do pagamento. As empresas de táxi por aplicativo não exigem que o passageiro tenha dinheiro nem que precise usar máquinas de cartão de crédito (que podem estar quebradas) dentro do táxi, e o pagamento, com a gorjeta, é feito dentro do ambiente do aplicativo.

E quanto ao motorista? Os motoristas de táxi tradicionais enfrentam várias ineficiências operacionais que aumentam o custo da satisfação sem elevar a disponibilidade do cliente para pagar. O adiantamento substancial de capital para obter a autorização oficial significa que o táxi deve estar praticamente em uso constante para ser lucrativo (mesmo depois que esse custo caiu em níveis expressivos devido à entrada em ação dos serviços por aplicativo; cada táxi que você vê circulando em Nova York tem um custo de capital quase tão alto quanto um Rolls-Royce Phantom!). Sendo bem administradas, as companhias de táxi por aplicativo podem atingir vantagens significativas quanto aos índices de utilização. Por exemplo, em Nova York, o índice de utilização de um Uber excede o dos táxis tradicionais em 5 pontos percentuais. Em outras áreas metropolitanas, o Uber é capaz de alcançar mais de 20% de vantagem quanto ao índice de utilização, o que expõe três ineficiências dos táxis tradicionais:

- **Encontrar passageiro:** muitos motoristas de táxi passam boa parte do tempo esperando na fila para pegar um passageiro. Por exemplo, os taxistas de Nova York passam 50% do tempo rodando vazios.
- **Itinerários:** ainda pior para a eficiência do táxi tradicional é a situação em que ele pega o passageiro em um local predeterminado. O taxímetro só é acionado quando o passageiro entra no carro. Controladores de frota humanos não só custam caro como também têm um poder computacional limitado. Encontrar o veículo ideal para atender a um cliente exige algoritmos inteligentes e conexões com a frota inteira do mercado para que o carro mais bem posicionado possa ser escolhido para atender ao pedido, algo que a companhia de táxis tradicional não tem e gera o índice de utilização mais baixo que mencionamos anteriormente.
- **Pagamento:** ao final da corrida, o passageiro paga o motorista. Essa poderia ser a parte mais recompensadora para o motorista, mas é um desperdício de capacidade. Os táxis tradicionais ganham dinheiro rodando ocupados, não esperando parados enquanto a operadora do cartão de crédito processa o pagamento.

O sucesso das empresas de táxi por aplicativo ao resolver esses pontos de incômodo para o cliente e superar essas ineficiências é o primeiro motivo pelo qual foram capazes de proporcionar um serviço superior a custos menores. Isso nos leva à primeira pergunta de uma estratégia conectada: Como podemos aprofundar as conexões existentes entre os participantes e obter mais informações com essas linhas de transmissão?

No caso das empresas de táxi tradicionais, essa pergunta tem sido respondida por meio de alguns aplicativos, entre eles, GetTaxi, Curb, EasyTaxi, MyTaxi. Esses recursos pretendem melhorar a conexão entre o passageiro e o táxi tradicional; na verdade, muitos deles foram lançados bem antes que as empresas de táxi por aplicativo entrassem no mercado. Permitir ao cliente pedir um táxi por meio de um aplicativo transforma todos os quarteirões da cidade em um ponto de táxi virtual. Além disso, o pagamento pode ser facilitado, já que o cliente e a companhia estão conectados por meio do *download* do aplicativo, aprimorando tanto a experiência do cliente como a produtividade do motorista, na forma de uma maior utilização. Por fim, o sistema de gestão da frota pode entrar em ação e conectar todos os táxis da frota, favorecendo melhor correspondência entre o pedido que entra do cliente e o motorista, reduzindo assim seu tempo ocioso, o que melhora ainda mais a produtividade e a utilização.

A melhora na conectividade aparece na Tabela 2.1. Podemos pensar que o lado direito da tabela é uma companhia de táxis conectada. Essa companhia usa um aplicativo para se ligar melhor aos seus clientes e processar pagamentos, e usa o GPS para rastrear seus veículos.

O uso da tecnologia para criar conexões mais profundas com clientes também pode ser visto em muitos outros exemplos que já apresentamos:

- Usar a MagicBand torna mais fácil para os visitantes fazer pedidos de comida na Disney, e isso provoca maior disponibilidade para pagar, visto que o processo inteiro de pedir a comida e pagar é inteiramente automatizado e isso diminui os custos da satisfação.
- Livros-textos inteligentes e totalmente digitais são mais fáceis de produzir do que livros tradicionais em papel. O *software* que contêm também facilita, para a escola ou a faculdade, dar nota às tarefas e às provas, aumentando assim a produtividade do corpo docente.
- Muitos sistemas de cuidados à saúde agora (finalmente) fornecem algo que há muito tempo já é um elemento-padrão em muitas áreas de atividade: agendamento de consultas *on-line*. Em vez de ter de passar pelo complexo e incômodo agendamento de consultas por telefone, os pacientes podem fazê-lo *on-line* com toda a comodidade. Se for necessário um atendimento de urgência,

alguns hospitais hoje em dia proporcionam contato direto por videoconferência com a equipe de atendimento.

Tabela 2.1 Benefícios de criar conexões mais profundas

Conexão	*Status quo* do táxi	"Táxi conectado"
Passageiro e veículo	Aceno, central, ponto de táxi	Aplicativo
Pagamento	Dinheiro, cartão de crédito	Compra automática pelo aplicativo
Carro a carro	Central, radiocomunicador	Rastreamento via GPS, sistema de gestão da frota
Melhorias		• Mais conveniência nos pedidos • Sem perda de tempo para pagar • Itinerários melhores

Aprofundar as conexões entre os participantes existentes pode transformar o negócio. No entanto, apesar de todas as melhorias implantadas pela empresa de táxi conectada, ela ainda se vê contida pela arquitetura de conexão existente. Vejamos agora o segundo elemento--chave de uma estratégia conectada: criar novas conexões.

Criar novas conexões

O sucesso das empresas de táxi por aplicativo não se deve ao fato de serem uma companhia melhor e mais conectada. Ele se deve, principalmente, à capacidade delas de conectar participantes antes desconectados. A maioria das cidades conta com várias empresas de táxi, e cada uma tem sua própria frota. Já as que funcionam por meio de um aplicativo não possuem nem operam veículos. Em vez disso, conectam carros de proprietários individuais por toda a cidade e formam uma frota virtual. Essas empresas apenas atuam como organizadores de grandes grupos, algo que iremos discutir em mais detalhes no Capítulo 7. A frota virtual é muito maior do que qualquer empresa de táxi tradicional poderá vir a ser, e isso facilita para a companhia de táxi por aplicativo cobrir a cidade inteira, aumentando, portanto, a probabilidade de que um veículo esteja perto de um cliente precisando de um carro para ir para algum lugar. Isso resulta em um tempo de espera menor para o cliente e em uma utilização mais elevada, como já apontamos. A utilização é aprimorada ainda mais porque os motoristas não perdem tempo pegando e devolvendo o carro ao final do turno, simplesmente porque o veículo é deles mesmos.

Chamar um táxi por aplicativo e a utilização do veículo também melhoram com a prática do aumento de preços. Não só os motoristas ativos de uma empresa de táxi por aplicativo ficam conectados; também o ficam os inativos, ocupados com outra coisa. As empresas de táxi por aplicativo em geral instituem um aumento de preço à noite, mas apenas em determinados períodos. Normalmente é no começo da noite (quando o pessoal sai de casa), é menos frequente por volta das 20 horas (quando o pessoal já está na rua) e depois há um novo pico de demanda por volta das 23 horas (quando o pessoal quer voltar para casa). Para o passageiro, é um transtorno esse aumento dos preços, mas é um componente importante do serviço de táxi por aplicativo, da mesma maneira que a gestão do rendimento (também conhecida como *precificação dinâmica*) faz parte de vender passagens aéreas e quartos em hotel.

O ajuste de preços em tempo real tem dois benefícios. Estamos acostumados com o primeiro por causa das companhias aéreas. Os consultores de gestão e outros executivos raramente voam no sábado à tarde, mas as empresas aéreas têm uma capacidade fixa e perderiam muito dinheiro se suas aeronaves ficassem ociosas nos sábados à tarde, por isso oferecem grandes descontos. Acontece a mesma coisa, ao contrário, nas segundas-feiras pela manhã, quando o parceiro da consultoria realmente precisa se reunir com o CEO em Cleveland e está disposto a pagar o dobro do preço para voar até lá. Como resultado, o consultor voa na segunda, e o universitário que quer voltar para Ohio viaja no sábado. Os mercados obtêm mais eficiência na coordenação de recursos ao deixarem que os preços se ajustem. Como o mercado de táxis tradicionais é regulado e não permite ajustes de preço, os donos de táxi não podem adotar essa estratégia. No entanto, muitas empresas por aplicativo adotaram plenamente a precificação dinâmica.

No caso de chamar táxi por aplicativo, existe mais um benefício da precificação dinâmica. A empresa aérea tem capacidade fixa. Ela adoraria ter aviões e pilotos extras na segunda de manhã, mas os custos dessa capacidade também são altos, de modo que não há flexibilidade. Já as empresas por aplicativo têm uma oferta flexível. Recebendo a típica tarifa de 20 dólares por hora (nos Estados Unidos), o motorista dessa empresa pode preferir tirar a noite de folga, mas por 40 dólares, no horário de aumento de preço, as coisas são diferentes. Motoristas até então inativos entram no carro e vão proporcionar à empresa de táxi por aplicativo e aos passageiros a capacidade exigida, exatamente no período em que é mais necessária.

Um aspecto notável do aumento de preço é que não só ele reage a mudanças em tempo real (quando chove, mais passageiros precisam de táxi), mas também pode ser direcionado a locais específicos. Isso ajuda ainda mais a ativar e remanejar a capacidade para onde é mais necessária. O aumento de preços ativa os incentivos certos para que os motoristas façam o que é melhor para o sistema como um todo. Quando a demanda está baixa, os motoristas migram para outras tarefas, inclusive outro tipo de trabalho, ou para seu tempo livre. Por causa disso, não há um número excessivo de motoristas ociosos, sentados no carro, esperando por algum passageiro, e isso evita desperdício nos custos trabalhistas. Quando a demanda acelera de novo, os motoristas entram com a capacidade necessária e começam a dirigir. Isso ativa a capacidade quando é preciso, o que evita longos tempos de espera para os passageiros.

Além de restringir o ingresso no segmento dos táxis tradicionais, os medalhões que os motoristas de praça devem adquirir têm tido tradicionalmente um papel secundário ao propiciar pelo menos um mínimo de confiança no carro e no motorista. Historicamente, cabia à prefeitura criar confiança ao exigir que os operadores de táxi obtivessem o medalhão.[2] E como são garantidas a qualidade e a segurança dos veículos solicitados por aplicativo, já que praticamente qualquer um pode ser motorista? Mais uma vez, criar novas conexões tem um papel nisso. Como os clientes avaliam sua corrida pelo aplicativo, essas empresas de táxi conectam os passageiros entre si, permitindo que compartilhem suas experiências. Esse é um mecanismo de certificação muito mais barato do que a venda dos dispendiosos medalhões pela prefeitura. A reputação do motorista e sua confiabilidade são construídas pelo grupo de usuários. Nesse mesmo sentido, os motoristas por aplicativo também avaliam seus passageiros, o que ajuda a proteger outros motoristas do risco de uma corrida desagradável, um benefício que não está disponível para os motoristas de táxi tradicionais.

Montar uma grande frota virtual de veículos de donos particulares, ajustar o tamanho da frota à demanda por meio do aumento de preços e substituir os dispendiosos medalhões por reputação decorrente de avaliações coletivas são todos processos que exigem um modelo de entrega construído com base na existência de novas conexões. Esse tipo de estratégia conectada não se limita a ser imitado pelas companhias de táxi tradicionais, porque nenhuma empresa que usa medalhões pode começar a empregar qualquer um que tenha um carro e queira ser motorista.

---

2. O medalhão de táxi, também conhecido como CPNC, é uma permissão transferível, nos Estados Unidos, para que o motorista de táxi trabalhe. Em Nova York, esses carros de praça são amarelos. (N. do T.)

A Tabela 2.2 resume essa abordagem de conectar entidades antes não conectadas de determinado segmento de mercado.

Tabela 2.2 Benefícios de criar novas conexões

Conexão	*Status quo*	Pedido de corrida
Passageiro a veículo	Aceno, central, ponto de táxi	Aplicativo
Pagamento	Dinheiro, cartão de crédito	Compra automática direto pelo aplicativo
Veículo a veículo	Central, radiocomunicador	Localização via GPS, sistema de gestão da frota
Veículo a veículo fora da frota	–	Conecta todos os veículos na plataforma
Motoristas ociosos e veículos parados	–	Conecta com motoristas não dirigindo no momento
Passageiro a passageiro	–	Reputação do motorista definida pelo grupo
Motorista a motorista	–	Avaliação dos passageiros aumenta a segurança do motorista
Melhorias	–	• Uso maior de veículos • Não precisa de medalhão • Motorista não perde tempo pegando o carro e devolvendo-o ao final do turno

Ressaltamos novamente que essa parte da estratégia conectada – instalar novas linhas de comunicação – não se limita de modo algum ao ramo dos transportes.

- O Airbnb conecta viajantes com casas e quartos vagos a pessoas que querem ser anfitriãs uma parte do tempo ou o tempo todo. Essa ideia é de fato anterior a sites como o Home Away (que inclui o "aluguel de férias direto com o proprietário" [VRBO, na sigla em inglês]), que aproveitam casas de veraneio vagas (os donos desses imóveis não os ocupam o ano inteiro). É importante salientar que essa capacidade não é dispendiosa, porque de outro modo não seria utilizada.
- O ZocDoc permite que os médicos postem *on-line* seus horários vagos de consulta e os pacientes possam fazer seu agendamento. Quando esse horário é reservado, o paciente tem a satisfação de ter encontrado atendimento, e o médico, de ter conquistado mais um paciente.
- Nesse mesmo sentido, o OpenTable possibilita que quem quer comer fora encontre mesas em restaurantes; o Kayak possibilita a união entre assentos disponíveis em voos e os que querem fazer uma reserva de hospedagem; e o StubHub ajuda os fãs a encontrar ingresso para jogos e concertos ao mesmo tempo que aumenta a ocupação dos estádios.

Como criar novas conexões pode diminuir a fome

Nos Estados Unidos, todo ano, cerca de 33 bilhões de quilos de alimentos em perfeitas condições, oriundos de restaurantes, serviços de fornecimento de comida e empresas de eventos, acabam no aterro sanitário. Enquanto isso, uma em cada sete pessoas vai dormir com fome. A falta de conectividade criou esse estado paradoxal. Goodr, uma empresa de gestão de desperdício de comida sediada em Atlanta, tenta aliviar essa situação criando novas conexões. Por meio de um aplicativo, os clientes notificam a Goodr de que têm comida sobrando. A Goodr recolhe, embala e transporta esses alimentos para organizações sem fins lucrativos que os distribuem entre os necessitados. A Goodr monitora a quantidade de comida doada, facilitando para as empresas fazer uso de isenções fiscais. Todos os envolvidos na transação estão conectados por meio de um aplicativo com um protocolo de confiança, o que cria um registro confiável de toda a cadeia, desde a doação até a distribuição dos alimentos. A Goodr se autofinancia por meio de taxas baseadas no volume coletado, taxas essas que são menores do que a isenção fiscal que a empresa recebe, criando uma situação em que todos ganham, tanto as empresas como os destinatários, antes com fome. Nos primeiros 15 meses de operação, a Goodr já pôde redirecionar perto de 500 mil quilos de alimentos, algo em torno de 850 mil refeições.

Em resumo, de modo similar aos inovadores do espaço da alimentação, as empresas de táxi por aplicativo de fato alavancaram ainda mais a fronteira de eficiência, pois a experiência superior do cliente vem acompanhada de custos *mais baixos*. Foi isso que tornou as empresas de táxi por aplicativo um fator de tamanha mudança no cenário dos transportes em muitos mercados pelo mundo afora.

Alavancando ainda mais a fronteira ao criar novas conexões

Como podemos reduzir ainda mais os custos? Enquanto o passageiro espera por um carro para ir de A a B, as chances são de que há muitos carros fazendo exatamente o mesmo percurso. É provável que a maioria esteja com apenas uma pessoa. Nos Estados Unidos, a média de passageiros por veículo é de 1,5 pessoa. Por que acrescentar mais um carro (e pagar pelo carro e pelo motorista)? Por que não ajudar alguns desses motoristas, que são donos dos próprios carros e já estão em trânsito com o objetivo de ir de A a B, a ganhar um pouco mais com rapidez? Essa é a ideia do BlaBlaCar.

Essa é uma empresa europeia de carona solidária no mercado de conectar possíveis passageiros a lugares vagos em carros. A carona solidária é uma ideia antiga que vem sendo usada há décadas por pais, pessoas que moram no subúrbio e trabalham no centro da cidade e por alunos universitários, mas, graças a conexões mais aprimoradas, a carona solidária vem tendo um crescimento exponencial. Nesse sistema, o motorista vai percorrer a distância de todo jeito, de modo que o custo de acrescentar um passageiro seja muito baixo.

Em vez de pagar custos trabalhistas e de propriedade de um veículo, a única coisa que precisa ser paga é o combustível. Se o motorista reparte essa despesa com um ou mais de um passageiro, o custo diminui ainda mais. O BlaBlaCar deixa a questão do preço a cargo do motorista, mas o preço comum está entre 10 e 25 centavos de dólar por milha, o que representa uma vantagem de dez vezes o custo de usar um táxi por aplicativo e mais ainda de um táxi tradicional. Em termos técnicos, o custo da satisfação é limitado pelo consumo extra de combustível decorrente de adicionar um passageiro e pelo tempo a mais de pegar e deixar cada um no destino desejado.

Observe que o BlaBlaCar está fazendo muito mais do que conectar possíveis passageiros e motoristas. Em vez de as frotas virtuais de motoristas por aplicativo atuarem como fornecedoras de serviço, cada veículo nas ruas pode, neste caso, ser considerado um fornecedor potencial desse serviço. Nesse mercado, as linhas de comunicação entre passageiros e motoristas tornaram-se difusas. No Capítulo 7, vamos discutir novos modelos de negócio baseados em conectar clientes individuais entre si como redes ponto a ponto. Os exemplos a seguir mostram o amplo alcance dessas arquiteturas de conexão:

- O que o BlaBlaCar é para o Uber, o Couchsurfing é para o Airbnb. Hoje, o Tiago dorme no seu apartamento, e amanhã pode ser o contrário.
- PatientsLikeMe conecta pacientes com outros que sofrem do mesmo problema, facilitando o intercâmbio de informações com respeito a opções de tratamento e seus resultados, o que

forma uma rede poderosa. Do foco inicial em doenças crônicas como ELA e lúpus, a empresa ampliou seu alcance e aceita qualquer paciente, com qualquer problema de saúde, e hoje em dia atende mais de 600 mil membros. Os pacientes podem aprender e melhorar seu quadro gratuitamente, com base em experiências anteriores, enquanto os pesquisadores podem obter dados sobre o que está funcionando e, com isso, desenvolver melhores tratamentos.

- Plataformas *on-line* de encontros românticos, como eHarmony e Match.com, agora são o ponto de partida para 5% de todos os novos casamentos nos Estados Unidos, sem mencionar que bem mais de 1 milhão de bebês nasceram porque seus pais foram apresentados um ao outro por um algoritmo de computador. Quando se trata de relacionamentos amorosos, os envolvidos – com o perdão da expressão – são "clientes e fornecedores". Ambos requisitam e atendem. Ou seja, ter dois corações solitários cada qual em sua casa, desejando encontrar um par, é um desperdício.

A bem da verdade, a menos que você seja muito sociável e goste mais de estar com outras pessoas do que de se divertir com seu telefone, a disponibilidade de pagar no caso de um BlaBlaCar é provavelmente menor do que para o carro de uso compartilhado. Além dos possíveis companheiros de corrida que gostam de conversar, encontrar um veículo que o leve aonde você quer, quando quiser, pode também requerer certo nível de comprometimento com o destino ou a programação da viagem.

Estratégia conectada e vantagem competitiva

Neste capítulo, vimos como os segmentos da alimentação e de táxis por aplicativo estão sendo transformados por empresas que utilizam estratégias conectadas. Nesses dois contextos, vimos como as estratégias conectadas podem levar a mais conveniências: ter os ingredientes certos entregues em sua casa ou usar as paredes de uma estação de metrô como supermercado virtual estão tornando a compra de alimentos um processo mais conveniente. Pedir um carro por aplicativo com processamento automático do pagamento também aumenta a conveniência nessa área de atividade.

No entanto, as estratégias conectadas não envolvem apenas conveniência e maior disponibilidade para pagar por causa disso. A menos que nosso fornecimento de produtos e serviços seja eficiente, pode ser que não estejamos alavancando a fronteira de eficiência. É aqui que se exige um mergulho profundo nas operações que criam e entregam os produtos ou serviços. Tanto no varejo de alimentos como nos táxis por aplicativo, vimos que os custos são afetados por muitas atividades, algumas das quais talvez não acrescentem valor à experiência do cliente. Ter uma loja grande pode parecer algo positivo, mas, se o cliente quiser apenas uma exposição dos alimentos, qualquer parede dotada de uma realidade aumentada dá conta do recado. E por que pagar uma fortuna por um medalhão de táxi se o que o cliente quer de fato é confiar, o que pode resultar do compartilhamento de opiniões e a um custo muito menor?

A fronteira de eficiência será nossa bússola ao longo dos capítulos remanescentes. Se uma empresa for capaz de deslocar a fronteira – ou seja, capaz de ampliar a distância que cria entre a disponibilidade dos clientes para pagar e o custo da satisfação em que incorre –, ela terá dado um passo importante rumo à criação de uma vantagem competitiva.

Infelizmente, porém, alavancar a fronteira de eficiência nem sempre garante que você vá alcançar uma vantagem competitiva que seja sustentável por pelo menos alguns anos. Por que não? Embora seja fácil ver como a Blue Apron mudou a fronteira e pode ganhar na disputa com as compras feitas no mercado dos produtores, é muito mais difícil entender por que a distância entre a disponibilidade para pagar e o custo, no caso da Blue Apron, é maior do que a da HelloFresh ou dos *kits* de refeição vendidos pela Amazon ou pelo Walmart. A propósito, a Blue Apron vem lutando para conservar os consumidores porque a concorrência conseguiu ocupar uma posição muito parecida na nova fronteira de eficiência mais adiantada.

Nesse mesmo sentido, é muito mais difícil ver como, para o Uber, a distância entre a disponibilidade para pagar e o custo é maior do que a existente entre outras empresas de táxi por aplicativo, um problema que o Uber não foi capaz de superar na China, onde perdeu para a empresa Didi. Apenas criar experiências conectadas muitas vezes não é suficiente para alcançar uma vantagem competitiva sustentável. Assim que você mostrou ao mundo um truque novo, outras empresas vão imitá-lo. A fim de criar uma vantagem competitiva sustentável, é necessário não só criar experiências conectadas, mas também relacionamentos conectados, justamente o ponto central de uma estratégia conectada.

Como veremos no Capítulo 5, é especialmente por meio da dimensão *repetir* das estratégias conectadas que você pode construir uma vantagem competitiva sustentável para sua empresa. Contando com interações repetidas, você é capaz de refinar continuamente sua capacidade de reconhecer as necessidades de seus clientes e terá a capacidade de responder a essas requisições. O poderoso efeito de *feedbacks* positivos permite que você construa relacionamentos duradouros com seus clientes, além de uma tal economia em escala com seu modelo conectado de entrega que a concorrência terá bastante trabalho para oferecer uma proposta melhor aos clientes.

Gostaríamos de enfatizar mais um ponto: estamos convencidos de que *não* criar uma estratégia conectada é o caminho para a futura extinção da maioria das empresas. Forças tecnológicas e inovadoras apontam todas na direção de uma crescente conectividade. Ao mesmo tempo, a expectativa dos clientes move-se no sentido da maior personalização criada por conexões mais profundas. Como mencionamos antes, a conectividade estendida se tornará a aposta na mesa em muitos ramos de atividade. Como consequência, não proporcionar

Superação da escolha entre a experiência superior do consumidor e a mitigação dos custos   61 relacionamentos conectados aos clientes resultará em significativa desvantagem competitiva para sua organização.

Estratégia conectada e privacidade

As estratégias conectadas são fundamentalmente baseadas em um rico fluxo de informações entre o cliente e a empresa. São essas informações que permitem à companhia personalizar o relacionamento com o cliente e ganhar eficiência em seu modelo de entrega. Ao mesmo tempo, os clientes – pessoas físicas ou jurídicas – sentem-se naturalmente temerosos em compartilhar essas informações. Por causa disso, as questões de confiança e privacidade são fundamentais quando se trata de construir estratégias conectadas de longa duração.

Nas mãos certas, informações antes privadas podem ser usadas para criar transações que elevem o valor, por exemplo, sendo capaz de elaborar produtos que melhor atendam às necessidades do cliente. Nas mãos erradas, contudo, essas informações podem ser muito prejudiciais aos clientes. Consideramos útil distinguir três tipos de custo em que os clientes podem incorrer:

1. É normal que exista em nossa vida alguma espécie de informação pessoal que preferimos não divulgar. Pode ser algo sobre a situação financeira, informações de ordem médica, preferências sexuais, opiniões políticas, notas que tiramos na faculdade. Embora nossa vida talvez não mude muito porque o vizinho agora sabe que tiramos 6,5 em contabilidade, preferimos não divulgar essa informação. Se esses dados puderem ser usados por empresas, outras pessoas ou pelo governo para nos assediar, perseguir ou nos tornar alvos de alguma maneira, a fim de influenciar nosso comportamento com informações enganosas, o dano pode ser tremendo. Sendo assim, existe um custo poten-

cial de reduzir a segurança pessoal (emocional) quando os dados podem ser usados além dos propósitos para os quais foram sancionados a princípio pelo cliente.

2. Além do custo emocional, os dados às vezes podem ser usados contra nós para causar perda financeira. Talvez tenhamos um problema genético que nos impeça de obter um seguro de vida; pode ser que o encanador cobre mais caro se souber de nossa situação financeira, ou talvez nos façam uma oferta de investimentos financeiros arriscados logo depois de sairmos do bar onde tomamos mais do que deveríamos. No ambiente do comércio entre empresas (B2B), podemos nos preocupar com o vazamento de dados para a concorrência, ou com que nosso fornecedor, depois de saber que sofremos uma grave escassez, venha a usar essa informação contra nós, aumentando seus preços.

3. Informações pessoais também podem ser exploradas por criminosos. Quando fazemos a reserva de um voo para o exterior e essa informação se torna pública, basicamente colocamos um crachá onde se lê "Aberto para Negócios" no pescoço, visível à comunidade local de ladrões. Nesse mesmo sentido, se nosso CPF cai em mãos erradas, ficamos vulneráveis ao risco de roubarem nossa identidade.

O estigma social, várias formas de discriminação e atividades criminosas são todos bons motivos para proteger a privacidade de quem nos confiou seus dados. Isso vale para todo tipo de dado, mas é especialmente importante para os que são obtidos como parte de uma estratégia conectada. Um motivo para isso é que os dados criados em um relacionamento conectado tendem a ser mais ricos, atuais e confidenciais do que os obtidos em relacionamentos episódicos (se é que nessas interações é obtido algum dado). Há, porém, um motivo ainda mais assustador: devido à natureza automatizada de alguns elementos do relacionamento conectado, os clientes não apenas correm o risco de que estranhos acessem seus dados, como estão vulneráveis a *hackers*, que podem controlar a temperatura de sua casa, abrir e fechar portas, controlar seu carro conectado ou roubar dinheiro da conta bancária.

A fim de criar uma estratégia conectada, a confiança entre a empresa e o cliente se torna um elemento essencial. Com bastante rapidez, a perda da confiança prejudicará ou dará fim a relacionamentos de longo prazo com os clientes. Coletar dados pode tanto promover como destruir a confiança. Uma pergunta essencial que você precisa se fazer é: Como a obtenção e o uso de dados afetam a confiança que o cliente tem em nossa empresa? É melhor se fazer logo essa pergunta e repeti-la com frequência.

Quando a empresa não elabora corretamente uma equação de confiança, as estratégias conectadas podem ser um tiro pela culatra. Lembre-se do famoso caso da Target, deduzindo que uma moça estava grávida com base em seus hábitos de compra e lhe enviando cupons para roupas de gestante, o que deixou o pai dela confuso e muito zangado porque ele não sabia dessa gestação; também houve o caso do uso questionável e não autorizado de dados do Facebook pela Cambridge Analytica, o que interferiu nas eleições de 2016 para a presidência dos Estados Unidos. Sabe-se também que diversos aplicativos do Google rastreiam informações de localização, apesar de o usuário ter desligado seu histórico de locais visitados. Esses contratempos podem custar muito caro e fazer com que os clientes percam a confiança em sua capacidade de manter a confidencialidade dos dados e de usá--los com responsabilidade.

Além disso, as empresas que estão desenvolvendo novas estratégias conectadas podem se perceber ocupando zonas regulatórias pouco nítidas. Por exemplo, os motoristas de táxi por aplicativo devem ser considerados funcionários ou fornecedores independentes? Ocupar um apartamento alugado pelo Airbnb pode ser considerado um aluguel ilegal de curto prazo? As gravações feitas automaticamente pelo dispositivo Echo da Amazon devem ser requisitadas como evidência em casos julgados pelos tribunais? Todas essas questões legais vêm sendo discutidas. Quando desenvolver uma estratégia conectada para sua empresa, você deve estar a par das mudanças regulatórias que afetam sua atividade.

O potencial de ruptura das estratégias conectadas

Abordamos vários assuntos neste capítulo. No próximo, nós o instruiremos durante a realização do workshop que lhe permitirá começar a aplicar os primeiros conceitos da estratégia conectada a sua própria organização.

Para resumir, apresentamos primeiro os conceitos de disponibilidade para pagar e da fronteira de eficiência de certo ramo de atividade. Os atributos de seu produto ou serviço e o modo como você interage com seu cliente afetam a felicidade do consumidor, e isso se traduz na disponibilidade para pagar. Ao mesmo tempo, você incorre em custos de satisfação para tentar criar essa experiência para o cliente. Em outras palavras, existe uma escolha entre a disponibilidade para pagar e o custo da satisfação. Empresas diferentes chegarão a um equilíbrio diferente entre esses dois fatores e se posicionarão de modo também diferente no mercado. Situando as empresas e suas respectivas posições, podemos identificar a fronteira de eficiência de um segmento de mercado. A fronteira de eficiência é definida pelas companhias que ocupam as posições mais avançadas em termos de disponibilidade para pagar/custo. Essas empresas são capazes de alcançar a máxima disponibilidade para pagar, dado seu nível de custo da satisfação (ou, ao contrário, são capazes de minimizar o custo, dado o nível de sua disponibilidade para pagar).

O poder de ruptura das estratégias conectadas é tão forte porque elas credenciam empresas inovadoras a alavancar ainda mais a fronteira de eficiência. Do ponto de vista de outras empresas, a impressão é que a companhia que adota uma estratégia conectada dissolveu totalmente a escolha tradicional entre a disponibilidade para pagar e o custo. As empresas com estratégias conectadas são capazes de superar a escolha existente mudando fundamentalmente o modo como se conectam com os clientes e com quem elas se conectam. A Blue Apron remodelou o pensamento do cliente sobre como comprar itens de alimentação para cozinhar: em vez de achar uma receita, elaborar a lista de compra e ir a várias lojas, o cliente recebe em casa uma receita e os ingredientes exatos. Ao mesmo tempo, a Blue Apron criou novas conexões entre produtores agrícolas locais e o consumidor final com suas caixas de refeições. Nesse mesmo sentido, as companhias de táxi por aplicativo redefiniram o modo como os clientes interagem com os fornecedores de serviço de transporte particular. Em vez de acenar para um veículo na rua, ou de ligar para uma central de táxi, o cliente usa um aplicativo para pedir uma corrida e paga por esse serviço sem nenhum atrito. E as companhias de táxi por aplicativo criaram várias conexões entre participantes até então não conectados, a saber, motoristas individuais, com carro, e passageiros precisando se deslocar de A para B.

Embora alavancar a fronteira de eficiência seja um passo crucial para obter uma vantagem competitiva, isso não é suficiente. A questão principal é se outras empresas podem reproduzir com facilidade a mesma estratégia e perseverar nesse movimento para a nova posição fora dos limites da antiga fronteira de eficiência. Teremos mais a dizer sobre esse tópico no final do Capítulo 5, quando falaremos sobre a dimensão *repetição* nas estratégias conectadas. Como vamos verificar, essa dimensão representa uma fonte essencial de sustentação para a vantagem competitiva.

Por fim, abordamos a questão crucial da privacidade dos dados, um tópico que retomaremos repetidas vezes ao longo deste livro. As estratégias conectadas dependem fundamentalmente de um relacionamento de confiança entre o cliente e a empresa. De modo ativo ou automático, o cliente envia dados para empresas na expectativa de que elas os utilizem para criar uma experiência superior para ele. Não corresponder a essa expectativa coloca tanto a estratégia como a empresa em risco.

3

Workshop 1

Como usar a conectividade para oferecer ao cliente uma experiência superior com custos mais baixos

Conforme prometemos, ao final de cada parte deste livro temos um capítulo de workshop em que você começará a explorar algumas ideias iniciais para sua estratégia conectada. No workshop do Capítulo 6, você irá considerar o que é preciso para criar um relacionamento conectado com o cliente. No workshop do Capítulo 10, iremos guiá-lo através do processo de criar um modelo de entrega conectada. Ao final do Capítulo 10, também forneceremos um resumo de como as três planilhas constituem a base para a criação de sua estratégia conectada como um todo.

Neste ponto, ainda não lhe apresentamos muitas das ferramentas para criar uma estratégia conectada. Por causa disso, este workshop é mais curto do que os dos Capítulos 6 e 10. Apesar disso, queremos que você comece a pensar em como seria uma estratégia conectada para a sua organização. Vamos ajudar com isso levando-o a executar os seguintes passos:

1. Faça uma série de perguntas diagnósticas a respeito de suas conexões atuais com os clientes.

2. Pense de vários ângulos sobre os efeitos que uma estratégia conectada poderia ter para sua organização.

3. Comece a identificar pontos de incentivo para a disponibilidade para pagar.

4. Desenhe a fronteira de eficiência de seu ramo de atividade que demonstre a escolha entre a disponibilidade para pagar e o custo da satisfação.

Passo 1 – Perguntas diagnósticas

Verificamos que as perguntas que apresentamos a seguir são um bom ponto de partida para pensar sobre uma estratégia conectada. Podem parecer simples de início, até mesmo ingênuas, mas, como comprovamos em nossas conversas com diversas empresas, revelaram-se surpreendentemente valiosas.

- Atualmente, com que frequência você se conecta com seus clientes?
- Que tipo de informação você recebe sobre as necessidades de seus clientes?
- Como é que as informações trafegam do cliente até você? Por exemplo, o fluxo de informações depende da iniciativa do cliente ou ele acontece de maneira mais contínua e autônoma?
- Quanto tempo leva para a necessidade de um cliente chegar a você? (Quanto tempo passa entre o cliente se dar conta de que quer ou precisa de um produto ou serviço e sua organização receber essa informação?)
- Quanto tempo leva para você reagir depois de ter recebido a necessidade do cliente?
- O que você aprende cada vez que um cliente se conecta com sua companhia? Como você está integrando essas interações episódicas numa experiência única e conectada para o seu cliente?

Passo 2 – Pense de vários ângulos sobre o potencial de uma estratégia conectada

Agora, vamos começar a nos divertir um pouco e usar a imaginação para pensar no que uma estratégia conectada poderia fazer para sua organização. Os casos que apresentamos no Capítulo 2 e podem oferecer a você e a sua equipe algumas sugestões para motivar discussões criativas sobre o potencial de estratégias conectadas. Os incentivos a seguir também vão ajudá-lo a partir para a ação com base nesse conhecimento.

Imagine um mundo em que os clientes pudessem comunicar instantaneamente suas necessidades a sua empresa. Você está ao lado deles pela vida afora, a qualquer tempo e em qualquer lugar. Como esse aumento da conectividade iria lhe permitir melhorar seu atendimento? E, mais especificamente:

- Como você poderia usar essa informação para aumentar a disponibilidade de seus clientes para pagar?
- Como você poderia usar essa informação para diminuir seu custo de satisfação?

Agora, imagine um mundo em que você sabe qual é a necessidade do cliente *antes* que ele próprio a reconheça. Não somente você está indo junto com ele como – tendo a autorização do cliente – tem acesso às contas bancárias dele e inclusive ao funcionamento interno do organismo dele. Por exemplo, seu cliente pode precisar poupar para sua aposentadoria, mas ainda não parou para pensar sobre essa questão e, no momento, está no vermelho. Ou pode ser que seu paciente tenha um pequeno entupimento das artérias coronárias, mas ainda não esteja evidenciando nenhum sintoma.

- Como você poderia usar essa informação para aumentar a disponibilidade de seus clientes para pagar?
- Como você poderia usar essa informação para diminuir seu custo de satisfação?

Passo 3 – Comece a identificar os incentivos da disponibilidade para pagar

A disponibilidade para pagar por um produto ou serviço é o resultado de três fatores: quanto um cliente gosta do seu produto ou serviço assim que passa a tê-lo; a facilidade que tem para obtê-lo; e quanto custa adquirir o produto. Vamos chamar o primeiro fator de *utilidade do consumo*; o segundo, de *acessibilidade*; e o terceiro é o *custo da propriedade*.

Vejamos primeiro a utilidade do consumo. Ela deriva dos vários atributos de um produto ou serviço, por exemplo, espaço para as pernas (no avião), distância entre dois pontos de carga (para carros elétricos), peso (para bicicletas), número de pixels (para câmeras), tamanho (para roupas) e entretenimento (para filmes). Esses muitos atributos possíveis podem ser classificados em duas categorias:

- **Atributos de desempenho:** atributos de desempenho são as características do produto ou serviço que a maioria das pessoas concorda que são melhores. Por exemplo, preferimos mais espaço para as pernas, distâncias mais longas entre recargas, bicicletas mais leves, resolução com mais pixels etc.
- **Atributos de ajuste**: no caso de alguns atributos, nem todos os clientes concordam que são os melhores. Alguns telespectadores gostam de assistir a *House of Cards*, mas outros, não. Algumas pessoas apreciam um belo bife, mas os vegetarianos, não. Quando se trata do vestuário, cada um tem seu tipo de corpo e precisa de roupas de tamanho apropriado. Por isso, os chamamos de atributos *de ajuste*.

A seguir, vejamos a acessibilidade de um produto ou serviço. Os clientes muitas vezes enfrentam certos inconvenientes para obter o produto ou receber o serviço. Os economistas costumam se referir a esse componente como *custos de transação* ou *atrito*. Em cenários equivalentes, preferimos que nossa comida esteja aqui (e não a 5 quilômetros de distância) e agora (e não tendo 30 minutos de espera). A seguir, os dois componentes principais da acessibilidade:

- **Localização**: que distância seu cliente tem de percorrer para obter seu produto ou serviço?
- **Tempo:** quanto tempo seu cliente tem de esperar por seu produto ou serviço?

O terceiro e último componente da disponibilidade para pagar é o custo da propriedade. Como clientes, obtemos mais valor com um produto que dura mais tempo, e, portanto, é mais barato em termos de uso. Seja algum dispositivo eletrônico, equipamento esportivo, peça de mobília, eletrodoméstico, os produtos se desgastam, tornam-se obsoletos ou precisam ser substituídos pelos mais diversos motivos. Entre outros elementos do custo da propriedade, estão a necessidade de manutenção e conserto, os benefícios de possíveis garantias e tudo o mais que o cliente precisa pagar quando utiliza o produto ou serviço.

A Planilha 3.1 resume essas dimensões da disponibilidade para pagar e ajudará a fazer o acompanhamento dos incentivos relevantes em seu ambiente de negócio. Os incentivos da disponibilidade para pagar são as variáveis mais importantes do ponto de vista do seu cliente. Alguns deles são óbvios. Todos nós queremos melhores produtos ou serviços aqui, neste momento e, se possível, de graça.

Não pare aqui. Reveja agora o trabalho que já fez como parte do Passo 2, quando pensou sob vários ângulos sobre a disponibilidade de informações imediatas e as possíveis maneiras de conhecer as necessidades do cliente antes mesmo que ele tome consciência delas.

Planilha 3.1
Identifique incentivos para a disponibilidade para pagar por parte do cliente

Uitlidade do consumo: Até que ponto o cliente está feliz com o produto ou serviço?

Acessibilidade: Com que facilidade o cliente obtém o produto ou serviço?

Custo da propriedade: Quanto custa para o cliente utilizar e manter o produto?

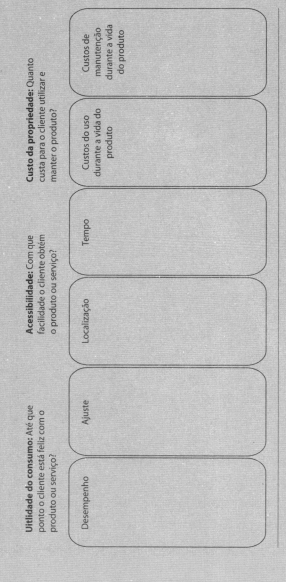

Desempenho | Ajuste | Localização | Tempo | Custos do uso durante a vida do produto | Custos de manutenção durante a vida do produto

Mantendo um relacionamento conectado com o cliente, inclusive com comunicação instantânea, espera-se que você possa identificar necessidades mais sutis (e, assim, incentivos alternativos para a disponibilidade para pagar) do que "bem aqui e agora".

Por exemplo, você pode constatar que seu cliente tem receio de fazer planos de aposentadoria porque isso demandaria conversas difíceis com o cônjuge, ou que seu paciente realmente se sente doente muitas vezes antes de, enfim, decidir ir ao pronto-socorro, e que não mencionou isso ao médico em uma de suas consultas de rotina porque não deu tempo. Esses são os fragmentos de informação que servirão de ponto de partida para elaborar um relacionamento conectado com o cliente – o que o ajudaremos a fazer no segundo workshop.

Passo 4 – Desenhe a fronteira de eficiência para seu ramo de atividade

As empresas não podem ser boas em tudo e enfrentam escolhas em seus negócios. Por exemplo, fazem escolhas entre atributos de desempenho e os custos de fornecimento de produtos ou serviços. Mais espaço para as pernas significa disponibilidade maior dos passageiros para pagar, mas diminui o número deles por voo e significa custos mais altos por assento. Nesse mesmo sentido, adoraríamos ter um carro à nossa espera em cada esquina da cidade, o que se traduziria em deslocamentos muito mais confortáveis, mas também representaria menor utilização de cada veículo e custos mais elevados.

Essas escolhas podem ser ilustradas graficamente usando como referência a fronteira de eficiência que descrevemos no capítulo anterior. A Planilha 3.2 o ajudará a traçar a fronteira de eficiência em seu ramo de atividade seguindo estes passos:

1. Selecione as empresas mais relevantes de sua concorrência.

2. Classifique-as em ordem conforme a disponibilidade para pagar criada por seus produtos ou serviços. Em outras palavras, coloque-se no lugar de um cliente típico e pergunte a si mesmo qual produto ou serviço é o mais desejável, deixando de lado a questão do preço que você deveria por isso. Por exemplo, se outra pessoa pagasse por isso (embora você ainda tenha de efetuar a compra, passar pelo processamento da transação e esperar), você iria preferir receber um Mercedes Classe C, um BMW 328, um Tesla Modelo 3 ou um Lexus IS? Você pode retornar ao Passo 3 deste workshop e perguntar a si mesmo que nível de desempenho a concorrência apresenta em termos dos atributos de desempenho e ajuste, localização, tempo e custo de propriedade. Não é preciso chegar a uma medida absoluta e exata; bastam comparações relativas. Se você acredita que a disponibilidade para pagar é muito diferente entre os diversos segmentos do mercado, desenhe uma fronteira de eficiência específica para cada um.

3. Classifique seus concorrentes e sua empresa em termos do custo de satisfação. Agora, pergunte-se: Qual é o custo médio por transação que você tem *versus* o da concorrência? Repare que se trata do custo médio. Por exemplo, uma empresa pode gastar muito em publicidade, mas, se tem muitos clientes, pode repartir esse custo por várias transações, o que só vai afetar um pouco seu custo médio por transação. Insistimos: uma classificação simples é suficiente por ora.

4. Com essas informações, você pode se posicionar e posicionar a concorrência na Planilha 3.2. Em seguida, trace a linha que representa a fronteira de eficiência. Esse é o grupo de empresas situadas mais ao alto e à direita no gráfico, ou seja, as empresas que têm a mais elevada disponibilidade para pagar, qualquer que seja o nível dos custos de satisfação (ou, ao contrário, as que têm o custo mais baixo para qualquer nível dado de disponibilidade para pagar).

74   Estratégia conectada

Planilha 3.2
A fronteira de eficiência do seu ramo de atividade

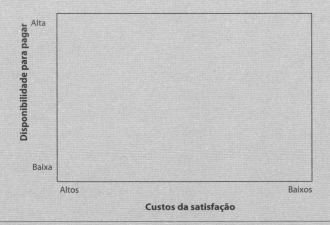

A competição entre ferramentas elétricas e gravatas

É fácil perguntar quais são as empresas mais relevantes da concorrência, mas essa pergunta aparentemente simples é muito mais complicada do que se pode suspeitar a princípio. Veja o seguinte exemplo, inspirado por um comentário sobre substitutos feito por Michael E. Porter, um dos mais influentes especialistas em estratégia moderna. Imagine que você trabalha em uma fábrica que faz ferramentas elétricas. Nesse caso, qual é a sua concorrência? Uma maneira de responder a essa indagação é verificar quem mais produz ferramentas elétricas. Nesse sentido, a concorrência em sua lista pode incluir empresas como DeWalt, Bosch, Ryobi, Hilti e outros fabricantes desses artigos.

Outra maneira de lidar com essa questão é reformulá-la nos seguintes termos: "Com que finalidade os clientes usam ferramentas elétricas como uma serra circular, por exemplo?". O mais provável é que seu cliente queira usá-la para cortar madeira, talvez a fim de construir uma nova mesa de jantar. Ao ser feita desse modo, a pergunta revela que você, como fabricante de serras circulares, não está competindo apenas com outros fabricantes de ferramentas elétricas, mas também é concorrência para os fabricantes de mesas de jantar. Quanto maior o número de clientes dispostos a enfrentar a tarefa de construir sozinhos sua mesa de jantar, mais dinheiro terão de pagar para as fábricas de ferramentas elétricas *versus* lojas de móveis.

Mas podemos reformular a pergunta mais uma vez, nos seguintes termos: "Por que as pessoas compram ferramentas elétricas, para início de conversa?". Quando faz esse tipo de pergunta, você logo percebe que um dos motivos mais comuns para a compra de ferramentas elétricas é dar um presente no Dia dos Pais. É provável que já tenha deduzido aonde queremos chegar com esse argumento. Nessa formulação da pergunta, você se dá conta de que os fabricantes de ferramentas elétricas estão na concorrência com outros fornecedores de presentes de Natal ou de Dia dos Pais, entre eles as gravatas figurando entre os mais importantes.

Portanto, quando lhe pedimos que pense nos concorrentes, qual extensão de horizonte você vai considerar? Nossa proposta é que comece com as empresas com as quais concorre diretamente. No nosso exemplo, seriam os outros fabricantes de ferramentas elétricas. Mas, em particular quando se trata de imaginar inovações e rupturas, queremos que pense em termos de uma concorrência mais ampla, considerando as necessidades essenciais que os clientes querem satisfazer, assunto ao qual retornaremos no Capítulo 5. É comum a ruptura acontecer por meio de participantes que estão fora do mercado existente. Tenha em mente que a ruptura com hotéis não veio de outros hotéis, mas sim do Airbnb...

Assim que você tiver preenchido a Planilha 3.2, pode começar a pensar nas seguintes questões:

- Onde você está em termos da fronteira de eficiência? Você está na fronteira de eficiência ou há empresas fornecendo uma disponibilidade para pagar semelhante (ou até maior) enquanto se beneficia de custos de satisfação mais baixos? Lembre-se de nossas comparações entre as empresas de entrega de *kits* de refeição e os mercados dos produtores, e entre táxis tradicionais e por aplicativo. Nem todas as empresas de um segmento do mercado têm chances de estar na fronteira.

- Se você não está na fronteira da eficiência, que melhorias na eficiência você planeja efetivar a fim de reduzir seus custos de satisfação?

- Supondo que esteja na fronteira da eficiência, você acha que está no lugar certo nessa fronteira? Ou acha que deveria repensar suas escolhas entre a disponibilidade para pagar e os custos (por exemplo, sacrificar uma parte da eficiência a fim de fornecer um produto ou um serviço melhor)?

- Quais são as tendências em seu ramo de atividade? Existe alguma pressão para baixar os custos (movendo-se para a direita), ou você vê sua empresa superando os rivais ao fornecer produtos e serviços com maior disponibilidade para pagar (subindo no gráfico)?

- Existem novas tecnologias que permitiram a empresas já em atuação no mercado ou a prováveis ingressantes alavancar ainda mais a fronteira de eficiência? Você visualiza novos modelos de negócios com a superação da escolha entre disponibilidade para pagar e custos de satisfação?

PARTE II

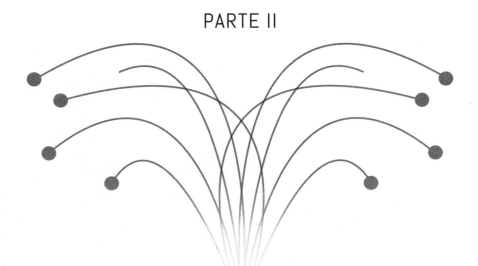

Como criar relacionamentos conectados com o cliente

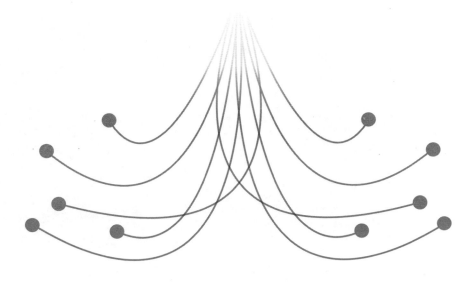

4

Reconhecer, requisitar e responder

Como construir experiências conectadas com o cliente

Eis uma típica experiência de cliente que você também deve ter tido: Davi está em casa, no escritório, prestes a imprimir um conjunto de cartas urgentes quando sua impressora fica sem tinta. Resmungando, ele vai para o carro e se encaminha para a loja mais próxima de artigos de informática. Verifica as gôndolas da enorme loja, até chegar aos *toners*. Felizmente, lembra-se com exatidão do tipo de impressora que tem em casa. Mas é a HP Office JetPro 6978 ou a HP Office JetPro 8710? Cada uma usa um tipo de cartucho, mesmo que pareçam idênticos. Ele resolve que é o 6978 (está com sorte, porque é esse mesmo o modelo certo). Acaba pegando uma embalagem com vários cartuchos porque a loja não tem o *toner* individual em estoque e passa a torcer para que sua "velha" impressora ainda dure o suficiente para consumir todos aqueles cartuchos. Quando vai pagar, tem de esperar em uma fila de caixa bem comprida. Quando enfim chega a sua vez, não consegue achar o cartão de crédito. Por fim, consegue pagar, entra no carro e volta para casa quase duas horas depois para, enfim, começar a imprimir.

Vamos, agora, mudar de perspectiva. Suponha que você seja o encarregado da divisão de *toners* de uma fabricante de impressoras. Em que você gasta seus recursos? É bem provável que uma boa proporção vá para o desenvolvimento de *toners* de mais longa duração, cores mais nítidas, cartuchos melhores e aprimoramento na eficiência do processo desde a fabricação até a distribuição. Embora não haja nada errado com o fato de a empresa se empenhar para produzir produtos melhores e diminuir os custos, o exemplo da impressora mostra como essas ações em geral estão distantes dos pontos de incômodo reais que perturbam o consumidor. A empresa e seus clientes não estão devidamente conectados.

Neste capítulo e no próximo, vamos nos dedicar ao conceito do *relacionamento conectado com o cliente*. Esses dois capítulos serão seguidos por um workshop que o ajudará a montar sua própria rede de relacionamentos conectados. Como definimos no Capítulo 1, o relacionamento conectado com o cliente é aquele em que as interações episódicas entre cliente e empresa são substituídas por interações frequentes, de baixo atrito e customizadas, resultantes de um rico intercâmbio de dados. Como seria isso na prática? Seguramente, algo diferente do que Davi experimentou com a compra do *toner*.

Primeiro, vamos considerar uma experiência por vez. Queremos entender o processo pelo qual o cliente passa quando *reconhece* uma necessidade, *requisita* uma solução para essa necessidade e experimenta como a empresa *responde* à sua requisição. O próximo capítulo acrescenta o quarto *R* dos relacionamentos conectados, a *repetição*, e explica como as experiências do cliente individual, com o tempo, são reunidas a fim de criar um *relacionamento* duradouro com o cliente.

Como qualquer experiência do cliente, no exemplo do *toner*, a interação começa com uma necessidade do cliente. A impressora vai gastando o *toner*, página por página. Enquanto as folhas impressas têm alta qualidade, o cliente talvez não perceba a necessidade de mais tinta, ainda que o cartucho da impressora esteja quase vazio. Porém, quando a tinta no papel fica cada vez mais fraca, o cliente se dá conta dessa necessidade. Em termos de marketing, a necessidade da qual o próprio cliente ainda não tem consciência é chamada de *necessidade latente*.

Assim que o cliente se torna ciente de sua necessidade, vai em busca de opções. Esse passo pode ser bastante complexo, em especial hoje em dia, dada a capacidade de encomendar praticamente qualquer coisa de qualquer fornecedor no planeta. Com muita frequência, os clientes não estão cientes de todas as opções de satisfação de suas necessidades. Assim que elas tiverem se tornado visíveis, ele terá de escolher entre canais de varejo, marcas, quantidade do produto etc. Diante da complexidade de opções, não é fácil decidir qual a melhor. Encontrar o produto, pagar e recebê-lo em casa constituem um transtorno que custa muito tempo.

No entanto, o episódio da interação ainda não está completo. O cliente ainda tem de substituir o cartucho gasto por um novo. Muitas coisas podem dar errado nesse estágio: o cartucho novo pode vazar, o encaixe de plástico onde ele é inserido na impressora pode quebrar, e, em vez de começar a fazer sua impressão, Davi estará ao telefone falando com a assistência técnica.

Como o exemplo da impressora mostra, mesmo um único episódio de interação entre o cliente e a empresa pode render uma longa jornada. Embora tenhamos descrito a jornada de um único consumidor final, é importante observar que os clientes nos ambientes de negócio a negócio experimentam uma jornada muito semelhante. Portanto, entendemos que é útil subdividir a jornada do cliente em três fases distintas, cada uma delas enfrentando uma questão fundamental:

1. Por que, para início de conversa, o cliente se envolve na interação?
2. Como o cliente realiza a identificação, faz o pedido e paga pelo produto desejado?
3. Quais produtos e serviços são oferecidos ao cliente?

Cada uma dessas três fases contém alguns passos, como ilustra a Figura 4.1.

Figura 4.1
As três fases da jornada do cliente

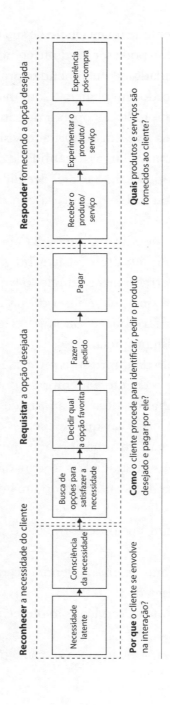

84 Estratégia conectada

Além disso, cada uma dessas fases corresponde a uma dimensão principal do projeto de relacionamentos conectados. Tal como um gestor em busca da construção de relacionamentos conectados, você precisa perguntar a si mesmo como vai *reconhecer* as necessidades de seus clientes (ou ajudá-los para que eles mesmos as reconheçam); precisa configurar as atividades que ajudarão seu cliente a identificar e a *requisitar* a opção que melhor satisfará essa necessidade, e precisa pôr em prática um sistema que lhe permita *responder*, oferecendo a opção desejada com bom custo-benefício.

Usaremos o exemplo da impressora para ilustrar as diferenças entre as quatro experiências conectadas do cliente que apresentamos no Capítulo 1:

- Resposta ao desejo.
- Oferta com curadoria.
- Conduta de instrução.
- Execução automática.

Como veremos, essas quatro experiências começam a afetar o cliente cada vez mais cedo em sua jornada de compra. Vejamos mais uma vez a experiência de Davi de comprar um cartucho para sua impressora. Repetindo o óbvio, sua experiência não foi positiva e refletiu a total ausência de qualquer conexão entre ele e a empresa fabricante de impressoras. Embora não seja uma expressão formal, podemos rotular essa experiência do cliente de "compre o que temos". A empresa espera até que o cliente apareça, e este tem de comprar o que está disponível. A jornada do cliente, praticamente do começo ao fim, foi responsabilidade de Davi: ele teve de perceber a necessidade de um novo cartucho para sua impressora, teve de identificar o tipo exato de cartucho que era necessário, teve de ir até a loja, buscar o produto, entrar na fila, pagar, voltar para casa e trocar o cartucho. De que maneira podemos melhorar a experiência desse cliente?

A resposta ao desejo na experiência conectada do cliente

Como você acha que Davi poderia se sentir se tivesse a seguinte experiência como cliente: ao perceber que precisa de um cartucho novo, Davi acessa *on-line* seu fornecedor predileto, digita o modelo de sua impressora, clica para fazer o pedido do *toner* certo e, no mesmo clique, paga com o seu cartão de crédito cujos dados já estão armazenados junto ao endereço de entrega. Embora Davi ainda esteja no comando da execução dessa transação, realizando quase todos os passos dessa jornada de compra, há muito menos pontos de atrito, portanto, para ele, é uma transação muito mais agradável.

Essa é a ideia implícita em uma experiência de *resposta ao desejo* quando é conectada. A empresa busca proporcionar ao cliente o produto ou serviço desejado do modo mais rápido e confortável possível. Nos termos da jornada do cliente, a empresa que usa a resposta ao desejo reduz de modo significativo o atrito, desde o momento em que o cliente decidiu qual a opção desejada até o momento em que recebe o produto. Além disso, essa empresa é capaz de oferecer ao cliente exatamente a opção desejada (embalagem com um único cartucho de tinta preta, não o pacote com vários cartuchos). Para entender a anatomia de uma experiência de resposta ao desejo do cliente quando conectada, veja a Figura 4.2.

Essa figura divide em duas esferas os passos da jornada do cliente, desde a necessidade latente até a experiência pós-compra que apresentamos na Figura 4.1. A metade superior da figura mostra os passos dados pelo cliente e a inferior, os realizados pela empresa.

Nosso exemplo do *toner* começou com o cliente percebendo que o cartucho de sua impressora tinha acabado. Repare que os passos a seguir têm de acontecer, quer o cliente compre o novo *toner on-line* ou vá até a loja física de suprimentos de informática; o cliente teve de analisar algumas opções disponíveis (e evitar a confusão entre modelos de números diferentes), teve de escolher e teve de fazer o pedido e pagar, no caixa físico ou no virtual.

Figura 4.2

A experiência de resposta ao desejo do cliente, quando conectada

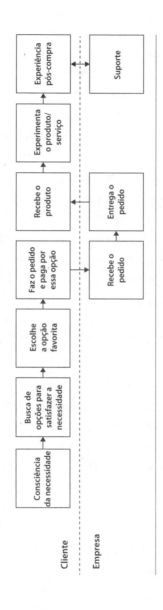

Reconhecer, requisitar e responder 87

Do ponto de vista do cliente, qual experiência de resposta ao desejo causa uma boa sensação? Um elemento se destaca com clareza em termos do esforço despendido: quanto menos, melhor! Um pagamento com um clique, usando cartão de crédito, é mais conveniente do que ir até a loja física. O cliente gosta da companhia que ouve com cuidado o que ele quer e responde prontamente a esse desejo. Daí o nome "resposta ao desejo".

No caso das experiências de resposta ao desejo que o cliente tem, como ficar sem *toner*, a velocidade é o atributo mais importante que a empresa deve oferecer. Por exemplo, ser capaz de mandar um carro em poucos minutos é um atributo crítico para clientes de Uber ou Lyft. Já para o Airbnb, o atributo crítico que influencia a felicidade do cliente é a diversidade de estilos e preços no local que o cliente quer visitar. A velocidade da reserva também é importante, mas não é a vantagem mais importante que impulsiona o uso desse serviço.

A Amazon tem sido pioneira em termos de combinar em "um clique" o processo de fazer o pedido e pagar. Para facilitar ainda mais, apresentou os botões Dash, pequenos dispositivos de *wi-fi* que podem ser acoplados à geladeira, à máquina de lavar roupa, ao gabinete no banheiro. Apertando um botão, podem ser encomendados itens que vão desde garrafas d'água a lenços umedecidos para higiene do bebê.

A oferta com curadoria na experiência conectada do cliente

De que maneira a experiência de compra *on-line* do cartucho de tinta pode ser melhorada? Imagine que, depois que Davi entra com sua conta *on-line*, o site sugere o cartucho certo de *toner* com base em suas compras anteriores, o que elimina para ele a necessidade de descobrir o tipo certo de cartucho para sua impressora. Além disso, o site também poderia sugerir pedir mais papel, embora Davi não o tenha encomendado (mas está quase acabando; boa pedida!). Isso é o que chamamos de *oferta com curadoria* para a experiência conectada do cliente. A Amazon, por exemplo, mostra uma seleção de "compras casadas frequentes" e é capaz de fazer recomendações personalizadas, levando em consideração o que o cliente comprou no passado e quais conjuntos de itens são, em geral, adquiridos na mesma transação.

A resposta ao desejo requer que o cliente manifeste uma necessidade específica. Às vezes, no entanto, o cliente pode não saber exatamente o que quer, ou lhe custaria um esforço considerável descobrir. Na experiência conectada com curadoria, a empresa se torna ativa na jornada do cliente mais cedo do que na experiência de resposta ao desejo. Enquanto esta depende de o cliente saber exatamente o que quer, a oferta com curadoria ajuda o cliente nas etapas iniciais da jornada, buscando opções e decidindo entre elas. Vejamos outro exemplo: a cliente sabe que quer assistir a uma comédia, mas talvez não saiba os últimos lançamentos desse gênero. Neste caso, uma oferta com curadoria é muito útil. A Netflix sugere comédias com base em escolhas anteriores e nas de clientes semelhantes. Em geral, as ofertas com curadoria tornam a busca de resultados muito mais personalizada.

Desse modo, a oferta com curadoria customiza a resposta da empresa, fornecendo um conjunto específico de opções. Agindo assim, permite um formato que também pode antecipar necessidades. A Figura 4.3 mostra a sequência de eventos de uma experiência de oferta com curadoria. Mais uma vez, as atividades realizadas pelo cliente estão no alto e as atividades da empresa, embaixo. Como podemos ver comparando as Figuras 4.2 e 4.3, no modelo da oferta com curadoria, a empresa assume um papel mais ativo no processo de busca e seleção. Em vez de esperar receber um pedido específico, a empresa traz à tona opções das quais o cliente não estava ciente e faz recomendações acerca de quais poderiam melhor satisfazer sua necessidade.

A Blue Apron, ou um dos fornecedores similares de *kits* de refeição que discutimos no Capítulo 2, é um poderoso exemplo de oferta com

Figura 4.3
A experiência conectada de oferta com curadoria

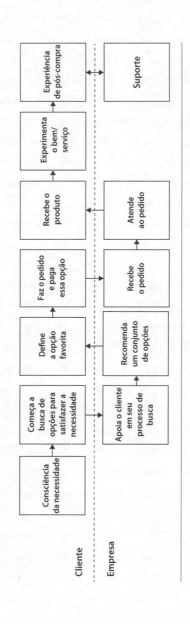

curadoria. Pense em como suas ofertas com curadoria diferem da experiência de resposta ao desejo, poupando o cliente da necessidade de tomar providências ao lhe permitir fazer pedidos *on-line* e receber os produtos em casa. Aliás, os serviços de entrega de alimentos em domicílio têm conhecido um crescimento espetacular. Todos eles compartilham o mesmo princípio: "Você pede, nós entregamos". Embora isso seja melhor do que perder tempo na fila do caixa no supermercado, o encargo de achar as receitas, escolher uma e elaborar a lista de compras ainda recai sobre o cliente, que por fim fica com os ingredientes extras que não foram utilizados nas porções das receitas. Por outro lado, para muitos clientes, contar com a Blue Apron para organizar as refeições e o tamanho das porções é mais confortável, divertido e inclusive saudável, criando um serviço de qualidade superior quando comparado à experiência da resposta ao desejo, isso sem mencionar a abordagem "compre o que temos". Veja outro exemplo de uma oferta com curadoria a seguir.

A verdadeira personalização

As experiências de ofertas com curadoria têm sido bastante favorecidas pelos avanços da produção e de tecnologias sensíveis que permitem a customização em nível de indivíduos. O segmento dos cosméticos foi um dos que primeiro adotaram esse desenvolvimento. Um bom exemplo é o mercado de bases, que gira em torno de 1 bilhão de dólares somente nos Estados Unidos. Com todas as variações existentes em tom e textura de pele, há muito tempo que a busca pela tonalidade certa e pela formulação correta desse cosmético tem sido um grande ponto de incômodo para as clientes. No caso da base bareMinerals Made-2-Fit, da Shiseido, a cliente pode baixar o aplicativo em seu smartphone, escanear seu rosto e receber uma base personalizada que combina com seu tom de pele.

Progressos na tecnologia de impressão em 3-D também prometem uma customização sem precedentes com respeito a artigos farmacêuticos. No caso das drágeas, por exemplo, as limitações de estoque definem o número de doses disponíveis hoje em dia. Com as impressoras 3-D, tabletes e gomas podem ser criados diretamente na farmácia com a dosagem personalizada. As drágeas criadas podem até conter mais do que um medicamento necessário (as chamadas polidrágeas), e as gomas podem ser feitas em formatos de aparência mais interessante (dinossauros, caminhões etc.) para as crianças.

A conduta de instrução na experiência conectada do cliente

Retomando o exemplo da impressora, nem a resposta ao desejo nem a oferta com curadoria resolveriam um problema básico: o cliente perceber a necessidade de comprar outro cartucho de tinta somente após ter acabado o que estava em uso. A empresa esperou que o cliente tomasse a iniciativa, que iniciasse a interação. Infelizmente, em muitos casos, o cliente demora para tomar a iniciativa, o que acarreta inconvenientes.

Como podemos ajudar o cliente a se lembrar de comprar outro cartucho de tinta antes que acabe o que está em uso? Talvez o revendedor já pudesse ter mandado um lembrete para o cliente na semana anterior. Esse lembrete pode se basear em condutas anteriores de compra: o cliente tem comprado um *toner* a aproximadamente cada oito semanas, e já tinham se passado sete semanas desde o último pedido. Enquanto lembra o cliente de pedir outro *toner*, talvez o varejista também possa lembrá-lo de acionar a função de autolimpeza da impressora para manter alta a qualidade das folhas impressas; essa é outra ação que o cliente sabe que deve executar, mas não executa. Mesmo assim, a empresa que atende o cliente é mais proativa do que as outras duas, envolvidas nas experiências conectadas do cliente.

Esse é o tipo de experiência conectada que chamamos de *conduta de instrução*. Há muitos casos em que as pessoas gostariam de se envolver com alguma ação, mas a inércia e alguns vieses de decisão atrapalham. A pessoa gostaria de perder peso, mas é difícil para ela seguir um programa de alimentação mais saudável. Queremos ficar em forma, mas não conseguimos manter uma rotina de exercícios. Precisamos tomar remédios, mas nos esquecemos. Com a conduta de instrução, a empresa assume o papel de pai ou mãe e instrui o cliente a mudar de comportamento. Na jornada do cliente, a empresa atua um estágio antes que a oferta com curadoria seja acionada. Isso ativa a consciência do cliente a respeito das próprias necessidades pendentes.

Na Figura 4.4, apresentamos a conduta de instrução na experiência conectada do cliente. Como na maior parte do tempo o que se deseja é uma mudança de comportamento (e não a compra de um item ou serviço específico), mudamos os nomes de alguns passos. Em vez de recomendar um conjunto de opções, a empresa recomenda que o cliente adote uma ação em particular (ou o lembra de fazer isso). O cliente então decide as ações que tomará, e idealmente se seguirá uma mudança de comportamento.

Figura 4.4

A conduta de instrução na experiência conectada do cliente

Observe como a experiência do cliente, na Figura 4.4, coloca mais ênfase em a empresa partir para a ação. Enquanto o cliente acaba enfim entrando em ação (toma o remédio, evita o sanduíche, vai à academia), a empresa o observa, sabendo do que ele precisa, no curto e no longo prazos, e não apenas o que ele quer neste exato momento.

Tal como com as ofertas com curadoria, esse conhecimento pode resultar de observar muitos clientes ou do que eles informaram à empresa anteriormente. Imagine uma experiência de conduta de instrução em que o cliente, para manter a dieta saudável, diz ao banco que bloqueie seu cartão de crédito toda vez que ele estiver perto de uma lanchonete de *fast-food*. Dentro de uma experiência de resposta ao desejo do cliente, este comeria o *cheeseburguer* sempre que quisesse e da maneira mais confortável, mas ele também sabe que, 20 minutos depois, se lamentaria de ter feito isso. Portanto, uma boa experiência de conduta de instrução é, de fato, parecida com a de um pai ou mãe.

Sabemos que pode ser difícil gerar mudanças de comportamento; se não fosse, todos nós cumpriríamos facilmente nossas resoluções para o ano-novo. Nesse sentido, a pressão dos grupos de referência é uma ferramenta poderosa. Como resultado, várias empresas que oferecem experiências de conduta de instrução também facilitam a montagem de redes de referência ponto a ponto nas quais os participantes podem comemorar seus esforços e resultados ("Hoje dei 12 mil passos!") e se incentivar mutuamente. Ao emprestar dos programadores de *games* os recursos que desenvolvem para tornar os jogos *on-line* tão envolventes, quando não viciantes, muitas empresas estão usando a *gamificação* para induzir mudanças de comportamento. Os participantes acumulam pontos e distintivos e se dedicam a uma competição amigável contra si mesmos e contra outros jogadores a fim de atingir suas metas comportamentais. Voltaremos a falar dessas redes no Capítulo 7.

Sensores vestíveis de conduta de instrução

Os sensores vestíveis estão promovendo uma ampla variedade de experiências do cliente com conduta de instrução. A L'Oréal desenvolveu um sensor vestível que opera sem bateria para medir a exposição de uma pessoa aos raios UV. Esse sensor tem menos de 2 milímetros de espessura e 9 milímetros de diâmetro, e foi projetado para ser usado na unha do polegar. Tem capacidade para armazenar até três meses de dados e está conectado a um aplicativo de smartphone para coletar e exibir a exposição diária a raios UVA e UVB, oferecer dicas personalizadas para se proteger do sol e acompanhar mudanças nas tendências de comportamento quanto aos raios UV com o decorrer do tempo.

Para quem quer aprender ou aprimorar suas posturas de ioga, mas nem sempre pode contar com um instrutor, a Wearable X, com sede em Sydney, tem uma solução. Suas calças Nadi X são confeccionadas com sensores na altura de quadris, joelhos e tornozelos. Eles analisam as posturas que o corpo executa e fornecem *feedback* háptico, orientando o praticante sobre como corrigir seu posicionamento por meio de vibrações sutis. Quando usado via Bluetooth, em conexão com um aplicativo no celular do cliente, dicas visuais e de áudio fornecem detalhes pormenorizados das várias posturas que suplementam as vibrações.

A fim de ajudar adeptos da corrida a evitar lesões, ensinando como desenvolver um estilo de corrida melhor, a Sensoria criou uma tornozeleira ligada a uma meia de corrida especial que o atleta usa para correr. Os sensores na parte de baixo da meia medem onde o pé da pessoa faz contato com o chão e por quanto tempo. A tornozeleira contém uma CPU que analisa uma ampla variedade de dados obtidos pelos sensores e transmitidos para um aplicativo de smartphone. Esse aplicativo exibe um mapa detalhado do calor nos pontos em que a pressão é exercida no pé, além de estatísticas detalhadas relativas ao tempo de contato do pé, à cadência, aos passos dados, à extensão desses passos e à velocidade. Essas informações aparecem no aplicativo da Sensoria para que o atleta possa ajustar seus movimentos em tempo real. O aplicativo também emite alertas sonoros em tempo real com uma voz automática que dá *feedback* sobre padrões incorretos dos passos ou outros ajustes que devem ocorrer para prevenir lesões.

A execução automática na experiência conectada do cliente

Vamos rever mais uma vez a história da impressora. Agora, imagine que a impressão das páginas está correndo bem quando a campainha toca. Davi fica surpreso quando lhe entregam uma caixa. Ele não se lembra de ter encomendado nada. Dentro da caixa, um cartucho de tinta. "Que estranho", é o que ele pensa. Volta à impressão, e o computador avisa que a impressora está com a tinta quase acabando. Somente então é que ele se lembra de que, quando comprou aquela máquina, deu ao fabricante uma permissão para o envio automático de mais cartuchos quando o nível de tinta estivesse baixo. Davi acaba de experimentar uma *execução automática* em sua experiência conectada como cliente. Assim que a empresa é autorizada a tomar conta de alguma coisa, ela automaticamente coleta informações e satisfaz a necessidade, muitas vezes antes mesmo que o cliente a tenha percebido. Isso aparece na Figura 4.5. Esse diagrama é quase o oposto do fluxo da resposta ao desejo, apresentado na Figura 4.2; aqui, quase todas as atividades são controladas pela empresa, porque esta sabe do que o cliente precisa e quando. Algo entre o Big Brother e a mãe prestimosa.

Pode ser difícil propiciar essa experiência conectada para o cliente. Diferentemente do caso da oferta com curadoria, a falta de envolvimento do cliente nos passos da tomada de decisão da jornada de compra torna possível cometer erros. É verdade que os clientes que acessam a rede *on-line* em busca de livros com nomes de bebês provavelmente serão futuros pais, mas será que um varejista deve mandar um berço e fraldas para eles só com base nessa informação? Criar uma execução automática na experiência conectada do cliente exige aumentar a largura da banda do fluxo de informações que transita dos clientes para as empresas.

Com a crescente conectividade entre objetos em virtude da internet das coisas, cada vez mais serão possíveis relacionamentos automáticos

Figura 4.5

Execução automática na experiência conectada do cliente

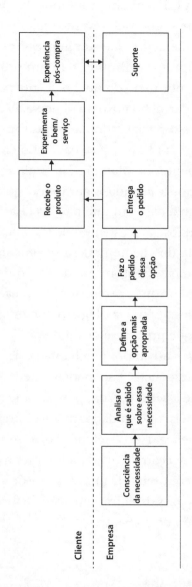

Reconhecer, requisitar e responder

baseados em um fluxo contínuo de informações. O exemplo da impressora é real. A HP tem um programa chamado Instant Ink que funciona exatamente como descrevemos. Neste caso, a HP envia o *toner* novo para o cliente assim que sua impressora envia o sinal de "pouca tinta" para a empresa. A Brother tem um programa similar chamado Brother Refresh, por meio do qual o cliente pode definir se quer que a empresa envie o cartucho novo ou se deixa a Amazon incumbida disso.

Em breve, nosso refrigerador, ao registrar que o peso do compartimento para leite está baixo, será capaz de encomendar nova entrega de leite para amanhã de manhã. (Naturalmente, a geladeira também terá verificado nossa agenda e garantido que não sairemos de férias amanhã de manhã, caso em que não precisaremos de leite.)

Outros exemplos já existentes de execução automática na experiência conectada do cliente podem ser encontrados no ambiente das intervenções médicas. Sensores de detecção de quedas são dispositivos médicos para idosos que correm um risco cada vez maior de cair. As primeiras gerações dessa tecnologia seguiam o princípio da resposta ao desejo. O idoso que precisasse de ajuda podia apertar um botão de um dispositivo vestível, ativando um chamado de socorro enviado de qualquer ponto da residência. Isso evidentemente lidava com uma importante necessidade a ser atendida, porque, antes, o idoso poderia cair de uma escada e precisar de cuidados médicos urgentes e não ter condições de se mexer ou chegar ao telefone. Por esse motivo, os mais recentes dispositivos de detecção de queda adotaram a execução automática no relacionamento com seus clientes. Os sensores no dispositivo detectam a queda e são capazes de entrar em ação de forma automática, inclusive sem a participação do paciente.

Execução automática com *videogames*

Veja esta surpreendente estatística: se os jogadores do World of Warcraft, o conhecidíssimo jogo *on-line*, passassem o mesmo tempo criando conteúdo para a Wikipedia em vez de ocupados com o jogo, poderiam criar uma nova Wikipedia por semana! Essa é uma constatação notável de como os jogos se tornaram "viciantes" e envolventes. As empresas de *videogames* evoluíram muito em termos de apresentar ofertas com curadoria e execução automática. Antes, cada jogador comprava a mesma versão de um jogo indo a uma loja e adquirindo o CD ou a fita. Agora, com o jogo em versão *on-line*, os produtores do jogo aprendem as preferências e habilidades individuais dos jogadores e criam experiências customizadas que mantêm o jogador em um fluxo contínuo. Os participantes são expostos a desafios que não são difíceis demais (a ponto de causar frustração) nem fáceis demais (a ponto de causar tédio), em um processo chamado *ajuste dinâmico da dificuldade*, que requer uma sofisticada inteligência artificial na outra ponta. Nesse mesmo sentido, cada jogador experimenta algo prazeroso nos diferentes aspectos do jogo. Há os conquistadores (interessados em ganhar níveis e pontos), os exploradores (interessados em entender as nuances do jogo), os socializadores (interessados em interagir com outros jogadores) e os matadores (o nome já diz tudo). Quando entende de que tipo é determinado jogador, o *videogame* pode se ajustar e levá-lo a situações mais e mais satisfatórias. Não é de espantar que uma pesquisa com o World of Warcraft constatou que 75% dos jogadores jogam durante mais de duas horas por dia em média, e que 25% jogam mais de cinco horas por dia.

O fluxo de informações dos clientes para a empresa

Um aspecto central na criação de novas experiências conectadas para o cliente consiste em projetar o fluxo de informações entre ele e a empresa. Afinal, é essa informação que lhe permite reconhecer as necessidades do cliente e identificar a melhor solução possível. Para nós parece útil pensar em cinco dimensões para descrever esse fluxo de informações:

1. O gatilho do fluxo de informações (pode ser o cliente ou a empresa).
2. A frequência do fluxo de informações (episódica × contínua).
3. A riqueza ou a largura de banda do fluxo de informações (alta × baixa).
4. O esforço do cliente associado a esse fluxo de informações (alto × baixo).
5. O processamento de informações necessário para inferir o produto ou a solução de serviço correta em resposta à necessidade do cliente (este pode dizer expressamente qual produto ou serviço deseja, ou o produto apropriado pode ser deduzido pela empresa).

Você deve tomar decisões a respeito dessas cinco dimensões antes de dar atenção aos aspectos técnicos da montagem de uma estratégia conectada, como dispositivos mais inteligentes ou maior largura da banda de comunicação. A Tabela 4.1 resume esses aspectos.

No início deste capítulo, apresentamos a experiência do cliente que chamamos de *compre o que temos*, apresentando uma laboriosa jornada de compra do cliente depois de ter demorado para se dar conta de que estava sem *toner*, passando por um incômodo processo de fazer o pedido para, enfim, receber e usar o produto. Essa experiência não faz parte de um relacionamento conectado. Esse episódio foi iniciado pelo cliente ao perceber que suas páginas impressas não tinham a qualidade necessária. O único fluxo de informações tomou a forma de uma compra efetivada pelo cliente (que ainda sofreu o desvio de passar por um revendedor). E ficou inteiramente a cargo do cliente decidir que comprar o *toner* da JetPro 6978 era a solução certa para resolver sua necessidade de impressão.

Tabela 4.1 Dimensões do fluxo de informações para diferentes experiências do cliente

	Compra o que temos	Resposta ao desejo	Oferta com curadoria	Conduta de instrução	Execução automática
Gatilho da informação	Cliente	Cliente	Cliente	Empresa	Empresa
Frequência do fluxo de informações	Episódica	Episódica	Estendida	Contínua	Contínua
Riqueza do fluxo de informações	Baixa	Baixa	Média	Alta	Alta
Esforço do cliente para enviar informação	Alto	Reduzido	Reduzido	Nenhum	Nenhum
Processamento de informações para achar preferências	Todas as preferências explicitadas expressamente pelo cliente	Todas as preferências explicitadas expressamente pelo cliente	A empresa faz recomendações ao cliente	A empresa tenta dirigir ações muito específicas do cliente	A empresa age de modo autônomo pelo cliente

Basicamente, a experiência conectada do cliente de resposta ao desejo consistia em reduzir o atrito associado à transação, o que podia ser efetuado por meio de um pedido simples pela interface (por exemplo, comprar com um só clique), com sensores localizados de modo conveniente (por exemplo, botões da Amazon Dash), ou por reconhecimento de voz (por exemplo, o Assistente do Google). Tudo isso reduz de modo drástico o esforço do cliente, em comparação a fazer pedidos em sites complicados, por telefone ou e-mail, ou ir até uma loja.

Enquanto a oferta com curadoria de uma experiência conectada também depende do cliente como gatilho da transição, a empresa ocupa uma posição mais ativa de ajudar o cliente a achar uma solução para suas necessidades. O processo de recomendação é um elemento central nisso. Com base em compras prévias (o cliente passa duas horas por dia assistindo a documentários sobre a Primeira Guerra Mundial) ou preferências declaradas ("Eu gosto mesmo dos filmes de Bollywood"), a Netflix pode fazer recomendações ao cliente sobre como satisfazer suas necessidades de entretenimento. Esse processo de recomendação exige dados sobre o cliente, aumentando a necessidade de informações sobre a frequência e a riqueza dos dados. Quanto mais a empresa sabe, melhor a recomendação que pode fazer. Entre os desafios técnicos desse relacionamento conectado está uma robusta tecnologia de recomendação. Além disso, as empresas precisam lidar com a demanda de privacidade por parte do cliente, como ficou óbvio quando o Google foi criticado por tomar conhecimento das contas de Gmail dos clientes para melhorar a publicidade dirigida.

Como superar a inércia do cliente é um dos muitos benefícios da conduta de instrução nos relacionamentos conectados; não podemos depender do cliente como gatilho das transações. Em vez disso, o ponto de disparo muda para a empresa, o que acarreta consequências também para outras dimensões. A empresa precisa receber informações sobre o cliente o tempo todo para não perder o momento certo de entrar em ação. Neste caso, a conexão com a empresa está sempre ativada, e os clientes lhe enviam informações de modo contínuo e, em geral, anonimamente. Você poderia argumentar que a empresa está rastreando automaticamente o cliente. Por exemplo, o Fitbit de um cliente está sempre coletando informações, usando o smartphone dele como dispositivo de retransmissão para enviar de modo automático informações a um serviço de cuidados médicos ou ao instrutor da academia. O desafio técnico desse relacionamento conectado está em facilitar uma comunicação barata e confiável nos dois sentidos, entre o cliente e a empresa, refletindo o fato de que, neste caso, a comunicação tem de ocorrer 24 horas por dia.

Por fim, quando passamos para a execução automática, a empresa assume total responsabilidade por encontrar a solução certa para as necessidades do cliente. Há uma diferença significativa entre um sensor de queda, que espera o usuário apertar o botão de alarme, e um dispositivo que emite um chamado de socorro baseado na leitura de um acelerômetro. O sensor tem de ser lido continuamente, e o ideal é que transmita informações em tempo real para que, mesmo na rara eventualidade de que o dispositivo se quebre em uma queda, a ajuda ainda assim possa ser enviada sem demora. Do ponto de vista técnico, isso eleva o nível em termos da capacidade de deduzir corretamente o produto ou o serviço para o cliente com base em informações transmitidas de modo automático. Recomendar um filme ruim ou lembrar um paciente homem de sua consulta com o ginecologista pode causar aborrecimentos ao cliente. Enviar um cartucho da Brother ao usuário de uma impressora HP, por outro lado, tem mais custos significativos associados a esse transtorno, mas mesmo esses custos são baixos quando comparados ao dano causado por não chamar uma ambulância quando é preciso.

Inteligência artificial e aprendizagem profunda

Como vimos em nossa discussão deste capítulo, há algo a mais nos relacionamentos conectados do cliente do que apenas lhe proporcionar o que ele pede. Ofertas com curadoria, conduta de instrução e execução automática são todas medidas que dependem de uma solução conjunta dos problemas entre o cliente e a empresa. No passado, essa atitude de resolução conjunta dos problemas só era possível se efetivada por especialistas humanos, no mais das vezes gerentes de vendas que ajudavam o cliente a definir que produto ou serviço seria melhor para ele e quando e como adquiri-lo.

Graças aos avanços da inteligência artificial, agora as habilidades humanas podem ser imensamente aumentadas, e cada vez mais processos podem ser automatizados. O campo da inteligência artificial se dedica a equipar máquinas com habilidades que antes só podiam ser dominadas por seres humanos, o que permite que elas executem ordens e ainda resolvam problemas.

É vantajoso distinguir as duas maneiras como um computador pode ajudar na jornada do cliente. A primeira se baseia na aplicação de um conjunto (possivelmente grande) de regras, como "oferecer papel para todos que compraram *toner*" ou "pedir novo lote de leite sempre que o último litro for aberto". Essas regras podem ser cuidadosamente auditadas para garantir que gerem as recomendações desejadas, mas têm um defeito importante. Cada aspecto do problema precisa ser codificado na forma de uma regra, o que pode provocar com rapidez uma explosão de regras (por exemplo, se o cliente sai de férias, uma varredura no calendário também pode ser necessária, de modo que não haja pedido de leite nesse período).

Codificar tudo nas regras pode dar certo em situações de baixa complexidade, como fazer um pedido de *toner* ou leite. Em situações de alta complexidade, no entanto, é muito mais difícil codificar o conhecimento na forma de regras (o que exatamente torna uma irregularidade na pele um indicador de risco de câncer?). É aqui que entra a segunda maneira pela qual o computador pode resolver o problema. Em vez de definir regras para identificar câncer de pele, o computador é alimentado com um amplo número de imagens de pele e é informado sobre quais são ou não cancerosas. Com base nos padrões que o computador encontra nessas imagens antigas (em geral chamadas de "base de treino"), ele avalia as imagens futuras.

Essa é uma abordagem muito mais humana. Afinal, não dizemos aos nossos filhos o que faz do gato um animal; eles têm de deduzir isso da observação de muitos animais e de ouvir como os pais os classificam. O termo técnico para essa abordagem à aprendizagem é *treinamento da rede neuronal*.

As representações digitais das redes neuronais já existem há décadas. Recentemente, chegou-se a uma inovação nessa área que recebeu o nome de *aprendizagem profunda*. A aprendizagem profunda é inspirada no cérebro humano e organiza a rede neuronal em múltiplas camadas, cada uma delas usando um nível diferente de abstração. Por exemplo, quando olhamos para um gato em uma imagem digital, o primeiro nível pode identificar os *pixels* da imagem que constituem as bordas que separam um objeto do outro. O segundo nível pode se referir à tarefa de traduzir as bordas em objetos (como a perna do gato, suas orelhas ou o sofá onde ele está). O terceiro nível pode agrupar os objetos, e o quarto nível determina se aquele grupo de objetos é um gato. Essa abordagem requer muitos dados e um computador potente, mas não precisa de regras pré-especificadas.

Diante da dimensão da repetição de nossa referência (veja o próximo capítulo), as empresas que buscam uma estratégia conectada têm acesso aos dados necessários à aprendizagem profunda, o que faz delas parceiras melhores na solução conjunta de problemas com o cliente do que a concorrência (empresas não conectadas).

Os diferentes domínios das diversas experiências conectadas do cliente

Embora empolgados com o surgimento de novas experiências do cliente e suas possiblidades, relacionadas à execução automática, queremos salientar que não as vemos como a melhor solução para todos os problemas ou para todos os clientes. Em outras palavras, os relacionamentos conectados *não* estão sempre melhorando, conforme você vai da esquerda para a direita na Tabela 4.1.

Os clientes se sentem confortáveis em níveis variados, se as coisas começam a acontecer de modo automático à sua volta. Uma experiência mágica para uma pessoa pode ser assustadora para outra. Alguém pode gostar muito de a Disney enviar um álbum de fotos criado automaticamente de sua última visita ao parque; já outro pode achar isso invasivo. Não somente os clientes variam em termos dos valores (ou dos pontos de incômodo) que os motivam de maneira especial, como também diferem quanto ao grau de conforto que experimentam ao compartilhar dados e quanto ao que o ambiente à sua volta faz com base nesses dados. Entender qual experiência conectada é mais apropriada para determinado cliente é tão importante quanto entender suas necessidades particulares. Transparência e a capacidade do cliente de preferir ou não alguma coisa são fatores críticos nesse sentido. A menos que tenha perguntado ao cliente se tudo bem você coletar dados, e a menos que tenha explicado muito claramente como irá usar esses dados e como esse uso criará valor para ele, você corre o grande risco de afastar seus clientes em vez de encantá-los.

Em suma, cada uma das quatro experiências conectadas do cliente tem méritos próprios e funciona bem em casos de uso específico e para determinados clientes.

- *Resposta ao desejo* é uma opção que funciona melhor quando o cliente sabe o que quer e a empresa é capaz de fornecê-lo rapidamente. O problema é que satisfazer uma requisição aleatória do cliente, como "Quero comer um *cheesebacon* agora, ainda que esteja em um restaurante vegetariano e sejam três da manhã", pode custar muito caro ou ser impossível. A capacidade essencial de uma empresa é de ordem operacional: entrega rápida, flexibilidade e execução exata. Os clientes que gostam de estar no comando e ter controle completo preferem a resposta ao desejo.
- *Ofertas com curadoria* fazem sentido quando os clientes não sabem exatamente o que querem porque não conhecem todas as opções disponíveis. Nesse cenário, a empresa pode agradar seus clientes encontrando para eles o produto mais adequado a suas necessidades e inclusive obter benefícios em termos de eficiência ao direcioná-los proativamente na direção de algo que possa proporcionar com facilidade. A capacidade central da empresa neste

caso é o processo de recomendação. O cliente que gosta de tomar a decisão final, mas ainda aprecia um conselho, pode se beneficiar de uma oferta com curadoria.

- *Condutas de instrução* são muito proveitosas quando há necessidades latentes das quais o cliente tem ciência, mas sente grande dificuldade em tentar satisfazê-las sozinho por conta da inércia ou de algum outro motivo comportamental. Sim, o cliente quer um *cheesebacon*, mas, assim que alguém o lembra de seus níveis de colesterol, ele se dispõe a pedir uma salada. Para que isto dê certo, a empresa precisa ter um conhecimento profundo das necessidades do cliente. Em geral, esse conhecimento se baseia em um rico fluxo de informações do cliente para a empresa, por meio de um acompanhamento automático. Também é preciso achar o equilíbrio entre manter o cliente envolvido e leal e ter uma postura parental e restritiva. Os clientes que não se importam em compartilhar dados pessoais quando enxergam um retorno evidente em termos de atingir suas metas pessoais mostram-se dispostos a viver a experiência de uma conduta de instrução.

- *Execução automática* deveria ser o relacionamento conectado preferencial somente se a empresa é capaz de entender o cliente tão bem que pode estar em melhor posição para tomar decisões de compra (ou de outro tipo) do que o próprio usuário. Aqui também é preciso um ambiente em que os eventuais erros não tenham consequências graves. Os clientes que se sentem à vontade com um fluxo contínuo de dados que eles mesmos (ou seus aparelhos) fornecem a uma empresa e confiam que ela usa esses dados para satisfazer as necessidades deles a um custo razoável, estarão mais abertos a uma experiência conectada de execução automática.

A Tabela 4.2 resume as experiências conectadas nos domínios para os quais são mais bem adaptadas, assim como a capacidade de cada empresa para poder criar essas experiências para o cliente.

Tabela 4.2 Domínios de aplicação das quatro experiências conectadas do cliente

Tipo de experiência conectada	Descrição	Capacidade-chave	Funciona melhor quando	Funciona melhor para
Resposta ao desejo	O cliente expressa o que quer e quando	Resposta rápida e eficiente ao pedido recebido	O cliente sabe o que quer	Clientes que não querem compartilhar muitos dados e querem estar no controle
Oferta com curadoria	A empresa oferece um cardápio de opções sob medida para o cliente; a escolha final é dele	Fazer boas recomendações	O conjunto de opções é grande, possivelmente excessivo para o cliente	Clientes para quem não há problema em compartilhar alguns dados, mas que ainda querem ter a palavra final
Conduta de instrução	A empresa incentiva o cliente a ajustar suas preferências imediatas para alcançar um objetivo mais amplo ou para reduzir o custo da satisfação	Entender as necessidades latentes do cliente e como estão (ou não) relacionadas a ações imediatas	O cliente sofre de inércia e outros vieses que o impedem de alcançar o que é melhor para ele	Clientes que não se importam em compartilhar dados pessoais e um ambiente que influencia seu comportamento
Execução automática	A empresa monitora e depois executa o processo de satisfação sem uma ação do cliente	Monitorar o cliente e traduzir em ação os dados que chegam	O comportamento do cliente é muito previsível e o custo de erros é pequeno	Clientes que não se importam em compartilhar dados pessoais e ter empresas tomando decisões por eles

Reconhecer-requisitar-responder: uma visão mais ampla da satisfação das necessidades do cliente

Quando pedimos aos gerentes que listem os incentivos da disponibilidade para pagar por parte de seus clientes, o foco costuma recair sobre os aspectos tangíveis e intangíveis de seus produtos e serviços, como os atributos de qualidade e marca. Obviamente, esses fatores são importantes, mas a disponibilidade de um cliente para pagar pode ser influenciada por um conjunto muito mais amplo de incentivos. Toda transação de um cliente com a empresa é, de fato, uma jornada completa, e a cada etapa ocorre uma oportunidade de agradá-lo ou fazer com que sofra com algum ponto de incômodo. Consideramos proveitoso distinguir três fases da jornada do cliente: (1) reconhecer – é a parte da jornada em que surge uma necessidade latente do cliente e ele ou a empresa tomam consciência dela; (2) requisitar – é a parte da jornada em que a necessidade é traduzida em um pedido de solução para essa necessidade específica; (3) responder – a parte da jornada em que o cliente recebe e experimenta a solução.

Nossa pesquisa das estratégias conectadas revelou quatro abordagens distintas que a empresa usa a fim de reduzir o atrito oriundo dessa jornada do cliente; em outras palavras, quatro experiências conectadas distintas. Essas experiências do cliente são diferenciadas pela parte da jornada de compra que afetam. A experiência conectada de resposta ao desejo do cliente começa no ponto da jornada em que ele sabe precisamente o que quer. O objetivo da empresa é facilitar o máximo possível o pedido do cliente, seu pagamento e recebimento do produto desejado, na quantidade desejada. A experiência conectada do cliente que tem uma oferta com curadoria incide mais adiante na jornada ao ajudá-lo a encontrar a melhor opção possível para satisfazer sua necessidade. Tanto a resposta ao desejo como a oferta com curadoria só podem dar certo se o cliente tem consciência de sua necessidade. As empresas que criam uma experiência para o cliente mediante uma conduta de instrução ajudam-no na parte da jornada em que tornam sua necessidade mais perceptível, incentivando o cliente a agir. Por fim, quando a empresa é capaz de ter ciência da necessidade de um cliente antes que ele mesmo esteja a par dela, é possível criar uma experiência conectada com o cliente que prevê uma execução automática, por meio da qual a empresa resolve a necessidade dele de forma proativa.

Queremos reiterar que a execução automática não deve ser vista como a experiência mais desejável para o cliente. Os clientes são muito diferentes em relação à medida de atuação de empresas que apreciam; para certas transações, o risco de uma execução automática dar errado supera seus possíveis benefícios. Embora os defensores da tecnologia possam pensar que a execução automática é o nirvana, é necessário o bom e velho entendimento do cliente para poder lhe oferecer a experiência mais relevante, e isso pode exigir que você crie para ele um leque de experiências conectadas.

5

Repetir

Como construir relacionamentos com o cliente para criar vantagem competitiva

A piadinha de Henry Ford sobre a escolha da cor para seu lendário Modelo T exemplifica a escolha entre a disponibilidade para pagar e a eficiência da produção: "O cliente pode ter seu carro pintado na cor que quiser, desde que seja preto". Ford não tinha preferência por tinta preta. Seu primeiro carro, o Modelo A, veio em vermelho, e o Modelo F era basicamente vendido em verde. Em vez disso, a estratégia de Ford de economizar custos e de adotar como paradigma o "tamanho único" previa favorecer a eficiência da produção mais do que a customização.

Essa mesma preferência pela eficiência da produção ultrapassa as fronteiras da indústria e alcança o mundo da educação, um segmento que, nos Estados Unidos, emprega em torno de 3 milhões de professores nas 12 primeiras séries e 1,7 milhão de docentes na educação de nível superior. Os programas acadêmicos são padronizados. Na França, o Ministério da Educação determina o que cada aluno vai aprender todos os dias. Na Inglaterra, há o chamado Currículo Nacional. Os programas acadêmicos são instruções do colegiado para as atividades de produção da educação.

Ter esse currículo não é algo ruim. Torna os professores responsáveis e ajuda os alunos a alcançarem objetivos de aprendizagem predefinidos. Também ajuda a coordenar o trabalho entre cursos e escolas, promovendo a adoção comum das melhores práticas. Não obstante, um currículo padronizado desperdiça uma enorme oportunidade de customização. Os alunos têm motivações, conhecimentos acumulados e talentos amplamente diferentes. O estudante que passar pelos 12 anos da Educação Fundamental e do Ensino Médio vai interagir com centenas de professores e orientadores, cada um deles incumbido de uma parte do currículo acadêmico.

Qual seria a alternativa, além de oferecer a cada criança um grupo de professores particulares? Felizmente, as estratégias conectadas possibilitam a existência de três alternativas. Veja os exemplos a seguir.

Em 2006, Salman Khan, um cientista da computação formado pelo MIT, um dos principais centros de estudo e pesquisa em Ciências, Engenharia e Tecnologia do mundo, e com MBA em Harvard, lançou uma revolução na educação primária e secundária chamada Academia Khan. Naquela época, Khan era funcionário de uma empresa de investimentos em fundos de cobertura (*hedge*) em Boston, e dava aulas particulares para sua prima Nadia, que enfrentava dificuldades com problemas básicos de matemática e não conseguia passar para uma turma mais avançada. Além de telefonar para ela, Khan usava uma tecnologia chamada Yahoo Doodle para escrever em um *notepad*, que compartilhava com Nadia pela internet. Como esses tutoriais se mostraram eficientes, ele começou a ensinar os irmãos dela. Em 2006, essa notável habilidade de ensino de Khan já tinha sido bastante divulgada pelo "boca a boca", e ele começou a postar no YouTube vídeos simples em que ele mesmo escrevia, fazendo comentário de voz. Esse foi o alicerce do que veio a se tornar a Academia Khan, uma organização sem fins lucrativos. Dez anos depois, a Academia Khan contava com mais de cem empregados e acumulava mais de 20 mil vídeos, usados por 50 milhões de estudantes e escolas do mundo todo.

Um segundo exemplo vem do recente desenvolvimento de livros--textos inteligentes para universitários, que mencionamos no Capítulo 1. Para muitas gerações de estudantes, o único ponto de contato entre

112   Estratégia conectada

alunos e editora era a livraria, física ou *on-line*. Graças aos livros *on-line*, agora existe uma conexão digital com o estudante, cada vez que ele abre um livro. Qual o benefício disso? Em primeiro lugar, os editores (e os professores) podem rastrear as atividades de ensino, como leitura ou o preparo de tarefas de casa. Não só a atribuição automática de notas é mais eficiente para a faculdade como também fornece *feedback* imediato para o aluno. O *feedback* imediato é essencial no aprendizado. Em vez de esperar pelo exame final e tirar um C por conta de uma preparação insuficiente, o estudante sabe em que pé está com respeito aos objetivos acadêmicos do curso e, com isso, pode rapidamente fazer as correções de estudo necessárias, sem comprometer a nota final. Na jornada de aprendizagem, os erros acontecem no começo e os livros-textos inteligentes orientam o estudante, exibindo vídeos gravados com a solução de problemas semelhantes ou redirecionando o aluno para a leitura de capítulos relevantes. Quando o aluno está pronto para seguir em frente, as atividades de aprendizagem podem ser concluídas em 30 minutos. Porém, se o aluno está com dificuldade, o livro tem paciência e o orienta com mais horas de estudo. Depois, as atividades de estudo da população de alunos criam dados, geralmente chamados metadados. Os professores podem usar esses metadados para definir os tópicos que precisam de mais esclarecimentos nas próximas aulas. Tanto os autores como os editores podem usar os metadados para decidir o que escrever e o que publicar a seguir.

Por fim, veja o exemplo da Lynda.com, uma empresa adquirida pelo LinkedIn por 1,5 bilhão de dólares. Fundada por Lynda Weinman, oferece cursos em vídeo para o desenvolvimento de habilidades profissionais, como programação, design gráfico e negócios. Contudo, no site Lynda.com os alunos não têm como objetivo passar em algum teste. Em vez disso, traçam objetivos de carreira ao definir um caminho de aprendizagem. Entre esses caminhos estão tornar-se especialista em marketing digital, desenvolvedor da *web* ou especialista em segurança de TI. O Lynda.com então fornece vídeos de instrução, tarefas práticas, certificações e gestão de carreira. Os alunos usam o Lynda.com não apenas solicitando um único curso (como o Básico de JavaScript), mas atribuindo ao site objetivos mais amplos de carreira ("Torne-me um desenvolvedor da *web*"). Em termos de nível de curso, e mais ainda de nível de uma única aula em vídeo, o Lynda.com compete com cursos *on-line* e com os vídeos gratuitos do YouTube, mas, tendo sido incumbido de ajudar nas ambições de carreira do usuário, o site garantiu sua posição de conexão pessoal contínua e de confiança.

Este capítulo explora a dimensão da repetição nos relacionamentos conectados do cliente. Fundamentalmente, a repetição fortalece as outras três dimensões do design, envolvidas na criação do relacionamento conectado com o cliente: reconhecer, requisitar e responder. Como é provável que já tenha deduzido, usaremos exemplos da área de educação em tecnologia, além de discutirmos também casos de outros segmentos.

Depois de descrever brevemente como as novas tecnologias levaram mais longe a fronteira do mundo da educação, vamos apresentar uma referência de customização em quatro níveis. Essa referência delineia como as repetidas interações com o cliente podem ser usadas para mudar de lugar a fronteira definida pela disponibilidade para pagar e pelo custo da satisfação. Os quatro níveis são:

1. Criar experiências unificadas para o cliente através de sucessivos episódios.
2. Melhorar a customização com base nas interações passadas.
3. Aprender em nível populacional a aprimorar a oferta de produtos.
4. Tornar-se um parceiro confiável para o cliente.

Mudando de lugar a fronteira de eficiência na educação

Vimos anteriormente o conceito de fronteira de eficiência. As empresas enfrentam a questão de escolher entre baixar os custos e aumentar a disponibilidade do cliente para pagar, fornecendo produtos e serviços melhores ou mais convenientes. No Capítulo 2, vimos empresas como Blue Apron e Uber mudarem a fronteira de lugar nos respectivos segmentos de atuação para elevar a disponibilidade do cliente para pagar, ao mesmo tempo baixando os custos de modo paradoxal.

Como é a fronteira de eficiência na educação? Em olhar retrospectivo na história, parece que aulas de professores particulares à elite aristocrática em situações de tutoria individual foram uma das primeiras maneiras de exercer a educação formal. O poder de uma instrução ministrada por um professor a um aluno é óbvio: o professor pode dedicar todo o seu esforço e atenção às necessidades específicas de um só aluno. O conteúdo e a velocidade da instrução podem ser customizados. Se o professor particular vai até a casa (ou o castelo) do aluno, seu conforto também é maximizado, mas, do ponto de vista do professor, é muito dispendioso e ineficaz. Na era moderna, o professor prefere explicar o conceito de equações quadráticas para uma turma de trinta alunos a tentar levar individualmente trinta alunos a aprender a mesma matéria em um dia de trabalho com a mesma duração. Do ponto de vista da eficiência, seria ainda melhor ministrar a aula sobre equações quadráticas em um grande auditório, como costuma acontecer nas aulas magnas de cursos introdutórios na faculdade. Ao mesmo tempo, a felicidade do aluno e a eficácia da aprendizagem são reduzidas. Podemos visualizar essa escolha na Figura 5.1. Lembre que a disponibilidade para pagar reflete os benefícios que o aluno recebe, e não o preço que ele de fato está pagando.

Figura 5.1

Fronteira de eficiência tradicional na educação

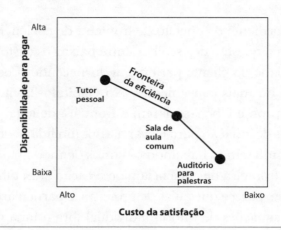

Khan deu aulas particulares a Nadia muito mais para o benefício da prima. Isso só foi possível devido ao amor e à empatia do tio. Façamos um rápido cálculo informal do custo de ter um tutor particular como ele. Como professor com um MBA em Harvard e trabalhando com fundos de cobertura, é provável que Khan ganhe entre 500 mil e 1 milhão de dólares por ano. Mesmo que trabalhasse muitas horas por dia e raramente tirasse um dia de folga, sua remuneração média por hora seria de 300 a 400 dólares, mas, no ambiente educacional, o custo de mais de 300 dólares a hora por aluno não é um modelo escalável.

Vejamos agora a questão da qualidade ou de quanto um estudante se beneficia do tipo específico de educação que é praticado. O mais provável é que esses benefícios sejam uma função dos seguintes fatores:

- A qualidade do instrutor;
- A customização do conteúdo com relação aos interesses do aluno, suas ambições de carreira e seu estilo de aprendizagem;

- O grau em que a velocidade do ensino é customizada conforme a capacidade do estudante;
- A conveniência do serviço educacional em termos de horário e localização das aulas.

Devido à economia de escala, ministrar aulas para cem alunos é muito mais eficiente do que para turmas de dez. É por esse motivo que as instituições de ensino vêm discutindo há tanto tempo a proporção entre docentes e discentes. A escolha, no entanto, é que, em turmas de cem alunos, é difícil customizar o conteúdo e a velocidade do ensino, sem mencionar o horário e a localização das aulas.

Isso nos devolve à ideia de mudar a fronteira de lugar. Quando os vídeos de instrução de Khan foram postados no YouTube, o custo dessa produção, incluindo o tempo que ele despendeu, foi amortizado pelo maior número de alunos. No YouTube, no EdX ou no Coursera, dezenas de milhares de interessados assistiram às aulas em vídeo. Mesmo considerando os custos gerais da produção, incluindo despesas como edição e produção (o que torna o vídeo uma produção mais cara em comparação a dar uma aula expositiva diante dos alunos), o custo de cada palestra é reduzido a centavos.

E quanto aos benefícios para o aluno obtidos com essas aulas em vídeo? Não seriam tão ruins quanto o *slogan* de Ford: "O cliente pode ter o carro na cor que quiser, desde que seja preto"? A resposta tem sido a maior surpresa para todos os que atuam no ensino *on-line*: não. Para entender por quê, retomemos os incentivos dos benefícios ao aluno que citamos antes.

Primeiro, vamos verificar a qualidade do instrutor. Há centenas de anos, os que buscavam entretenimento e diversão iam ao mercado local ao ar livre para assistir a shows de palhaços ou acrobatas. Os palhaços não ganhavam rios de dinheiro, mas havia bastante demanda para esse tipo de trabalho a ponto de praticamente toda cidade mobilizar o comércio para sustentar seu palhaço. A profissão de palhaço, no entanto, mudou de repente com o surgimento da tecnologia dos filmes. Na época dos cinemas, a produção de filmes se tornou centralizada, reduzindo o custo por risada e limitando a demanda pelo oficio do palhaço. Para esses profissionais foi uma tristeza, mas não tanto para o público. Como os melhores palhaços estrelavam os filmes, a plateia agora podia assistir aos que eram realmente engraçados. Professores e palhaços têm mais em comum do que a maioria dos integrantes da nossa profissão gostaria de admitir. Com 3 milhões de professores nos Estados Unidos, temos em torno de 250 mil deles em cada nível. Se esmiuçarmos esse dado mais um pouco, chegamos a cerca de 50 mil professores de matemática na oitava série. Cada um desses 50 mil professores vai explicar o conceito de equações quadráticas todos os anos. A maioria o fará bem. Apesar disso, a ideia de assistir ao melhor professor de todos lecionando em vídeo é cada vez mais atraente, tanto para os alunos como para os pais.

Quem leciona onde é um fator que vem limitando há muito tempo a capacidade das escolas para oferecer um amplo leque de matérias. Por exemplo, a língua estrangeira que você aprendeu no Ensino Fundamental – se é que você teve o privilégio de aprender algum outro idioma – depende de qual escola você frequentou. Poucas escolas primárias têm os recursos para ensinar francês, espanhol, mandarim, alemão e hebraico. Por outro lado, plataformas como a Pedra de Roseta, que atuam no mercado nacional, e até no global, têm escala. Desse modo, estão em muito melhor condição de proporcionar ensino no idioma estrangeiro que desejarem.

O prêmio de "Ferramenta mais popular de customização na educação *on-line*" (que inventamos) deveria ser concedido ao botão de pausa do leitor de vídeo. No auditório de aulas magnas com uma plateia de cem alunos, há poucas oportunidades para o professor parar e repetir o que acabou de dizer. Já *on-line* não há limites para isso. Se um aluno fica distraído, o conteúdo é difícil e o professor não explica bem, basta um clique e o vídeo entra em pausa, dando tempo para o estudante parar, pensar e rever o trecho necessário. Como professores *on-line*

118   Estratégia conectada

experientes, também aprendemos com nossos alunos que a segunda ferramenta mais popular é a que ajusta a velocidade do vídeo. Aparentemente, quando a velocidade está uma vez e meia mais rápida do que o normal, algumas das aulas mais cansativas se tornam toleráveis.

Por fim, existe o efeito da conveniência. A nova geração de aprendizes, que nós, professores, ensinamos agora, cresceu contando com dispositivos *on-line* e está acostumada ao paradigma "a qualquer hora, em qualquer lugar" da nossa sociedade. Com a Academia Khan, livros-textos inteligentes, a Pedra de Roseta e o Lynda.com, a conveniência é uma necessidade crucial de muitos usuários que nós, educadores, podemos não apreciar, mas que temos de aceitar.

Antes de continuarmos, cabe um esclarecimento. Somos pais e também professores *on-line* experientes, mas de modo algum queremos insinuar que os jovens devam ser educados apenas com o uso de vídeos. Os professores sempre terão um papel importante na educação. Não obstante, a tecnologia mudou a maneira como a educação está organizada e mudou de lugar a fronteira, trazendo benefícios maiores a custos mais baixos. As próximas seções oferecem mais detalhes de como a dimensão da repetição pode mudar de lugar a fronteira da educação e de outras áreas de atividade.

Como criar experiências unificadas para o cliente: fortalecimento do *reconhecer*

Até este momento, discutimos as experiências dos clientes com as empresas do ponto de vista de um episódio ou transação por vez, mas o maior potencial das estratégias conectadas está na criação de *relacionamentos de longa duração* com clientes, por meio dos quais ocorrem múltiplas experiências que se entrelaçam. A dimensão da repetição, portanto, é fundamental para transformar experiências isoladas ou únicas em relacionamentos. O primeiro passo para alcançar esse objetivo pode parecer trivial, mas é essencial e pode se revelar bastante difícil: você precisa ser capaz de identificar o cliente e tratá-lo como a mesma pessoa sempre que interagir com ele, não importa onde ou quando essa interação acontecer. Porém, somente se você acompanhar a trajetória dos clientes é que conseguirá saber mais sobre eles, ou seja, melhorar a dimensão do reconhecimento nos relacionamentos conectados com eles.

Essa visão centrada no cliente é notavelmente incomum. Por exemplo, no campo da educação, os estudantes costumam interagir com a escola ou a faculdade em um curso por vez, e cabe a cada um deles construir uma experiência coerente. Já na abordagem da estratégia conectada, o foco está no aprendiz, não no curso. Com isso, é possível agregar em um todo unificado dentro da jornada da aprendizagem experiências que ficariam isoladas. Professores e orientadores têm acesso a dados do histórico do desempenho acadêmico de cada aluno e nenhum deles passa despercebido, o que aumenta a qualidade da instrução. O custo também baixa quando o professor e o orientador poupam um tempo que pode ser empregado de outra maneira, por exemplo, tentando entender o baixo rendimento de um aluno, algo que poderia ter sido previsto (e evitado) muito antes.

Nesse mesmo sentido, em termos do atendimento à saúde, quase todos nós já passamos pelo aborrecimento de ir a uma consulta médica. Quantas vezes, como pacientes, temos de reportar nosso histórico médico, alergias e dados do plano de saúde? Não seria bom se, quando nosso padrão de sono sofresse alguma alteração de repente, nosso médico entrasse em contato? A chance é que, se usamos um monitor de pulso da Apple (Apple Watch), a Apple sabe mais sobre nossa saúde do que nosso médico, para quem somos pacientes quando estamos no consultório dele, mas meros estranhos fora dali.

O problema de orquestrar todas as interações e construir com elas uma experiência unificada para o cliente é mais difícil do que parece a princípio. O motivo disso está no fato de que muitas empresas agora interagem com cada cliente por meio de múltiplos canais, o que causa pelo menos dois problemas. O primeiro é de *ordem tecnológica*: negócios complexos com múltiplas linhas de produtos não usam uma única base de dados ou uma única infraestrutura de TI. Por exemplo, quando uma empresa interage com um cliente tanto na tradicional loja física de varejo como nos canais *on-line* (varejo multicanal), é muito problemático rastrear aquele cliente em todas as suas interações com os vários pontos de contato da empresa. Isso nos leva ao segundo problema, de *teor organizacional*. A razão para múltiplos sistemas de TI costuma ser histórica. As diferentes unidades de negócio desenvolvem os próprios processos e sistemas, um problema exacerbado quando as unidades são integradas por meio de fusões e aquisições. Além disso, essas unidades geralmente brigam por recursos internos ou competem por *status* e brechas na carreira. Assim, quando um cliente bem atendido por um funcionário de uma loja acaba comprando um produto da filial *on-line* do mesmo revendedor, o gerente da loja pode considerar que perdeu um cliente para outra unidade.

Nesse mesmo sentido, pense na Disney. Para gerar essas experiências especiais para o cliente que descrevemos acima, a Disney teve de superar exatamente estes desafios:

- Os dados relativos a determinado cliente estavam espalhados, por exemplo, entre os *videogames* da Disney que ele tinha em seu PlayStation, a loja na qual tinha comprado sua última peça da marca Disney, o filme da Disney que tinha visto na Netflix, o parque temático da Disney que tinha visitado no ano anterior e o Hotel Disney onde se hospedou. Não é fácil integrar tudo isso em um único relacionamento com o cliente, mas, sem essa integração, como é que o Bill, no papel do Capitão Jack Sparrow no parque da Disney em Anaheim, poderia se lembrar de que o pequeno Sydney tinha visto François, o colega de Bill, no Disney Paris, no ano anterior?
- Mesmo fazendo parte da mesma companhia, os parques temáticos têm de ser lucrativos, assim como os longas-metragens. Pas-

sar de uma visão de mundo baseada em uma linha de produtos (canal) para outra que coloca o cliente no centro de todas as transações requer uma visão vigorosa e apoio de liderança de nível mais alto. Era o cliente que costumava navegar pelo organograma da Disney a fim de montar uma experiência sem hiatos. Como parte da implantação da MagicBand, também se fez necessário executar mudanças de ordem organizacional.

A Disney fez isso, e você já sabe os resultados – citados no Capítulo 1. Não só melhorou a experiência do visitante como, em muitos casos, seu custo também diminuiu. Onde antes era necessário integrar manualmente as transações que ocorriam em diversos canais e variados momentos para lidar com solicitações especiais do visitante ou suas queixas, hoje pode ser proporcionada ao cliente uma experiência unificada, com alta eficiência.

Melhorar a customização com base em interações passadas: fortalecimento do *requisitar*

Enquanto o primeiro nível da customização diz respeito a rastrear o cliente e chegar a conhecê-lo bem através de suas interações individuais com a empresa, o segundo nível trata de transformar essa informação em um conhecimento capaz de se tornar ação. A empresa precisa usar as informações sobre as necessidades do cliente a fim de traduzi-las em uma requisição específica de determinado produto ou serviço. Para entender qual produto ou serviço é mais apropriado, a empresa precisa entender quais incentivos da disponibilidade para pagar têm uma importância especial para determinado cliente.

No último capítulo, apresentamos o conceito de jornada do cliente (veja a Figura 4.1). A cada passo dessa jornada há vários incentivos possíveis da disponibilidade para pagar. Compreender esses incentivos é um fator essencial para customizar a experiência do cliente. (Vamos orientá-lo ao longo desse processo com o workshop do próximo capítulo.) O mais importante é que a jornada do cliente destaca o fato de que a disponibilidade para pagar demonstrada por seu cliente é instigada não somente pelo produto ou pelo serviço em si – *o que* –, mas também pelo modo *como* o cliente interage com você e pelo modo *como* ele pode acessar os produtos que você oferece.

Por exemplo, o conforto do acesso se tornou um elemento ainda mais importante da customização. Mais uma vez, o mundo da educação nos serve de exemplo. No antigo modelo da educação em espaços físicos, o próprio *campus* e o horário das aulas criavam um sistema rígido de entrega. No mundo atual, o elemento de "a qualquer lugar, a qualquer hora" tornou-se o mantra da educação *on-line*, em especial no mercado da educação de profissionais ocupados. Com isso, o *campus* físico e horários de aula fixos são inconveniências de impacto negativo sobre a disponibilidade do cliente para pagar.

A customização vai além da capacidade de acessar conteúdos a qualquer hora que o cliente queira. Embora pareça ótimo ter acesso a dezenas de milhares de vídeos educacionais o tempo todo, pode haver um excesso de opções. Talvez o aprendiz queira se tornar um desenvolvedor de *web*. Tanto o Coursera como o EdX, e até mesmo o YouTube, têm uma abundância de material de ajuda ao interessado. Mas por onde começar? Como já dissemos, o Lynda.com reúne vídeos para que, coletivamente, correspondam ao caminho de uma carreira. Partindo da necessidade expressa pelo aprendiz ("Quero me tornar um desenvolvedor de *web*"), transforma-a em uma solução ("Primeiro, faça o JavaScript, depois um curso sobre design de interface" etc.). Esse é um caso de curadoria levando à customização. O livro inteligente da McGraw-Hill dá um passo adiante em termos de customização. Além de reagir a necessidades que o usuário expressa, também infere necessidades do cliente com base em interações pregressas. As leituras anteriores e a conduta na realização de testes são analisadas e usadas para uma futura curadoria.

Essa é a capacidade que a Amazon dominou tão bem. Ao observar nosso comportamento de navegação e compra, a Amazon é capaz de deduzir nossas necessidades. Além disso, ela cria um *ciclo virtuoso*. Quanto mais a empresa se envolve em uma negociação com alguém, mais ela aprende sobre ele e amplia as possibilidades de customizar suas futuras ofertas. Quanto melhor a empresa customiza suas ofertas, mais satisfeito o cliente fica, e isso o traz de volta inúmeras vezes, gerando ainda mais informações para a empresa. Em algum momento, a customização se torna tão boa que o cliente fica preso e para de buscar a concorrência para suas compras. Dados recentes indicam que a Amazon tem mais de 40% de participação de mercado no varejo *on-line*. Esse circuito de *feedback* é visualizado na Figura 5.2. Em termos de determinado cliente, a empresa aprende cada vez mais a respeito das necessidades dele, o que cria um circuito de *feedback* positivo: reconhecer, requisitar, responder; repetir, reconhecer, requisitar e responder ainda melhor; e assim por diante.

Figura 5.2

Aprendizagem no nível do cliente individual

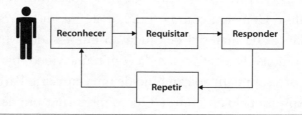

Aprender em nível populacional para melhorar a oferta de produtos: fortalecimento do *responder*

Recentemente, trabalhamos com um executivo de telecomunicações que nos contou a seguinte história: estava no caixa pagando sua compra em uma grande loja de artigos para reforma de casa. A operadora pediu seu CEP, e ele disse que lhe daria a informação caso ganhasse um desconto de 5%; depois acrescentou que, se ganhasse 10% de desconto, diria também a rua e o número. A funcionária chamou o gerente e ele topou o negócio!

Dizem que, no mundo conectado, os clientes pagam não somente com sua carteira, mas também com seus dados. Este tópico será detalhado no Capítulo 8. Por enquanto, vamos nos limitar a observar que, sabendo seu CEP e endereço completo, a loja não apenas o atende melhor como também pode transferir esse conhecimento para atender melhor clientes como você. Por outro lado, pode usar os dados sobre clientes como você para ajudar a prever o que você poderá necessitar. Essa é a primeira vantagem que advém do aprendizado em nível populacional. A empresa pode ir além, usando os dados de um indivíduo a fim de ajudá-lo ao utilizar dados agregados para dar sugestões ou decisões customizadas a cada cliente.

Os dados de nível populacional viabilizam uma aprendizagem ainda mais poderosa. Quando conhece sua população de clientes, a empresa pode criar uma oferta melhor de produtos ou serviços. Afinal, de que adianta ter um entendimento profundo das necessidades de seus clientes se você não tem os produtos ou serviços disponíveis para satisfazer essas necessidades? A verdadeira customização exige não somente entender o cliente em profundidade, mas também ter disponíveis o produto e o serviço certos. Nesse sentido, o Nível 3 da customização diz respeito fundamentalmente a fortalecer sua capacidade de responder.

Em primeiro lugar, analise os exemplos da área da educação. A análise da aprendizagem vem despontando como um novo campo de grande interesse. Se pudermos predizer quais estudantes terão dificuldade em um curso, poderemos entrar com ações corretivas antes que o problema ocorra. Os professores podem aprender onde é provável que alguns alunos ou até a classe inteira fiquem empacados, o que lhes permitirá atuar de modo proativo para modificar esse cenário no curso que ministram. A mesma situação pode acontecer com autores como nós. Se, por exemplo, soubermos que os alunos gostam das planilhas do Capítulo 3, mas raramente usam as do Capítulo 10, podemos aperfeiçoar este livro.

Uma tendência similar vem se esboçando na medicina. Chamada de medicina personalizada ou de precisão, as empresas de serviços de saúde esmiúçam dados da genômica na esperança de encontrar padrões preditivos para quem terá Alzheimer ou câncer, dentre uma gama de doenças. Por exemplo, a empresa 23andMe, que se dedica a testes genéticos, está se consolidando como uma valiosa parceira para empresas de biotecnologia por reunir em catálogo os perfis genéticos de milhões de pessoas.

Conforme a empresa sabe mais sobre seus clientes, ela também pode ampliar o leque de experiências que cria para eles. Veja o caso da Square, uma fornecedora de serviços financeiros fundada em 2009. A Square começou oferecendo a pequenos negócios uma opção de baixo custo para aceitar pagamentos por cartões de crédito. Por meio de seus leitores Square (pequenos aparelhos eletrônicos para cartões que passam na fenda da máquina), a empresa ajuda os clientes a aprimorar suas estratégicas de resposta ao desejo. Com o tempo, a Square aprendeu mais sobre as necessidades de sua clientela e criou ofertas com curadoria que incluíam novas características – com painéis de controle personalizados que forneciam dados sobre o cliente final e novos serviços como sistemas para folha de pagamento. A informação contida no sistema da Square também permite que pequenos negócios ofereçam mais ofertas com curadoria para os clientes, por exemplo, por meio de publicidade dirigida. Por fim, a Square começou a oferecer uma experiência de execução automática, autorizando automaticamente linhas de crédito, em tempo real, com base no fluxo de caixa do negociante.

Como esses exemplos mostram, a aprendizagem no nível populacional permite que a empresa refine seu portfólio de produtos de duas maneiras. Em primeiro lugar, saber mais sobre a demanda ajuda a

126   Estratégia conectada

escolher melhor os produtos que deve ter. O segundo tipo de ajuste do portfólio é mais radical. Conforme a empresa fica sabendo mais a respeito de seus clientes, vai desenvolvendo uma percepção mais profunda a respeito deles do que qualquer um pode ter. Em seguida, essa percepção pode permitir que a empresa integre e produza (ou oriente seus fornecedores a produzir) produtos inteiramente novos. Veja o caso da Zalando, um dos maiores varejistas de moda *on-line* da Alemanha. A Zalando começou como uma cópia da Zappos, o maior varejista *on-line* de calçados dos Estados Unidos. No início, a Zalando manteve o foco em fornecer uma experiência de resposta ao desejo do cliente. Com o tempo, essa empresa aprendeu mais sobre seus consumidores, que se mostraram dispostos a compartilhar informações pessoais e suas preferências de moda, e a Zalando pôde incluir atividades de ofertas com curadoria, ao fazer a correspondência entre clientes individuais e itens selecionados, apresentados no site da empresa. Com o tempo, também se tornou capaz de usar os dados coletados para inaugurar uma marca própria. Com base nas buscas em seu site, obteve dados dos clientes a respeito de quais faixas de preço e categorias de produto eles raramente usavam a marca como filtro. A Zalando percebeu que, para esses produtos, o cliente não se importava com o nome da marca, então começou a oferecer produtos próprios nessas categorias.

Mais uma vez, podemos observar um ciclo virtuoso, um circuito de *feedbacks* positivos. Quanto maior o conjunto de clientes que a empresa atende, mais informações ela consegue reunir para refinar seu portfólio atual de produtos, adotando uma política de melhor leque de itens ou criando novos artigos. Quanto melhor o portfólio de produtos, mais é provável que consiga encontrar uma boa correspondência entre a necessidade de um cliente e o produto que oferece. Por sua vez, essa boa correspondência leva a uma experiência satisfatória para o cliente, ampliando o número de pessoas atendidas e, mais uma vez, produzindo mais dados.

Inaladores para asma no circuito de repetição

O não uso de medicamentos é um incentivo crucial do custo dos serviços de cuidados à saúde no mundo todo. Somente nos Estados Unidos, entre 100 e 300 bilhões de dólares de custos evitáveis no atendimento à saúde têm sido atribuídos ao não uso de medicamentos. Isso é especialmente problemático para doenças crônicas e de longo prazo em que os pacientes nem sempre apresentam sintomas. Por exemplo, a Organização Mundial de Saúde (OMS) estima que quase metade de todos os remédios prescritos para asma não está sendo usada. Isso provoca idas dispendiosas ao pronto-socorro, hospitalizações de alto custo e traumas emocionais, como muitos pais podem confirmar se passaram por idas ao hospital tarde da noite porque o filho estava em um episódio agudo de asma. Não espanta que muitas empresas estejam tentando reduzir esse custo ao mesmo tempo que entregam mais valor para o paciente, recorrendo a estratégias conectadas. Veja o caso do SmartInhaler, desenvolvido pela Adherium, empresa sediada na Nova Zelândia. O SmartInhaler é um sensor com Bluetooth que envolve o inalador que o paciente está utilizando. Esse dispositivo envia informações pelo aplicativo para o paciente, seus pais ou profissionais do serviço de saúde para que acompanhem se o medicamento está sendo usado. Depois de conferir o padrão de uso médio de um paciente, o aplicativo também envia lembretes ou alertas para o paciente, caso tenha esquecido uma dose. Com o tempo, o aplicativo aprende mais sobre o paciente e pode começar a predizer quando pode ocorrer um ataque de asma, permitindo que o paciente evite a crise. O dispositivo contém diversos sensores que permitem *feedbacks* para o usuário não só sobre se tomou o remédio, mas também sobre se o inalador foi posicionado e acionado corretamente dentro da boca para entregar uma dose completa ao sistema respiratório. Com base em informações sobre sua população de usuários, a Adherium tem podido fornecer um valioso *feedback* para a AstraZeneca, a fabricante do inalador, ajudando-a a refinar o design do produto a fim de aumentar a chance de ser usado corretamente.

> Nesse caso, podemos comprovar a dimensão da repetição plenamente em uso. Com o tempo, o aplicativo aprende cada vez mais sobre determinado paciente e, dessa maneira, sua conduta de instrução é aperfeiçoada. Assim, a aprendizagem no nível populacional permite que o aplicativo melhore sua análise com respeito a prever ataques de asma, o que aperfeiçoa o dispositivo com o tempo.

A Figura 5.3 apresenta esse circuito de *feedbacks* positivos. Diferentemente da Figura 5.2, que dizia respeito a achar o que é melhor para determinado cliente a fim de lhe fornecer a melhor curadoria, os metadados ajudam a aprendizagem sobre muitos clientes.

Figura 5.3
Aprendizagem em nível populacional

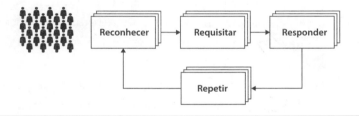

Torne-se um parceiro de confiança para o cliente: reconheça necessidades mais profundas

Conforme a empresa aprende mais sobre seus clientes, também conquista a chance de deixar de se concentrar só em uma ou mais necessidades estritas e passar a dar atenção a necessidades mais fundamentais. Uma necessidade estrita, por exemplo, é aprender a calcular taxas de juros compostos. Uma necessidade mais fundamental é ser capaz de aferir o valor de um investimento. Mais fundamental ainda é o desejo de se tornar um consultor de investimentos. Quando um interessado confia seus sonhos de carreira ao Lynda.com, a customização pode ser executada num nível totalmente novo, porque o Lynda.com pode assumir um papel mais ativo no relacionamento conectado. Além da curadoria, o site pode instigar o aprendiz a manter em dia suas tarefas para fazer em casa (conduta de instrução) ou inclusive inscrevê-lo automaticamente em uma importante feira de negócios.

A distinção entre necessidades estritas e necessidades mais fundamentais também é relevante no campo do atendimento à saúde. Se um paciente sente palpitações no coração, a necessidade mais imediata é conversar com um cardiologista. Em termos mais amplos, o que esse paciente quer é que seu fornecedor de cuidados à saúde cuide de seu problema cardíaco. Na realidade, o que o paciente quer é que sua equipe de saúde forneça os cuidados corretos para sua saúde quando for necessário. Mais fundamental ainda é que a pessoa quer que sua equipe de saúde a mantenha saudável. Desse modo, podemos identificar uma hierarquia de necessidades em que a solicitação do momento expressa uma necessidade mais geral e de nível mais alto. A promessa da estratégia conectada é que, por meio de interações repetidas, a empresa pode avançar cada vez mais alto nessa hierarquia de necessidades e incluir a experiência de cada usuário num relacionamento mais profundo entre a empresa e o cliente. Com essa política, as empresas podem trabalhar com incentivos de valor mais fundamentais para o cliente, aumentando a proposta de valor da companhia.

Uma abordagem útil para descobrir esses relacionamentos mais profundos ao lidar com necessidades mais fundamentais é a sequência "por quê-como". A Figura 5.4 traz uma ilustração de nosso exemplo da cardiologia. Cada um dos níveis dessa sequência corresponde a uma definição de problema específica. As definições de problema nos níveis de baixo são mais focadas e se referem a *como* a necessidade poderia ser atendida. Avançamos nessa sequência perguntando *por quê.*

Por que esse problema é relevante, para início de conversa? Por que seria bom satisfazer essa necessidade do cliente?

Avançar na sequência por quê-como atinge dois objetivos. Em primeiro lugar, alinha a busca de soluções com o que de fato importa para o cliente. Mais uma vez, o paciente não dá realmente tanta importância para o cardiologista: ele só quer ter certeza de que seu coração está em ordem e, em termos ainda mais amplos, que está saudável de modo geral. Para o paciente, esse é o problema mais relevante, e quem fornecer a solução para isso provavelmente ganhará a concorrência para tratar dele.

Figura 5.4

A sequência por quê-como para problemas cardiológicos

Do ponto de vista do cliente, o propósito do relacionamento com nossa empresa é...

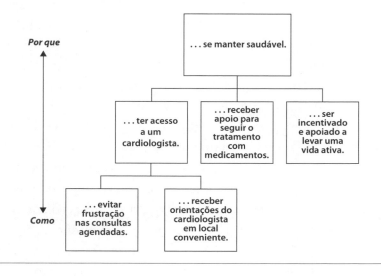

Em segundo lugar, esse entendimento possibilita abordagens alternativas de solução; é difícil resolver o problema de fornecer acesso fácil a um cardiologista ocupado. Nesse nível da sequência por quê-como, nosso espaço de solução limita-se a encontrar mais cardiologistas e

Repetir   131

fazer com que trabalhem mais depressa ou por mais horas. Porém, conforme vamos avançando através dos níveis de manter saudável o coração do paciente, vemos que existem várias soluções alternativas, desde programas de exercícios físicos e dietas até reforçar a adesão aos medicamentos. Para cada dólar gasto, podemos conseguir melhorar a saúde cardíaca do paciente muito mais se investíssemos em métodos para reforçar sua adesão aos medicamentos ou a administrar melhor seu estilo de vida. Com isso, a eficiência aumenta.

Pesquisadores da Universidade da Pensilvânia realizaram estudos clínicos sobre a saúde cardíaca e chegaram a alguns resultados interessantes. Pesquisas anteriores tinham demonstrado que muitos pacientes que haviam recebido alta do hospital depois de um tratamento para algum problema cardíaco grave não estavam dispostos ou não eram capazes de continuar com a medicação por mais de seis meses. Usando frascos com drágeas conectados à internet, a equipe de pesquisadores da Pensilvânia conseguiu detectar com rapidez quando os pacientes se esqueciam do remédio. Rastreando automaticamente os pacientes dessa maneira, os desvios logo puderam ser detectados, bem como acessados e treinados, a fim de se adotarem comportamentos saudáveis. Os pesquisadores usaram pequenos incentivos financeiros e pressão de conhecidos em redes sociais para instruir as pessoas a adotar as condutas necessárias, instigando-as a tomar o remédio e a manter um estilo de vida mais saudável.

Sem dúvida, a empresa precisa ganhar a confiança do cliente antes de ter autorização para lidar com uma necessidade mais fundamental. É por isso que situamos esse aspecto no quarto e mais elevado nível de como a dimensão da repetição transforma as experiências do cliente em relacionamentos conectados e customizados. Temos uma circularidade interessante neste caso: somente se tiver uma conexão profunda com o cliente – baseada em intensa troca de dados – é que será capaz de lidar com suas necessidades mais fundamentais. Ao mesmo tempo, a menos que seja capaz de lidar com necessidades mais fundamentais, os clientes não se envolverão em um relacionamento profundo com sua empresa, para início de conversa. Conexões profundas, incluídas nos dados de uma organização, podem ser invasivas. O cliente terá sérias preocupações, que serão justificadas. A menos que o valor ofertado ao cliente seja alto, ele não vai querer se envolver profundamente, ou pode achar que seus dados estão sendo explorados sem seu consentimento. O Nível 4 é alcançado em estágios. O cliente concede acesso a certa quantidade de dados. Assim que a empresa provou a ele que esses dados permitirão melhorar a sua vida, ele pode lhe conceder acesso ao próximo lote de dados.

Como se pode ver, a dimensão da repetição nos quatro níveis da customização ajuda a empresa a mudar a fronteira de lugar. Um melhor entendimento das necessidades do cliente, uma melhor capacidade de traduzir essas necessidades em solicitações de pedidos específicos e uma melhor variedade de produtos que satisfaçam essas necessidades com precisão são, todos, fatores que aumentam a disponibilidade do cliente para pagar. Ao mesmo tempo, um melhor entendimento da demanda permite que a empresa evite ineficiências. A Tabela 5.1 resume os quatro níveis e o impacto de cada um deles na disponibilidade para pagar e no custo da satisfação.

A importância do *repetir* para criar uma vantagem competitiva sustentável

A dimensão *repetir* de estratégias conectadas transforma o relacionamento de transações esporádicas em um relacionamento contínuo. Uma vez que a transação individual se entrelaça ao foco no cliente – experiência unificada (Nível 1) –, a empresa aumentou o próprio nível para conseguir atender melhor e com mais eficiência a todos os clientes. Esse aprimoramento, também associado à mudança de lugar da fronteira, é possível por meio de dois mecanismos de aprendizado, expressos na Figura 5.5.

Tabela 5.1 Quatro níveis de customização criada pela dimensão da repetição

Nível	Impacto na disponibilidade para pagar	Impacto no custo
Nível 1 – Cria experiências unificadas para o cliente através de episódios	O cliente é tratado como uma só pessoa em todos os canais e transações	Evita a integração manual das experiências
Nível 2 – Melhora a customização baseada em interações passadas	Capacidade de identificar ofertas que lidam com os incentivos da disponibilidade para pagar de maior importância para determinado cliente	Evita repetições dispendiosas no caso de não satisfação da necessidade
Nível 3 – Aprende em nível populacional a aprimorar a oferta de produtos	Ofertas de valor mais alto baseadas nas necessidades inferidas do cliente	Abordagem à inovação baseada em dados
Nível 4 – Torna-se um parceiro confiável para o cliente	Lidar com necessidades mais fundamentais convida soluções alternativas e intervenções precoces	É ampliado o uso mais eficiente de recursos conforme o espaço para soluções

O primeiro mecanismo se desenrola no nível do indivíduo. À medida que se envolve com mais interações com esse cliente, a empresa entende melhor as necessidades atuais do cliente e quais produtos ou serviços as satisfariam. Esse é o Nível 2 do nosso modelo. Para experiências de resposta ao desejo do consumidor, a empresa também pode ajudá-lo a compreender e expressar suas necessidades de modo mais preciso. Assim, o primeiro mecanismo, nos Níveis 1 e 2, fortalece as dimensões de *reconhecer* e *requisitar*.

Figura 5.5

Os circuitos positivos de *feedback* de aprendizagem criados pela dimensão da repetição

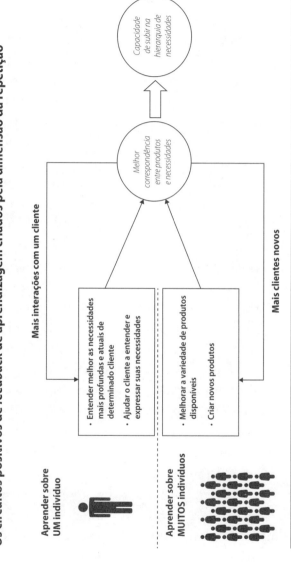

Repetir 135

Embora seja maravilhoso ter um entendimento profundo das necessidades de seu cliente, essa informação não tem muito valor, a menos que você disponha dos produtos ou serviços para satisfazer essas necessidades em particular. O segundo mecanismo de aprendizagem opera no nível da população (ou do segmento), analisando metadados. Essa aprendizagem cria *feedback* sobre a variedade de produtos ou até provoca a criação de novos produtos para início de conversa: "Diante do que aprendemos sobre clientes de vários tipos, qual seria a melhor variedade possível de ter em estoque ou de produtos para criar?".

Em suma, esse mecanismo de aprendizagem aprimora a dimensão *responder*, que é o Nível 3 do nosso modelo.

Juntos, esses mecanismos de aprendizagem permitem que a empresa aprimore a personalização das ofertas. Ela pode criar uma melhor correspondência entre as necessidades do cliente e o produto (ou serviço) que responde a essa necessidade. Quanto mais a Netflix sabe sobre as preferências cinematográficas de Samanta, dos gêneros sobre os quais ela e os amigos tuítam, ou dos possíveis planos para as próximas férias, melhor a Netflix consegue personalizar suas recomendações para o que assistir ("Está com viagem marcada para a Toscana? Assista a *Tuscan Wedding* e entre no clima!"). Ao mesmo tempo, como a Netflix aprende mais sobre segmentos inteiros de clientes, ela pode otimizar não somente o tipo de conteúdo que licencia como também o tipo de conteúdo que produz. Os dados que a Netflix é capaz de coletar de sua base de mais de 100 milhões de assinantes no mundo todo permitiram-lhe criar mais de 27 mil gêneros, entre eles, "Filmes do século XX baseados em clássicos da literatura", "Comédias absurdas em que os opostos se atraem" e "Documentários biográficos sobre moda". Essa categorização tão refinada, combinada com *feedbacks* dos assinantes e o comportamento tanto do indivíduo isolado como da população, propicia à Netflix um entendimento mais profundo de sua audiência do que qualquer estúdio de cinema jamais poderia esperar ter.

Com o tempo, a Netflix e outras empresas serão capazes de usar essa informação para ascender na hierarquia de necessidades de seus consumidores e atingir o Nível 4 da customização. Sim, o cliente quer assistir a um filme em certos momentos, mas a necessidade mais profunda pode ser o entretenimento. Assim que a empresa entende em profundidade o seu cliente, não só pode sugerir filmes como também providenciar ingressos para concertos ao vivo, gravar automaticamente eventos esportivos e tocar as músicas favoritas do cliente em sua casa e no seu carro.

O que torna a dimensão da repetição tão poderosa são os efeitos de um *feedback* positivo que, com o tempo, podem criar uma tremenda vantagem competitiva sustentável para a empresa. Como vimos na Figura 5.5, o ajuste entre as necessidades do cliente e os produtos disponíveis, ou seja, um alto grau de personalização, acarreta mais valor para a empresa, seja na forma de maior disponibilidade do cliente para pagar, seja por maior eficiência. Com isso, a empresa pode proporcionar mais valor para os atuais clientes, criando mais interações futuras com eles, o que aumenta a aprendizagem no nível do indivíduo (circuito de *feedback* no alto da Figura 5.5). Ao mesmo tempo, o valor aumentado ajuda a empresa a atrair novos clientes, o que favorece a aprendizagem no nível populacional (circuito de *feedback* embaixo na Figura 5.5). Com mais aprendizado no nível individual e no populacional, a empresa melhora continuamente as dimensões do reconhecimento, da requisição e da resposta, criando graus progressivamente crescentes de personalização. É um processo que se autoalimenta e pode proporcionar à empresa sair na frente da concorrência e continuar expandindo sua vantagem competitiva.

Além disso, à medida que a empresa é capaz de aprimorar seu conhecimento sobre as necessidades de seus clientes e sua capacidade de atendê-las, tem condições de ascender na hierarquia de necessidades do consumidor. Assim que a empresa transformou uma série de experiências do cliente em um verdadeiro relacionamento, seu público terá muito menos probabilidade de passar para a concorrência. As companhias que têm relacionamentos conectados consolidados com os clientes não têm de competir a cada transação para fazer negócio com seu público porque já criaram um envolvimento eficaz. Para atrair esses clientes fidelizados, a concorrência tem de se empenhar muito mais do que apenas oferecer um negócio melhor de vez em quando. Na realidade, se você conseguir alcançar o *status* de parceiro confiável, é bem provável que seus clientes se tornem seus defensores e comentem com os amigos o ótimo atendimento que recebem de você.

Em comentários anteriores, salientamos os circuitos de *feedback* de *aprendizagem* da dimensão repetição, já que, em nossa experiência, eles têm sido menos valorizados e explorados do que merecem. Conforme a empresa conquista mais clientes, podem surgir três circuitos de *feedback* mais conhecidos que promoverão ainda mais sua vantagem competitiva.

O primeiro é que a empresa se beneficiará de economias de escala ao atrair mais clientes: investimentos fixos podem ser distribuídos por uma base de clientes maior. Por exemplo, os investimentos da Amazon em máquinas de recomendação, design do site e melhorias tecnológicas na Alexa podem ser todos distribuídos por seus milhões de clientes, gerando uma vantagem de custo em relação a outras empresas com menos clientes. As economias de escala permitem que uma empresa ofereça produtos cada vez melhores sem ter de aumentar ou baixar os preços para o cliente, ou ambas as coisas.

Em segundo lugar, quando as empresas atraem mais clientes, pode ocorrer o *efeito de rede*. Esse efeito se dá quando a disponibilidade do cliente para pagar aumenta com o ingresso de mais usuários. Por exemplo, quanto mais as pessoas usam o Facebook, mais é provável que o próximo usuário escolha o Facebook porque todos os seus amigos estão nessa plataforma. Com isso, a base de usuários do Facebook aumenta ainda mais.

O terceiro circuito de *feedback* positivo é um duplo efeito de rede que passa a existir quando mais participantes num lado da transação aumentam o valor para os participantes no outro lado e vice-versa. Por exemplo, quanto mais clientes a Apple é capaz de atrair para sua loja de aplicativos, maiores os incentivos para que os desenvolvedores de *software* criem aplicativos e postem essas invenções na loja. Ao mesmo tempo, havendo oferta de mais aplicativos, mais clientes se sentirão atraídos. Nesse mesmo sentido, quanto mais clientes usarem um serviço de táxi por aplicativo, como o Uber, mais fácil será atrair novos motoristas; por outro lado, mais motoristas oferecendo esse tipo de serviço torna mais curto o tempo de espera e mais provável que o cliente escolha esse tipo de serviço. Todos esses efeitos de um *feedback* positivo geram vantagens progressivas para a empresa, que assim consegue crescer mais depressa do que a concorrência.

Como apontamos no final do Capítulo 2, criar novas e melhores experiências conectadas para o cliente é somente o primeiro passo na construção de uma estratégia conectada bem-sucedida. Se você pode utilizar avanços tecnológicos para criar uma experiência para o cliente, a concorrência também pode, mas, se puder percorrer o circuito de reconhecer-requisitar-responder mais vezes e aprender mais do que as outras empresas cada vez que repetir esse ciclo, você de fato conseguirá criar uma vantagem competitiva sustentável. Embora todas as empresas que usamos como exemplo neste livro tenham sido inovadoras ao criar novas experiências conectadas para seus clientes, somente as que são capazes de utilizar plenamente a dimensão da repetição, criando e explorando os vários circuitos de *feedback* positivos, terão sucesso no longo prazo.

O desafio das estratégias conectadas que envolvem confiança em dados

Conforme apresentado na Figura 5.5, dois circuitos de *feedback* são o cerne de um relacionamento conectado: mantendo interações repetidas com um cliente em particular, a empresa é capaz de atendê-lo melhor e com mais eficiência; e, obtendo informações sobre muitos clientes, a empresa pode se posicionar melhor para o futuro.

A vantagem competitiva resultante pode redundar em participação de mercado e lucratividade, o que é ótimo para a empresa, mas será que para o cliente também? Conforme a empresa vai aperfeiçoando seu atendimento a determinado cliente (parte superior da Figura 5.5), há dois investimentos que devem ser feitos. Um diz respeito à coleta e ao trabalho de análise de dados efetuado pela empresa: trata-se de ouvir com atenção as necessidades do cliente e aprender mais a cada episódio. O segundo investimento é efetuado pelo cliente que tem de compartilhar informações com a empresa, seja ativamente, respondendo a perguntas e manifestando preferências ("Siri, me acorde toda segunda-feira de manhã às sete horas e peça café na Starbucks"), ou permitindo o monitoramento passivo por parte da empresa (por exemplo, autorizando um aplicativo de condicionamento físico a acompanhar seus padrões de sono). Assim, o valor inerente a um relacionamento conectado bem-sucedido, a força que permite à empresa mudar a fronteira de eficiência de lugar, é coproduzido pela organização e pelo cliente.

O conceito de coprodução não é apenas uma questão de semântica, pois eleva a expectativa do cliente a respeito de quanto em valor ele vai receber desse relacionamento. A menos que o cliente pense que está recebendo uma dose justa, ele vai querer sair do relacionamento e você nunca chegará ao Nível 4: tornar-se um parceiro de confiança.

No geral, as empresas não serão capazes de manter a dimensão repetição se perderem a confiança dos clientes. Como um fluxo rico de informações do cliente para a empresa é crucial para a estratégia conectada ter sucesso, a privacidade dos dados e sua segurança e transparência são absolutamente essenciais.

É provável que tanto o espaço regulatório como as atitudes do cliente a respeito da privacidade mudem com o tempo. Como resultado, as diretrizes irão evoluir. Mesmo assim, as diretrizes de privacidade instituídas pelo Regulamento Geral sobre a Proteção de Dados (RGPD) da União Europeia e da Organização para a Cooperação e Desenvolvimento Econômico (OCDE) são bons pontos de partida para você elaborar suas próprias considerações. Para elaborar uma estratégia conectada, você precisará ter políticas que abordem essas diretrizes, incluindo o seguinte:

1. **Consentimento para coleta:** sempre que você coletar dados, só o faça com o conhecimento e o consentimento do indivíduo em questão. O cliente deve ter o direito de anular seu consentimento a qualquer momento.

2. **Qualidade dos dados:** é sua responsabilidade manter a precisão dos dados, atualizando-os para os fins para os quais serão usados.

3. **Propósito:** você precisa informar claramente a finalidade pela qual os dados estão sendo coletados antes do início dessa coleta, e essa finalidade não deve ser modificada, a menos que você notifique o cliente.

4. **Confidencialidade:** os dados coletados não devem ser divulgados nem disponibilizados a terceiros, exceto com o consentimento dos indivíduos que são a fonte dos dados.

5. **Segurança e notificação de vazamento:** é sua responsabilidade proteger os dados de acesso ou divulgação não autorizados. No caso de ocorrer um vazamento, é sua responsabilidade notificar o cliente sem perda de tempo (em poucos dias).

6. **Abertura:** seus clientes devem ter condições de entender facilmente quem está coletando os dados e com que finalidade.

7. **Acesso:** seus clientes devem ter o direito de acessar os dados que você coletou e fazer correções se os dados estiverem incorretos.

8. **Portabilidade dos dados:** seus clientes devem ter o direito de receber os dados num formato usado normalmente e legível por computador, assim como o direito de transmitir esses dados para outra empresa.

9. **Exclusão dos dados:** os clientes devem ter o direito de apagar seus dados e de interromper a posterior divulgação deles.
10. **Responsabilidade:** você deve se comprometer a ser responsável pela adesão aos princípios enunciados anteriormente.

Os quatro níveis da customização para se tornar um parceiro confiável

O elemento da repetição num relacionamento conectado com o cliente pode muitas vezes suscitar a questão do ovo e da galinha:

- A fim de fornecer ao cliente o nível de customização que satisfaça suas necessidades mais profundas é preciso uma conexão robusta, incluindo grandes quantidades de dados sobre interações anteriores.
- No entanto, para obter a permissão do cliente para coletar grandes volumes de dados, a empresa deve ser capaz de proporcionar um alto nível de customização e de satisfazer as necessidades mais profundas do cliente.

Onde é que você pode entrar em um circuito assim, aparentemente fechado? Neste capítulo, propusemos que os relacionamentos conectados com o cliente se aprofundem com o tempo, passando por quatro níveis de customização:

- O Nível 1 diz respeito a criar uma experiência unificada para o cliente integrando episódios anteriormente desassociados. Adotar um ponto de vista centrado no cliente, possivelmente através de diversos canais, pode gerar ganhos de eficiência eliminando a reconciliação de dados, é mais conveniente para o cliente e aumenta o volume de informações que a empresa tem à sua disposição sobre determinado consumidor.

- O Nível 2 usa os dados de interações passadas para aprimorar a customização e aprender quais produtos e serviços são os incentivos mais importantes da disponibilidade para pagar, ou seja, para definir o que é realmente requisitado pelo cliente.
- O Nível 3 diz respeito a desenvolver a capacidade de entregar esses incentivos quando e onde o cliente os deseja. Para responder à requisição do cliente com eficiência, a empresa deve agregar informações provenientes de muitos clientes. Essa aprendizagem no nível populacional melhora a variedade de produtos ou serviços.
- Por fim, o Nível 4 corresponde ao movimento executado pela empresa a fim de lidar com necessidades mais fundamentais, evoluindo da oferta de carros para alugar para se tornar uma solução de mobilidade, ou de ser fornecedor de cursos de contabilidade para se tornar uma fonte de conhecimentos sobre negócios.

Quando a empresa passa de um nível para o seguinte, ela muda a fronteira de eficiência de lugar e fortalece o relacionamento com seus clientes, criando dessa maneira uma vantagem competitiva. Mesmo nos níveis mais altos, a empresa ainda necessita ofertar uma opção mais atraente aos consumidores do que a concorrência, mas não precisa competir por cada transação individual. Como veremos no Capítulo 8, isso resulta em modelos de rendimento focados de fato na criação de valor de longo prazo.

6

Workshop 2

Como construir relacionamentos conectados com o cliente

Este workshop vai guiá-lo de modo sistemático na aplicação do conteúdo dos últimos capítulos e ajudar na construção de relacionamentos conectados com o cliente. Ele tem três partes.

Na primeira, ajudamos você a diagnosticar as experiências para o cliente que sua empresa atualmente propicia. Isso formalizará uma parte do que você já fez no workshop do Capítulo 3, usando as dimensões *reconhecer*, *requisitar* e *responder* dos relacionamentos conectados que foram discutidos no Capítulo 4. Sendo mais específicos, dividiremos esse diagnóstico em três passos:

1. Mapear a atual jornada do cliente com base na experiência de um cliente.
2. Identificar os incentivos e os pontos de incômodo da disponibilidade para pagar.
3. Capturar o fluxo de informações para essa experiência do consumidor.

A segunda parte do workshop ajudará você a considerar os relacionamentos que tem com seus clientes em experiências individuais e episódicas. Integrar esses episódios e aprender com eles a customizar produtos e serviços para determinado cliente foi o primeiro elemento importante da dimensão *repetição* que discutimos no Capítulo 5, onde também falamos sobre outro elemento dessa dimensão: a capacidade de aprender no nível da população geral de clientes.

O objetivo de um relacionamento conectado é passar de um relacionamento transacional com o cliente para se tornar um parceiro de confiança. Em vez de apenas ensinar finanças, você ajuda alguém a fazer carreira como consultor de investimentos; em vez de apenas realizar cirurgias, você apoia a saúde; em vez de negociar ações, você ajuda alguém a poupar para a aposentadoria. Isso envolve estes dois passos diagnósticos adicionais:

4. Identificar as necessidades mais profundas do cliente.
5. Entender o atual relacionamento com seu cliente através de experiências separadas (repetidas) do cliente.

Na terceira parte do workshop, iremos ajudá-lo a transformar o que você descobriu com seu diagnóstico em novas ideias para criar relacionamentos conectados:

6. Identificar novas oportunidades para reduzir os pontos de incômodo do cliente e baixar o custo da satisfação.
7. Encontrar maneiras de utilizar as informações coletadas em interações repetidas para aprimorar o ciclo *reconhecer-requisitar--responder*.

Por fim, como a confiança é o cerne do relacionamento conectado com o cliente, pedimos que você faça o seguinte:

8. Avalie suas políticas de proteção de dados a fim de manter a confiança de seus clientes.

Passo 1 – Mapeie a atual jornada do cliente em termos de experiência de um único cliente

Da mesma maneira como começaria qualquer projeto de melhoria mapeando seu processo atual, achamos produtivo primeiro mapear a jornada comum que seus clientes vêm fazendo quando interagem com sua organização. Essa jornada começa com o aparecimento de uma necessidade latente; a seguir vêm o reconhecimento dessa necessidade pelo cliente e a requisição de algo que sua empresa tem, o que a leva a responder a essa requisição. Se você tem segmentos de cliente que experimentam jornadas muito diferentes, esboce uma jornada para cada segmento de cliente. Nesse sentido, o cliente pode ter jornadas diferentes com você (por exemplo, "comprar seguro" e "lidar com uma reclamação"). Nesse caso, mais uma vez, é preciso o esboço de várias jornadas.

Você pode usar a Planilha 6.1 como ponto de partida. Delineamos os estágios de uma típica jornada do cliente, como explicamos no Capítulo 4. Para cada estágio, insira uma descrição explícita em cada espaço. O que o cliente realmente faz em cada estágio da sua jornada? Eis algumas perguntas que talvez você queira fazer sobre cada estágio, conforme vai preenchendo sua planilha:

- Necessidade latente:
    ◊ Quais são as necessidades latentes que o cliente quer satisfazer?
    ◊ Quais são os problemas latentes que o cliente está tentando resolver?

- Consciência da necessidade:
    ◊ Quando e como o cliente toma consciência dessa necessidade?

- Busca de opções:
    ◊ Como o cliente busca opções que satisfaçam essa necessidade?
    ◊ De quantas opções possíveis o cliente tem consciência?

- Definir a opção:
  ◊ Como é que o cliente define a opção que vai escolher?
  ◊ Quem participa dessa decisão? Que conselhos o cliente busca?

- Pedido e pagamento:
  ◊ Como o cliente faz o pedido da opção que definiu para si?
  ◊ Como o cliente será cobrado?
  ◊ Como o cliente pagará o que pediu?

- Recebimento:
  ◊ Quanto tempo leva para o produto ou serviço chegar ao cliente depois que o pedido foi feito?
  ◊ O produto ou serviço chega ao cliente ou ele tem de ir buscá-lo?

- Experiência com o bem ou serviço:
  ◊ Quanto esforço é preciso antes que o cliente possa usar o produto?
  ◊ Como o cliente usa o produto?

- Experiência pós-compra:
  ◊ Quais são as necessidades pós-compra do cliente? Devolução? Atualização? Instrução? Manutenção? Reparo? Substituição de partes?

Passo 2 – Identificar os incentivos e os pontos incômodos da disponibilidade do cliente para pagar

No Passo 1, você documentou os passos que o cliente dá em sua jornada de compra. Agora, vamos focar os incentivos e os pontos de incômodo que afetam sua disponibilidade para pagar, conforme vai atravessando sua jornada de compra. Se você completou o Workshop 1, já fez o começo deste Passo 2.

Esperamos que os conceitos apresentados nos dois últimos capítulos permitam que você compreenda com mais amplitude e precisão os

148   Estratégia conectada

Planilha 6.1
A jornada do cliente

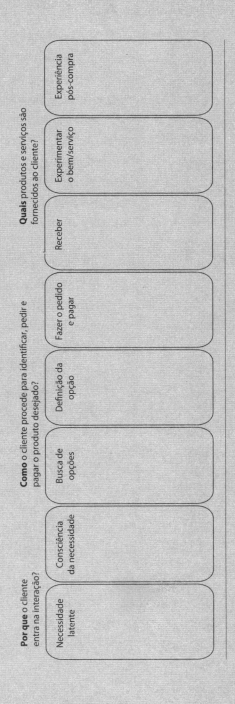

incentivos à disponibilidade do seu cliente para pagar. Por exemplo, no Workshop 1, pedimos que você refletisse sobre a inconveniência como um fator que poderia diminuir a disponibilidade para pagar. Agora, com a ferramenta da jornada do cliente, você pode realizar uma análise de dados mais sistemática dos pontos em que a inconveniência pode ocorrer; por exemplo, não é apenas na recepção do produto ("Onde o cliente tem de ir e quanto tempo levará para ele receber o produto?"), mas também na etapa inicial, quando ele toma consciência da necessidade.

Muitos clientes têm alguma necessidade, mas simplesmente não estão cientes disso. Se você apenas perguntar a eles quais são suas necessidades, pode ser que nem consigam falar delas. Assim, a necessidade que o cliente não é capaz de expressar é a própria definição de uma necessidade latente. Iremos explorar com mais profundidade esse primeiro estágio da jornada do cliente no Passo 4 deste workshop, onde apresentaremos uma ferramenta para identificar as necessidades latentes que o cliente possa ter. Por enquanto, damos início à jornada do cliente com o estágio da consciência da necessidade.

Muitos exemplos que usamos ao longo do livro foram tirados do ambiente empresa-consumidor final (B2C, *business to consumer*). Se estiver em um ambiente empresa-empresa (B2B, *business to business*), pode se fazer esta pergunta mais abrangente: Como ajudar os clientes a criar uma vantagem competitiva em seus respectivos mercados? O que quer que você faça para ajudar seus clientes a se tornarem mais eficientes ou aumentar a disponibilidade deles para pagar pelos produtos que criam para os próprios clientes aumentará a disponibilidade deles para pagar pelos produtos que você oferece.

Quer atue no ambiente B2C ou B2B, ao pensar sobre os vários pontos de incômodo que seu cliente enfrenta, analise as seguintes questões. Usando a Planilha 6.2, acompanhe os incentivos e os pontos de incômodo que afetam a disponibilidade para pagar. Você irá usá-los mais adiante neste workshop como ideias para possíveis oportunidades de melhorias.

- Consciência da necessidade:
  ◊ Com que frequência o cliente não tem a menor consciência da necessidade (por exemplo, ele não se deu conta de que seu computador estava cada vez mais em risco de ser invadido)?
  ◊ Com que frequência o cliente sabe em princípio que tem uma necessidade, mas não parte para a ação nesse momento e nesse lugar (por exemplo, ele sabe que deveria tomar um remédio, mas simplesmente esquece)?
  ◊ Com que frequência uma empresa avisou o cliente de uma necessidade que ele de fato não tinha ou que já tinha sido atendida, causando-lhe insatisfação?

- Busca de opções:
  ◊ Como os clientes identificam as opções que poderiam satisfazer suas necessidades? Quanto tempo eles gastam nessa busca?
  ◊ Em geral, os clientes têm consciência das opções mais relevantes para eles ou o conjunto de opções é simplesmente grande ou complexo demais (por exemplo, achar o ladrilho certo para a reforma do banheiro ou o *software* certo para gerenciar o relacionamento com o cliente)? No processo normal de busca, aparecem à disposição do cliente novas opções das quais ele não estava a par ou ele basicamente analisa soluções já usadas antes?
  ◊ Quantas opções você oferece ao cliente? Que opções são oferecidas pela concorrência?

- Definir a opção:
  ◊ Que fatores o cliente leva em conta para tomar uma decisão (além do preço)? Com que facilidade o cliente avalia cada uma das opções em termos desses fatores?
  ◊ O cliente recorre a alguma ajuda externa para definir a opção desejada (por exemplo, sites de resenha, comentários e avaliações da reputação)?
  ◊ Que papel a confiança no fornecedor desempenha na tomada de decisão pelo cliente?

◊ Quanto esforço o cliente tem de fazer para concluir qual opção melhor satisfará sua necessidade?

◊ Com que facilidade o cliente entende o custo de cada opção (por exemplo, em termos do tempo total de uso dessa solução)?

- Fazer o pedido e pagar:
  ◊ Assim que o cliente sabe o que está buscando, quanto tempo leva para especificar e pedir o produto ou serviço?
  ◊ Com que facilidade e conforto o cliente pode especificar onde e quando o produto deve ser entregue ou o serviço realizado?
  ◊ Com que rapidez a cobrança chega ao cliente? Com que nível de transparência são informados todos os encargos dessa compra?
  ◊ Qual a facilidade para pagar? Que formas de pagamento são aceitas?

- Receber:
  ◊ Onde o cliente vai receber o produto? Ele precisa ir buscá-lo ou será enviado para o local desejado por ele?
  ◊ Quanto tempo leva para o cliente receber o produto depois de feito o pedido?
  ◊ O que acontece se o cliente não está em casa quando o produto é entregue?

- Experiência com o bem ou serviço:
  ◊ Quanto esforço o cliente deve fazer desde que recebeu o produto para obter algum benefício de seu uso (só o tempo de desembrulhar e instalar)?
  ◊ Quais são as características técnicas do produto que incentivam a disponibilidade do cliente para pagar?
  ◊ Quais são os elementos intangíveis do produto, como marca, imagem e design, que incentivam a disponibilidade do cliente para pagar?

◊ Como é o ajuste entre o produto ou serviço e a necessidade do cliente?

◊ O cliente sempre recebe o produto no tamanho desejado?

◊ O produto proporciona ao cliente acesso a outros produtos ou serviços complementares (por exemplo, é compatível com produtos de terceiros ou com versões antigas e já instaladas)?

- Experiência pós-compra:
  ◊ Com que facilidade se dá o contato com o serviço de atendimento ao consumidor?

  ◊ A empresa reduz o risco com que o cliente tem de arcar? Com que facilidade é possível devolver o produto?

  ◊ Qual é o grau de flexibilidade pós-compra? A necessidade do cliente pode mudar depois de ter comprado o produto? Com que facilidade é possível torná-lo mais simples ou mais sofisticado?

Passo 3 – Capturar o fluxo de informações para essa experiência do consumidor

Agora, considere o fluxo de informações entre seus clientes e sua empresa. A informação pode ser a solicitação expressa do cliente por determinado produto ("Quero o produto xyz"), mas também pode ser apenas uma informação sobre o estado do cliente, seja como anda sua impressora ou seu coração. Desse modo, a informação inclui tudo o que a empresa pode ser capaz de usar para deduzir a necessidade do cliente e satisfazê-la.

Em cada um dos passos que você identificou na jornada do cliente da Planilha 6.1, descreva primeiro a informação que flui do cliente até você. Anote suas respostas na primeira linha da Planilha 6.3. Depois, para cada fluxo de informação que tiver identificado, faça a si mesmo as seguintes perguntas:

Planilha 6.2

Incentivos para a disponibilidade de pagar e pontos de incômodo para o cliente em cada estágio da jornada de compra

Por que o cliente entra nessa interação?

Como o cliente procede para identificar, fazer o pedido e pagar o produto desejado?

Quais produtos e serviços são proporcionados ao cliente?

Necessidade latente	Consciência da necessidade	Busca de opções	Definição da opção	Fazer o pedido e pagar	Receber	Experimentar o bem/serviço	Experiência pós-compra

154 Estratégia conectada

- O que ou quem aciona o fluxo de informações? É o cliente que deve tomar a iniciativa?
- Qual é a frequência do fluxo de informações? O fluxo de informações se dá em um único lote ou é contínuo?
- Qual é a riqueza desse fluxo de informações? Trata-se apenas da troca de poucos *bytes* ou você tem acesso a um fluxo de informações multimídia de alta banda larga?
- Quanto esforço o cliente deve fazer? Quanto tempo levaria para um cliente comum completar este passo?
- Quem está agindo com base nas informações deste passo? É o cliente quem basicamente deduz como usar as informações ou é a empresa? Por exemplo, quem traduz a necessidade do cliente em produto ou serviço fornecido por sua empresa? É o cliente quem deduz como satisfazer a necessidade ou a empresa o auxilia nessa tomada de decisão?

Cada pergunta se refere a uma das cinco dimensões do fluxo de informações, discutidas no Capítulo 4, sobre o ciclo reconhecer-requisitar-responder. Por ora, você pode deixar em branco a última linha da planilha ("Ideias para melhorias"). Você voltará a ela no Passo 6 deste workshop.

Passo 4 – Identificar as necessidades mais profundas do cliente

No Capítulo 5, discutimos a utilidade da sequência por quê-como como ferramenta para descobrir as necessidades mais profundas de seu cliente. Lembre que cada um dos espaços dessa sequência corresponde a uma maneira específica de o cliente expressar suas necessidades. As da parte de baixo da sequência são mais focadas e se referem a *como* uma necessidade específica poderia ser satisfeita. Vamos para níveis mais altos dessa sequência perguntando *por quê*: Por que, para início de

Planilha 6.3

Fluxos de informação em cada estágio da jornada do cliente

	Por que o cliente entra nessa interação?		**Como** o cliente procede para identificar, fazer o pedido e pagar o produto desejado?				**Quais** produtos e serviços são fornecidos para o cliente?	
	Necessidade latente	Consciência da necessidade	Busca de opções	Definição da opção	Fazer o pedido e pagar	Receber	Experimentar o bem/serviço	Experiência pós-compra
Descrição da informação								
Gatilho								
Frequência								
Riqueza								
Esforço do cliente								
Ação por parte de								
Ideias para melhorias								

156   Estratégia conectada

conversa, essa necessidade é relevante? O que seria bom na satisfação dessa necessidade do cliente? É isso que nos levará às necessidades mais profundas e fundamentais do cliente.

Planilha 6.4
Sequência por quê-como

Aos olhos do cliente, o propósito do relacionamento com nossa empresa é...

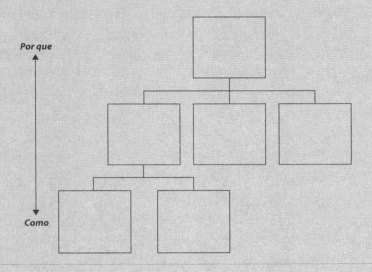

Use, na Planilha 6.4, a sequência por quê-como, baseada nas necessidades dos clientes. Neste caso, não existe uma única resposta certa. As respostas nos diversos níveis da sequência correspondem a propostas de valor alternativas que sua empresa pode proporcionar. Se você só se concentrar no *como*, ou seja, nos níveis inferiores da sequência, corre o risco de ficar apenas em um relacionamento transacional com o cliente. No momento em que uma solução alternativa se apresenta a ele, uma solução associada a maior disponibilidade para pagar ou a um preço menor, seu cliente a aproveitará.

Por outro lado, também existe o risco de exagerar no foco sobre o *por quê*. Quanto mais você pergunta *por quê*, mais indistinta se torna a proposta de valor. Você parte de "marque uma consulta para mim" para "ver um cardiologista" para "manter meu coração saudável", "ter uma vida mais longa e saudável" e "ser feliz". Nossa proposta é que os primeiros passos da ampliação do problema perguntando *por quê* sejam proveitosos, mas seja razoável, porque um excesso de porquês acabará levando à busca pela paz mundial e pela bem-aventurança eterna (e a probabilidade maior é de que você não consiga mexer um dedo para alcançar esses objetivos).

Passo 5 – Compreender o atual relacionamento com seu cliente através de repetidas experiências isoladas

Como vimos no Capítulo 5 (na dimensão *repetição*), existe uma diferença importante entre um único episódio de uma experiência do cliente e um relacionamento conectado. No pior dos casos, seu cliente tem uma única experiência com sua empresa e você nunca mais irá encontrá-lo. O cenário em que você fornece múltiplas experiências para o mesmo cliente não é muito melhor, mas a cada vez você o trata como se nunca o tivesse visto antes. No Capítulo 5, descrevemos quatro níveis de customização proporcionados pela dimensão *repetição*. Agora, vamos analisar esses quatro níveis para a sua organização.

Para poder integrar as múltiplas experiências do cliente criando um relacionamento conectado, a empresa tem de ser capaz de identificar o cliente e recuperar informações de suas experiências anteriores. Esse é o Nível 1 da customização. As respostas às seguintes questões irão ajudá-lo nesse estágio:

- Como você identifica o cliente e o conecta com suas experiências de compra anteriores?

- Em quantos domínios você é capaz de identificar o cliente? (Por exemplo, lojas ou negociantes em diferentes geografias, atividades *on-line*, diferentes agentes de uma mesma empresa.)
- Essa identificação exige tempo e esforço por parte do cliente?
- Essa identificação é dispendiosa para sua empresa?
- Quais incentivos organizacionais estão em ação (ou quais anti-incentivos precisam ser removidos) para que as várias partes da sua organização compartilhem as informações que você tem sobre determinado cliente?

Além de identificar o cliente por meio de múltiplos episódios de interação, você quer aprimorar a experiência do cliente aprendendo mais sobre ele, de um episódio para o seguinte. Esse é o Nível 2 da customização. Faça a si mesmo as seguintes perguntas:

- Como podemos aprimorar a customização para determinado cliente com base nas informações que reunimos a seu respeito?
- Que *feedback* recebemos do cliente para entender se uma solução em particular deu certo?
- O cliente pode nos dar sugestões diretas sobre como melhorar nossos produtos ou serviços?
- Como disseminamos essas informações através da nossa organização?

Como vimos no Capítulo 5, o aprendizado ocorre não apenas no nível do cliente individual, mas também no da população de clientes com os quais você interage. O Nível 3 da customização diz respeito a mudar os produtos e serviços atualmente disponíveis a fim de criar mais valor. Faça a si mesmo as seguintes perguntas:

- Atualmente, como usamos os dados populacionais (ou de segmento de mercado) para melhorar a variedade dos produtos?

- Atualmente, como usamos os dados populacionais (ou de segmento de mercado) para refinar as características dos produtos existentes?
- Atualmente, como usamos os dados populacionais (ou de segmento de mercado) para criar produtos inteiramente novos?

Por fim, use os esclarecimentos obtidos no Passo 4 deste workshop, no qual você trabalhou na sequência por quê-como, para saber como pode se tornar um parceiro de confiança para seus clientes. Esse é o Nível 4 da customização.

- Em que nível da sequência por quê-como está acontecendo hoje a maior parte das transações?
- Quais alternativas de valor, com mais foco (*como*) ou mais amplitude (*por quê*), poderiam ser propostas ao cliente?

Passo 6 – Identificar novas oportunidades de reduzir os pontos de incômodo para o cliente e baixar o custo da satisfação

Com base no trabalho que você fez nos passos anteriores, o objetivo deste e do seguinte é gerar uma lista de oportunidades para melhorar tanto as atuais experiências do cliente como o que acontece em todas elas.

Essas oportunidades são uma combinação dos seguintes elementos:

- Um ponto de incômodo para o cliente, uma oportunidade de renda perdida ou desperdício dos recursos da empresa.
- Uma mudança em alguma das cinco dimensões do fluxo de informações em qualquer um dos passos da experiência do cliente, ou de uma experiência para outra.

Vamos nos concentrar nos incentivos e nos pontos de incômodo da disponibilidade para pagar que você identificou no Passo 2, e no fluxo de informações que você analisou no Passo 3. A fim de gerar ideias, achamos proveitoso seguir em ambas as direções:

- Comece com os incentivos e os pontos de incômodo da disponibilidade para pagar que você identificou e pergunte: "O que poderíamos fazer para aliviar esse ponto de incômodo ou para melhor cultivar esse incentivo da disponibilidade para pagar?". Depois, pergunte-se: "De que informações precisamos para pôr nossa solução em prática?".
- Ou comece com as informações que você possivelmente conseguiria reunir e então pergunte-se: "Quais os pontos de incômodo que poderíamos aliviar com estas informações adicionais? Quais incentivos à disponibilidade para pagar poderíamos cultivar com essas informações?". A fim de identificar informações valiosas, também pode ser útil perguntar-se: "Com que tipo de dados ficaríamos satisfeitos em gastar bastante dinheiro (e exatamente quanto) porque isso nos ajudaria a aumentar em nossos clientes sua disponibilidade para pagar ou aumentaria nossa eficiência?".

Para gerar ideias, às vezes também é proveitoso fazer as seguintes perguntas, usando as diferentes experiências conectadas do cliente que apresentamos no Capítulo 4:

- O que poderíamos fazer para criar uma melhor experiência de resposta ao desejo para o cliente?
- Como podemos criar uma melhor oferta com curadoria?
- Em quais aspectos nossos clientes possivelmente valorizariam uma experiência com conduta de instrução?
- Conseguiríamos criar uma experiência de execução automática para alguns de nossos serviços?

Planilha 6.5
Respostas a pontos de incômodo e informações necessárias

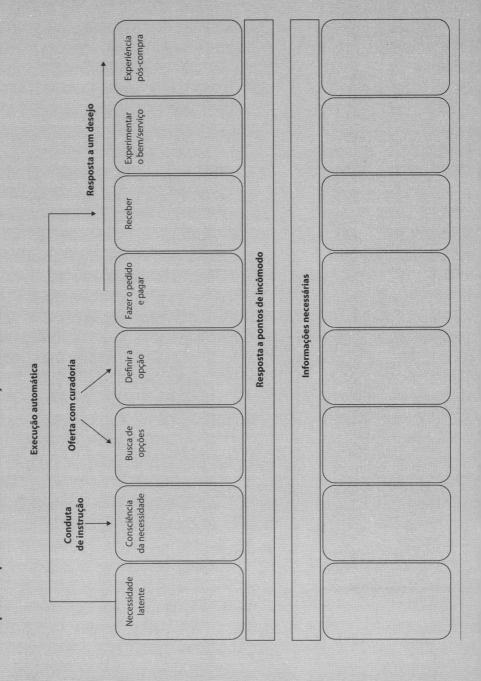

Lembre-se de que essas diferentes experiências do cliente influenciam estágios diversos da jornada de compra, conforme apresentado na Planilha 6.5. Use-a para acompanhar suas ideias e as informações necessárias para elas. Vai ser útil traçar setas entre as respostas aos pontos de incômodo (ou aos incentivos da disponibilidade para pagar) e os espaços que contêm as informações necessárias.

Assim que tiver identificado as informações necessárias para suas diversas ideias, você pode voltar ao trabalho no Passo 3 e preencher a linha de baixo na planilha correspondente: Que mudanças você deve efetuar em suas atividades de coleta de informações a fim de obter aquelas de que necessita?

Neste ponto, queremos que você imagine todas as oportunidades que puder. Um exemplo de oportunidade que esse passo pode sugerir é:

- Os clientes costumam demorar para fazer planos de aposentadoria. Acompanhando seu padrão de gastos e seus bens e dívidas atuais, nosso banco poderia entrar mais cedo em ação nessa jornada do cliente – quando a necessidade ainda está latente – em vez de ficar esperando até que o cliente nos procure. Poderíamos iniciar um bate-papo personalizado em vídeo a fim de envolver o cliente nesse processo, comparando sua conta com a de outros clientes com características semelhantes.

No entanto, não se trata apenas de pontos de incômodo e da disponibilidade para pagar. Os fluxos de informação em um relacionamento conectado também podem melhorar sua eficiência, o que mitiga o custo da satisfação. Isso pode acontecer de uma entre duas maneiras. Em primeiro lugar, o fluxo de informações já pode estar acontecendo, mas manualmente. O funcionário da central usa um rádio para se comunicar e organizar um carro para buscar um passageiro; o garçom da Disney recebe um pedido de um cliente entregando-lhe um cardápio e voltando depois para anotar o que ele deseja comer; o paciente dá entrada no hospital preenchendo alguns formulários antes de ser atendido. Por mais importante que possa ser essa informação, sem dúvida não agrega valor aos olhos do cliente e eleva desnecessariamente o custo da satisfação. Entre as perguntas que podem ser feitas estão as seguintes:

- Onde as informações da transação são trocadas, ao vivo ou por telefone?
- Onde você anota dados manualmente?

Veja o exemplo a seguir de uma oportunidade que reflete a automação de um fluxo de informações existente:

- Os pacientes que vão à clínica passam muito tempo para dar entrada e lidar com a papelada. Ao rastrear o telefone de um paciente por geolocalização e usar tecnologia de reconhecimento facial, o *check-in* se torna um processo sem esforço, e isso é mais conveniente para o paciente e de melhor custo-benefício para a clínica.

Além de aperfeiçoar ou mesmo automatizar os fluxos de informação existentes, podem existir oportunidades para melhorar a eficiência por meio da conexão de participantes até então desconectados. Vimos exemplos disso no Capítulo 2, em nossos comentários sobre a compra de alimentos e chamar um táxi por aplicativo. Essas novas conexões podem ajudar a distribuir mais uniformemente a carga de trabalho entre os recursos disponíveis e, assim, barateiam o custo da satisfação. De que maneira as oportunidades que você identificou antes podem ser ainda mais aprimoradas com o acréscimo de novos fluxos de informação entre participantes até então desconectados?

Que tal conectar pacientes com serviços de saúde com antecedência em vez de somente quando a consulta é marcada?

- É comum os pacientes não irem à consulta, deixando ocioso o profissional de saúde ou o equipamento. Se o paciente vai ser pontual, se atrasar ou não aparecer, é algo que só se vai saber no

164   Estratégia conectada

último minuto. Rastreando o telefone do paciente por geolocalização e usando informações de trânsito locais, pode-se calcular o tempo estimado de chegada. Se o paciente não estiver em um raio aproximado de 9 quilômetros do hospital/consultório 30 minutos antes do horário da consulta, envia-se um pedido de confirmação ou a vaga na agenda ficará disponível.

Passo 7 – Encontrar maneiras de utilizar a informação obtida com as interações repetidas para aprimorar o ciclo reconhecer-requisitar-responder

Um conceito-chave implícito na dimensão *repetição* de um relacionamento conectado é que você pode aprender com a experiência de clientes sucessivos. No Passo 5, você analisou o que tem feito hoje em prol dos quatro níveis de customização relativos à dimensão *repetição*. Neste passo, formulamos uma pergunta que vem naturalmente a seguir: Como podemos melhorar cada um desses estágios?

Entre as perguntas que você pode se fazer estão estas:

- De que maneira podemos melhorar nossa capacidade de rastrear um cliente individual e agregar informações através de cada ponto de contato que temos com ele?
- Como podemos aperfeiçoar os incentivos internos ou que mudanças devemos fazer na estrutura da organização para garantir que ocorra o compartilhamento de informações?
- O que aprendemos sobre esse cliente e suas necessidades que nos permite assumir um papel mais ativo na oferta de soluções a essas necessidades? De que modo podemos usar essa informação para customizar melhor o produto ou o serviço no futuro?
- O que aprendemos com o atendimento de clientes similares que nos permite mudar certos produtos ou serviços que poderão entrar em nosso catálogo no futuro?

- O que aprendemos sobre nossos clientes que poderia nos trazer informações que nem os fornecedores têm sobre futuros serviços ou atributos de produtos que tenham valor para eles?
- Que melhorias na eficiência podem ser identificadas com base na aprendizagem fundamentada nas experiências de um cliente e nas experiências da população como um todo?
- Resultando desses ajustes, quais necessidades mais profundas dos clientes estamos em condição de atender (retomando as necessidades mais profundas que você identificou no Passo 4)?

Na Planilha 6.6, insira um exemplo concreto de um cliente e uma sequência de experiências que ele tem com você; depois, identifique como você poderia usar as informações que coletou para melhorar a customização, otimizar suas ofertas de produtos e serviços, criar novos produtos e serviços, aprimorar a eficiência e, por fim, ascender na hierarquia de necessidades.

Esse exercício deve resultar em uma oportunidade como a descrita a seguir:

- Muitos alunos do MBA em Finanças têm dificuldade para aprender a computar os valores líquidos atuais ou os fluxos de caixa com desconto. Rastreando a capacidade de um aluno para enfrentar esses tópicos por meio de diversos exercícios para serem feitos em casa – e potencialmente por meio de vários cursos –, o livro-texto inteligente pode determinar se esse aluno não entende a definição de tais conceitos ou se está defasado em termos de algum conteúdo anterior, por exemplo, como calcular taxas de juros compostos. Se for o caso, o aluno recebe um tutorial sobre como fazer justamente esse cálculo.

Essa oportunidade pode se expandir ainda mais, a fim de implementar a aprendizagem em nível populacional: ao acompanhar a entrega dos trabalhos escolares feitos em casa, a equipe pedagógica pode

Planilha 6.6
Aprendendo com experiências repetidas do cliente

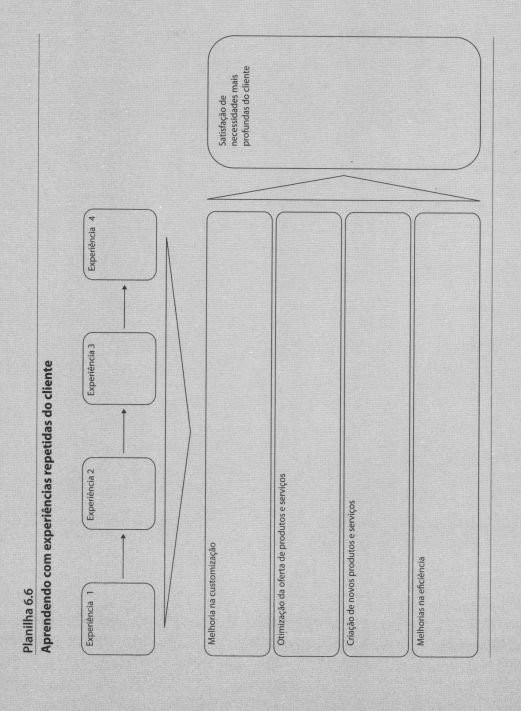

ajustar o plano de aulas a fim de se demorar mais no conteúdo que revela pior desempenho da população de alunos em geral.

Passo 8 – Avaliar as políticas de proteção aos dados para manter a confiança dos clientes

Para criar uma vantagem competitiva sustentável usando uma estratégia conectada, é importante que as empresas criem e mantenham um relacionamento confiável com seus clientes. Somente se você salvaguardar os dados dos clientes e usá-los com transparência é que seus consumidores continuarão autorizando que você avance na hierarquia de necessidades que apresentam. Você precisa garantir que monetiza os dados dos clientes de acordo com a legislação pertinente, com a concordância deles e de maneira a proteger esses dados de abusos criminosos. Algumas das perguntas mais importantes que você deve se fazer são:

- Com que procedimentos contamos para nos manter informados sobre as leis que regem a proteção e a privacidade dos dados em todas as áreas nas quais atuamos?
- Como nos mantemos atualizados a respeito de como a opinião pública muda a respeito dessas questões?
- Como obtemos o consentimento do cliente hoje em dia? Até que ponto é transparente para os nossos clientes o que acontece com seus dados?
- O que fazemos para manter os dados atualizados e precisos?
- O que fazemos para manter a segurança dos dados e em que condições notificamos os clientes sobre eventuais vazamentos?

PARTE III

Como criar modelos de entrega conectados

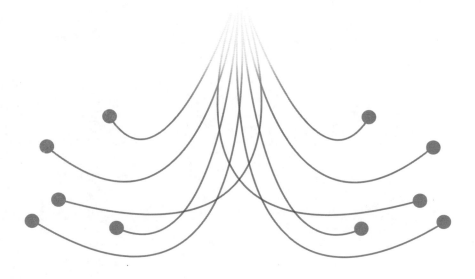

7

Como desenhar arquiteturas de conexão

Para ter uma estratégia conectada de sucesso, a empresa não só precisa criar relacionamentos conectados com os clientes, como precisa criá-los com bom custo-benefício. Para ter êxito, a empresa precisa de um modelo de entrega conectado, que consiste em três elementos:

1. A arquitetura da conexão (equivalente a um conjunto de linhas de transmissão conectando a empresa, seus clientes e seus fornecedores).
2. Um modelo de rendimento (como a empresa pode se beneficiar do que trafega em suas linhas de transmissão).
3. Uma infraestrutura tecnológica (para manter o bom funcionamento das linhas de transmissão).

Neste capítulo, nosso foco vai recair sobre essa arquitetura da conexão, um aspecto do design que vem registrando intenso crescimento de opções.

Veja agora como a questão de conectar a empresa, seus fornecedores e seus clientes pode afetar a prática das finanças da organização. Temos o caso de Jane, uma cineasta que quer criar um documentário sobre ursos-polares. Hoje foi um dia especial na vida de Jane: ela enfim preparou um orçamento inicial. Para celebrar esse feito e solicitar conselhos sobre como encontrar financiamento, foi com suas duas melhores amigas a um bar próximo. Como sempre, ela queria dividir a conta no final da noite, mas percebeu que tinha esquecido a carteira em casa. As amigas pagaram a parte dela, e, naturalmente, ela prometeu devolver o empréstimo. Essa interação levou o grupo a falar de dinheiro e de como todas precisavam poupar para a aposentadoria. Ao retornar para casa, Jane começou a rever alguns números na cabeça: os 25 mil dólares do financiamento para seu filme, os 40 dólares que devia às amigas da conta do bar e os 300 mil que havia percebido que precisava guardar para quando se aposentasse.

Como mostra essa breve vinheta, os clientes têm uma boa variedade de necessidades financeiras. Às vezes, precisam de um empréstimo (para comprar uma casa ou realizar um novo empreendimento), ou precisam lidar com transações (como passar dinheiro de A para B, da própria conta-corrente para um amigo ou para um restaurante), além de poupar para sua aposentadoria. Historicamente, os clientes confiam no banco para ajudá-los com a maioria de suas necessidades financeiras. A pessoa abre uma conta-corrente e recebe um cartão de crédito emitido pelo banco; ou conversa com um gerente de empréstimos para pegar um financiamento para seu projeto; também pode conversar com um consultor financeiro do banco que recomenda um *mix* de fundos mútuos para garantir a aposentadoria, incluindo fundos que o próprio banco administra. Só que o setor bancário passa hoje por uma grande transformação provocada por um movimento conhecido como *fintech* (tecnologia financeira).

No cerne de algumas das rupturas mais profundas encontram-se diversas arquiteturas de conexão.

Produtores conectados

Todas as arquiteturas de conexão começam com informações transitando dos clientes para as empresas. Esses clientes podem ser tanto pessoas físicas como pessoas jurídicas. Desse modo, cada arquitetura de conexão atua tanto em ambientes B2C como B2B.

A diferença das arquiteturas de conexão está no modo como a empresa se conecta com seu cliente. Na arquitetura de conexão mais direta, é a própria empresa que produz o produto ou o serviço que satisfaz a demanda do cliente. Chamamos esse tipo de negócio de *produtor conectado*. A Figura 7.1 resume essa operação que contém as conexões ou linhas de comunicação mais importantes entre as entidades organizacionais na cadeia de valor.

Figura 7.1

Arquitetura de conexão para um produtor conectado

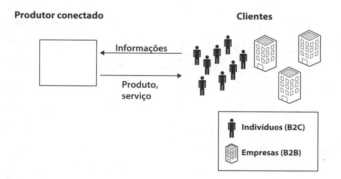

No segmento de serviços financeiros, por exemplo, os bancos tradicionais que criam relacionamentos conectados com o cliente seriam considerados produtores conectados. A conexão principal é entre os clientes e o banco, e o próprio banco cria todos os serviços-chave. Os produtores conectados podem se concentrar em uma só experiência conectada do cliente ou oferecer múltiplas experiências. Por exemplo, o banco pode tentar tornar o processo de pedir empréstimo e sua aprovação o mais rápido possível (resposta ao desejo), fazer sugestões ao cliente sobre investimentos com base em sua renda e futuras necessidades (oferta com curadoria), enviar lembretes ao cliente para ajustar o portfólio (conduta de instrução) e transferir fundos automaticamente entre as contas do cliente, da poupança para a corrente, a fim de evitar saques a descoberto (execução automática).

Os produtores conectados enfrentam a concorrência de outros produtores conectados, mas algumas empresas concorrentes dos grandes bancos não parecem bancos de jeito nenhum. Empresas como a OnDeck e a Earnest têm se concentrado na experiência de resposta ao desejo do usuário. Além da pontuação tradicional de crédito, elas recorrem a mais de cem bancos de dados externos para determinar a credibilidade do credor, analisando dados sociais, registros públicos e dados de transações. Isso resulta em mais de dois mil pontos de dados por solicitação de empréstimo e permite com frequência que as empresas cheguem a uma decisão quase que instantânea, vencendo os processos de solicitação e aprovação dos bancos tradicionais, que costumam ser demorados. Nesse espaço, a OnDeck se especializou em empréstimos para pequenos negócios, enquanto a Earnest fornece empréstimos pessoais com foco no refinanciamento de empréstimos estudantis.

Repare, porém, que, no nível dos 30 mil pés, sua atuação é exatamente igual à dos grandes bancos. A conexão principal ocorre entre o cliente e a empresa, com as informações indo dele para a companhia e os produtos e serviços indo desta para o cliente.

A arquitetura dos produtores conectados parece antiquada, mas duas tendências de conectividade recentes vêm ajudando os produtores conectados a inovar sua maneira de atender os clientes. Em primeiro lugar, os produtores conectados aumentam de modo substancial a frequência da interação, transformando transações grandes e episódicas em diversas experiências menores com o cliente. Em segundo lugar, a riqueza geral da interação, em termos de troca de informações e customização do produto, foi intensificada. Vejamos o que acontece além dos serviços financeiros para termos alguns exemplos desses processos.

Os produtores conectados do setor de transporte podem proporcionar agora experiências que vão bem além de vender carros. O maior serviço do mundo de compartilhamento de carros é chamado Car2Go e foi criado por um produtor tradicional – a Daimler –, oferecendo exclusivamente veículos dessa marca. Os associados têm acesso a mais de 1.400 veículos em 26 cidades de oito países. Muitos desses veículos são carros pequenos para dois passageiros – Smart Fortwo (a Daimler possui o Smart). Os usuários pegam o carro onde se mantêm estacionados em uma cidade, registram a saída usando um aplicativo para smartphone, não precisam reabastecer e devolvem o carro em qualquer vaga cadastrada em uma rua, pagando com base no tempo da locação.

O serviço Car2Go da Daimler é um exemplo de um produtor conectado que atua sobretudo no modo "resposta ao desejo". Os clientes enviam os pedidos à empresa, e esta responde de imediato por um aplicativo que ajuda a localizar o carro mais próximo que melhor atende à necessidade do cliente. A melhor conectividade tornou isso possível: o GPS rastreia a localização do carro; o aplicativo do celular diz ao cliente onde está o carro e elimina a necessidade de pagamento ao vivo. Tudo isso torna mais eficiente usar um carro caro. O que parece um uso genial da economia de compartilhamento corresponde à nossa definição de arquitetura de produtores conectados.

Empresas concorrentes como a General Motors, a Volkswagen e a BMW também adotaram a mesma prática e criaram os próprios serviços de compartilhamento de carros. Como indicamos antes, limitar-se a criar experiências conectadas não será suficiente para gerar uma vantagem competitiva de longo prazo. Outras empresas acabarão inevitavelmente copiando o que você faz, e permanece a questão de se você é mesmo capaz de aumentar a distância entre a disponibilidade dos clientes para pagar e o custo, em comparação com a concorrência.

Para atingir uma larga escala, a BMW e a Daimler decidiram fundir suas plataformas de mobilidade em 2018 a fim de criar um só serviço de compartilhamento de carros.

De maneira similar ao segmento dos serviços financeiros, o ramo securitário vem observando as empresas que criam estratégias conectadas. Embora haja várias organizações novas no mercado que está sendo chamado de *insurtech* (tecnologia de seguros), alguns dos produtores conectados já em ação também têm se mostrado bastante inovadores. Veja o caso da Progressive, uma das maiores empresas de seguros de veículos dos Estados Unidos. Historicamente, comprar um seguro para carro tem sido uma experiência episódica para o cliente. O motorista liga para a seguradora ou procura um corretor; a seguradora analisa o risco do motorista com base em sua idade, endereço, tipo de veículo e acidentes passados; então, a empresa fornece uma cotação para o prêmio do seguro. Já a Progressive tem clientes que concordam em usar um aplicativo ou instalar um pequeno dispositivo de monitoramento em seu veículo. O aplicativo ou o dispositivo monitoram a duração e o dia do uso do carro, bem como o comportamento do motorista à direção, incluindo freadas bruscas, acelerações repentinas, mudanças bruscas de pista. Assim que o período de coleta de dados termina, a Progressive usa esses dados para entregar ao motorista uma cotação sob medida para seguro do carro, mas a experiência do cliente não termina aí. A Progressive também está criando uma experiência com conduta de instrução na medida em que fornece ao cliente um *feedback* da própria conduta como motorista (ou da conduta de seus filhos). Isso permite que o cliente melhore o modo como dirige e, assim, pague menos pelo próximo seguro. Além disso, a Progressive pode ascender na hierarquia de necessidades de seus consumidores ao atender às necessidades mais profundas que os clientes vivenciam, como segurança pessoal, e não somente ter uma apólice de seguro de carro.

Muitas companhias de *software*, como a Salesforce e a IBM, também entram na categoria de produtor conectado. Essa conexão mais próxima com o consumidor permite que essas empresas customizem suas ofertas e antecipem necessidades futuras (por exemplo, com respeito à segurança cibernética). Nesse mesmo sentido, o Google com sua máquina de busca, o Gmail e o Google Fotos, é um produtor conectado. O fato de que o Google não cobra por esses produtos não impede seu *status* de produtor conectado que criou seu próprio ecossistema de serviços. (Voltaremos ao modelo de rendimento do Google e de empresas similares no Capítulo 8.)

Por fim, pense no exemplo da MagicBand da Disney sobre a qual comentamos no Capítulo 1. Essa pulseira incorpora elementos da resposta ao desejo quando facilita o acesso ao quarto de hotel e o pagamento de compras e alimentação. Por meio de seu aplicativo, a Disney incorpora elementos de ofertas com curadoria com sugestões e coloca em ação condutas de instrução ao encaminhar os visitantes para brinquedos menos concorridos. Não é de surpreender que outras empresas de entretenimento estejam desenvolvendo tecnologias similares. Por exemplo, a Carnival – a maior operadora de cruzeiros marítimos do mundo – desenvolveu um dispositivo chamado Ocean Medallion, que pode ser levado no bolso ou usado como broche. Essa medalha, do tamanho de uma moeda de 25 centavos de dólar, abre automaticamente a porta da cabine para o passageiro (sem necessidade de tocar em um sensor), agiliza o embarque e o desembarque e facilita o pagamento de compras feitas a bordo. Por estar conectada a um aplicativo, ajuda as pessoas da família a se encontrar a bordo de grandes navios. O aplicativo pode ser usado para pedir entrega de comida sempre que o passageiro pensa em comer. O pessoal do serviço sabe quem pediu o que porque a foto do passageiro aparece em seu identificador de mão quando se eles aproximam do medalhão do passageiro, que pode carregar no aplicativo suas preferências antes de embarcar e, assim, a Carnival tem condições de oferecer atividades customizadas. A Carnival e a Disney são empresas que usam a arquitetura do produtor conectado. A conexão é entre o cliente e a empresa, só que se tornou uma conexão de alta banda larga.

Varejistas conectados

Os produtores conectados enfrentam a concorrência não só de outros produtores conectados, mas também de outras empresas que praticam uma arquitetura de conexão diferente. Por exemplo, no campo da consultoria de investimentos, empresas como a Wealthfront e a Betterment usam sobretudo algoritmos para montar um portfólio customizado para cada investidor que compõe os fundos de investimento negociados como ações ou os fundos mútuos de baixo custo administrados por terceiros. Chamamos essas empresas de *varejistas conectados*; são empresas cujo papel principal é demonstrar, fazer a curadoria e entregar produtos de fornecedores a clientes. Os varejistas conectados recebem informações dos clientes e então criam uma conexão entre fornecedores e clientes que passa por toda a estrutura do varejista conectado, já que a empresa está ativamente envolvida em levar o produto do fornecedor até o cliente (veja a Figura 7.2).

Figura 7.2
Arquitetura de conexão para o varejista conectado

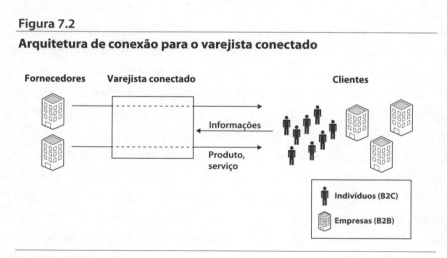

Assim como os produtores conectados, os varejistas conectados podem focar uma única experiência conectada do cliente ou uma variedade delas. Por exemplo, a Wealthfront e a Betterment tornam a criação de um portfólio customizado de investimentos um processo rápido e fácil executando tudo *on-line* (resposta ao desejo); também fornecem uma oferta com curadoria, permitindo que o cliente explicite vários objetivos de investimento e então customizando um portfólio que atenda a essas metas; e ainda proporcionam uma experiência de execução automática por meio de serviços como a reunião automática de perdas.

A prática da Amazon de enviar a mercadoria dos próprios armazéns talvez seja o exemplo mais conhecido de um varejista conectado. Os clientes interagem com a companhia sobretudo por meio de uma conexão de resposta a um desejo. No entanto, a Amazon claramente aumentou suas ofertas com curadoria por meio da chamada "clientes como você compraram", em recomendações e ofertas automáticas como programas de assinatura em que os clientes recebem produtos de forma periódica, como pasta de dente ou detergente.

Muitos varejistas conectados criam valor para o cliente por meio de uma experiência com uma oferta com curadoria. Embora a internet tenha permitido aos clientes o acesso a praticamente qualquer produto ou serviço disponível no mundo inteiro, essas escolhas são desgastantes e exigem muito tempo do consumidor para que chegue a uma boa decisão. Portanto, a curadoria pode criar muito valor. Varejistas conectados oferecendo assinaturas com curadoria para caixas de mercadorias brotaram por toda parte, trabalhando com centenas de categorias de produtos, de alimentos a cosméticos e ração para animais domésticos. Veja uma amostra de serviços de assinatura começando com a letra B. Temos a "Bad Ass Mom Box" (joias e produtos de beleza), a "Bark-Box" (brinquedos e petiscos para cães) e a "Busy Bee Stationery" (itens de papelaria): todos esses fornecedores têm a mesma experiência de usuário e a mesma arquitetura de conexão. As empresas adquirem itens de seus fornecedores e os reúnem para compor uma oferta com curadoria personalizada para cada cliente.

Já mencionamos o caso de empresas varejistas que trabalham com assinaturas de caixas de refeições com curadoria, como a Blue Apron e a HelloFresh. Vários outros interessados também vieram para esse espaço, tentando se diferenciar diante da concorrência com foco em culinárias específicas ou tempo de preparo. Entre essas empresas estão a Purple Carrot (cozinha vegana), a PeachDish (cozinha do sul dos EUA), a Sun Basket (dieta paleolítica e sem glúten), a Green Chef (produtos orgânicos certificados) e a Gobble (tempo de preparo de 10 minutos usando apenas uma panela).

Assim como alguns produtores conectados que coordenam seus clientes para que utilizem os recursos com mais eficiência, os varejistas conectados têm um modelo de negócio similar. Serviços de compartilhamento de veículos como o Zipcar (hoje pertencente ao Avis Budget Group) entram nessa categoria. Diferentemente da Car2Go, operada pela empresa que fabrica os carros compartilhados, a Zipcar compra ou aluga carros de vários fabricantes, oferecendo escolhas mais amplas.

A Rent the Runway adota um modelo de negócio parecido para uma categoria de produtos muito diferente: vestidos de estilistas. Como esses vestidos são caros e só são usados uma vez, são um ótimo exemplo de recursos subutilizados. Com a Rent the Runway, as mulheres podem alugar o vestido por um período de quatro a oito dias por um preço muito menor do que o de compra. Cada um chega à cliente em dois tamanhos para garantir que o vestido sirva. A cliente pode devolvê-lo pelo UPS, e a Rent the Runway se encarrega da lavagem a seco posterior.

Tanto a Rent the Runway como a Zipcar estão explorando uma importante tendência do mercado consumidor. O que muitos clientes desejam mesmo é ter acesso a um produto ou serviço, não necessariamente possuí-lo. Em particular quando as necessidades variam com o tempo (hoje, eu gostaria de dirigir um carro conversível; ontem, eu precisava de uma caminhonete; amanhã, vai ser uma minivan) e os bens são muito dispendiosos, costuma ser difícil para o cliente achar soluções que se ajustem a suas necessidades (e o resultado tende a ser um tipo de carro como um sedã para a família). Os varejistas conectados que alugam os produtos em vez de vendê-los permitem que os clientes alcancem uma correspondência melhor entre suas necessidades e as soluções, por um preço que possam pagar. Esses casos também podem ser considerados exemplos de economia compartilhada, mas, do ponto de vista de uma empresa que tem de construir um modelo de entrega conectado, pensamos que é mais útil classificá-los como varejistas conectados.

É interessante notar que algumas empresas que começaram como varejistas conectados, como a Netflix, a Amazon e a Zalando, usaram os dados dos clientes para produzir filmes e itens de marca exclusivos, tornando-se também produtores conectados. Sua conexão direta com o cliente final proporcionou a essas empresas um conhecimento mais profundo de sua clientela do que qualquer outro de seus fornecedores possuía, o que permitiu às empresas conseguir uma bem-sucedida integração retroativa. Em resumo, para criar uma estratégia conectada, a empresa pode empregar mais de uma arquitetura de conexão.

E-scooter e compartilhamento de bateria

A mobilidade nas cidades tem mudado não somente com os serviços de táxi por aplicativo, mas também com uma variedade de opções de alugar bicicletas e *scooters* (tanto elétricas, que funcionam ao se acionar um pedal, como as motorizadas). Veja o caso da Coup, uma empresa de locação de *scooters* elétricas (motorizadas) que atua em Berlim e Paris, cujo dono é Robert Bosch, a empresa alemã de engenharia e eletrônica que está entre as maiores fabricantes do mundo de peças para automóveis. O cliente pode alugar uma *e-scooter* (com capacete) usando o aplicativo da Coup. As *scooters* têm GPS, de modo que podem ser apanhadas e deixadas em qualquer lugar dentro da cidade. O pagamento é automático e baseado no tempo de uso. Uma questão comum a esses serviços de compartilhamento é que as *scooters* acabam em lugares onde não são necessárias, como na frente de um bar num domingo de manhã. A Coup achou uma solução coletiva para esse problema, oferecendo tempo livre de uso para voluntários dispostos a levar as máquinas a locais desejados. O interessante é que as *e-scooters* da Coup não têm nenhum componente da Bosch. A fim de se mover com mais rapidez nesse nicho, a Bosch decidiu usar a *scooter* fabricada pela Gogoro, uma companhia de Taiwan, o que em essência tornou--a uma varejista conectada, tal como a Zipcar. Por sua vez, a Gogoro adota uma estratégia conectada como produtora em Taiwan. Em vez de alugar, ela vende suas *scooters* lá com uma taxa de assinatura mensal que permite ao usuário trocar a bateria em postos credenciados, em vários locais de Taipei. O usuário consegue encontrar o posto autorizado e reservar uma bateria por meio de um aplicativo. A Gogoro acredita que seus clientes não querem compartilhar a *scooter*, mas estão dispostos a compartilhar a bateria. Quando carrega a bateria no posto autorizado, a Gogoro pode se beneficiar do baixo custo da eletricidade nas fases de baixa demanda de eletricidade.

Criadores de mercados conectados

Enquanto a Wealthfront e a Betterment estão empenhadas em montar e gerenciar o portfólio de seus clientes, o papel de outras empresas é o de basicamente estabelecer uma conexão direta entre o cliente e um fornecedor. Por exemplo, a LendingTree é uma operadora *on-line* que intermedeia empréstimos ao conectar um cliente com diversas fontes de empréstimo competindo pelo negócio e, assim, o cliente pode escolher o melhor fornecedor para atender à sua necessidade. Chamamos essas empresas de *criadores de mercado conectados*; são empresas que criam uma ligação direta entre um fornecedor e um cliente, mas não se envolvem na gestão do produto ou do serviço. Portanto, os criadores de mercado conectados dependem dos fornecedores em atuação para satisfazer as necessidades de clientes.

Essa operação é apresentada na Figura 7.3. Observe que, ao contrário do varejista conectado, que se envolve diretamente com o produto, o criador de mercados conectados estabelece a conexão e potencialmente avalia os fornecedores, mas fora isso não se envolve com o modo como o fornecedor atende à necessidade, por isso não lida com estoque nem corre riscos financeiros. Além disso, o número de fornecedores capaz de ser conectado aos clientes pode ser bem grande, já que o criador de mercados conectados não é responsável por manter o estoque nem por administrar diretamente o fluxo de bens e serviços dos fornecedores até os clientes.

Figura 7.3
Arquitetura de conexão para um criador de mercados conectados

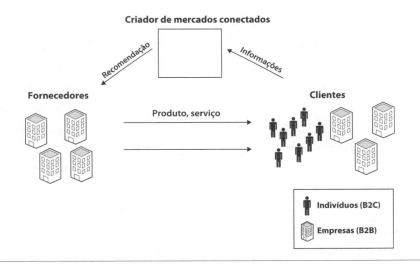

A Wallaby Financial é outro exemplo de um criador de mercados conectados no campo dos serviços financeiros. Se o cliente acumula todos os seus créditos e cartões de fidelidade em sua plataforma, o aplicativo da Wallaby recomendará o cartão ideal para cada compra com base na natureza dessa aquisição e os atributos do cartão que estão em sua carteira de bolso. Desse modo, a empresa consegue gerenciar os cartões do cliente para minimizar as taxas pagas, ao mesmo tempo que maximiza as recompensas e os descontos. Usando esses dados, a Wallaby recomenda novos cartões para mais economia. Nesse caso, a Wallaby cria novas conexões entre a operadora do cartão do crédito e o cliente, ganhando uma comissão pela recomendação.

A distinção entre o varejista conectado e o criador de mercados conectados é sutil, mas importante. Ao focar inteiramente na conexão entre empresas e clientes (sem adquirir produtos ou capacidade), o criador de mercados conectados precisa de menos capital. Pense na Amazon mais uma vez. Como varejista conectada, a empresa investe em galpões e em estoque, mas, no caso de produtos vendidos pelo Amazon Marketplace, a empresa age como um criador de mercados conectados ao receber o pedido do cliente e redirecioná-lo para o vendedor, que então se incumbe do pedido.

A Expedia e a Priceline trabalham de maneira similar. Não possuem aeronaves nem se comprometem a reservar assentos em voos ou quartos de hotel. Limitam-se apenas a encontrar clientes que buscam uma viagem aérea ou hospedagem e conectam essas pessoas à companhia aérea certa ou ao hotel ideal. Os criadores de mercados conectados existem tanto no cenário B2C como no B2B. Por exemplo, a IronPlanet é um criador de mercados conectados para equipamentos usados de construção, transporte e de uso agrícola, um mercado estimado em torno de 300 bilhões de dólares. A IronPlanet conecta compradores industriais com vendedores industriais de equipamento pesado.

Portanto, se o criador de mercado está inteiramente desvinculado da transação, que valor ele cria? Não seria melhor se o cliente se conectasse diretamente com o fornecedor? Os criadores de mercado cumprem duas funções:

- Podem fornecer ofertas com curadoria e, como estão livres da necessidade de fazer investimentos na satisfação, podem atuar numa escala maior. A OpenTable, por exemplo, conecta clientes buscando uma mesa num restaurante com praticamente qualquer restaurante no país, o que significa um nível de escolha e de acesso impossível (ou muito, muito inconveniente) para o cliente reproduzir.

- Os criadores de mercado conseguem garantir que os produtos e os serviços em sua plataforma tenham máxima qualidade e sejam fornecidos por empresas de boa reputação. Enquanto o cliente individual interage com a empresa uma vez só, o criador de mercado faz isso repetidamente. A avaliação pode ser feita pelo próprio criador de mercado, como é o caso da Sweeten, uma empresa criadora de mercado que conecta empreiteiros com clientes que desejam fazer uma reforma de grandes proporções, ou o criador de mercado recorre a notas atribuídas à empresa por clientes anteriores, como é o caso da Angie's List, um catálogo organizado coletivamente pelo acúmulo de milhões de resenhas de todos os tipos de empresas locais; o catálogo conecta as empresas aos clientes.

Uma vez que o custo inicial de ingresso para o criador de mercados conectados é relativamente baixo, temos presenciado muitas *startups* usando essa arquitetura de conexão. O lado negativo de custos baixos de entrada, naturalmente, é esse ingresso ser fácil para todo mundo. Como resultado, temos visto uma avalanche de imitações, o que induz ao aumento dos custos de atrair participantes dos dois lados do mercado. Os criadores de mercado têm de proporcionar incentivos cada vez melhores aos fornecedores para convencê-los a aderir, ao mesmo tempo que os custos de aquisição de clientes aumentam com rapidez. O Google e o Facebook tornaram-se "latifundiários" de fato. Os criadores de mercado não pagam o aluguel tradicional por lojas e galpões, mas pagam ao Google e ao Facebook e outras empresas do tipo por dados do público-alvo. Assim, como disseram alguns analistas do segmento, os custos de aquisição do cliente se tornaram o novo aluguel.

A Pandora do mundo das artes

O mercado global de arte faz girar mais de 60 bilhões de dólares por ano, embora seja muito fragmentado. As obras de arte são vendidas em casas de leilão e aos milhares nas galerias do mundo todo. Isso faz com que o mercado de arte com peças entre 50 e 100 mil dólares seja muito localizado e ineficiente; os colecionadores compram o que acham nas galerias de sua cidade, mas em geral desconhecem o que está disponível em outras galerias. A Artsy, uma criadora de mercados conectados, tem mudado esse cenário ao conectar galerias e casas de leilão a colecionadores de arte no mundo todo. Mais de 800 mil peças de arte de mais de 2 mil galerias, que representam 80 mil artistas, podem hoje se encontrar na Artsy. Esse enorme catálogo de arte pode ser massacrante. A Artsy agrega valor não só constituindo um mercado, mas também criando uma experiência de oferta com curadoria para o cliente. Assim como a Pandora fez com a música e a Netflix com os filmes, a Artsy criou um sistema de classificação (o Projeto Genoma da Arte, inspirado no Projeto Genoma da Música, da Pandora) que descreve cada obra de arte junto a mais de mil dimensões que a Artsy chama de "genes". Entre as dimensões estão características como movimento histórico (por exemplo, arte turca contemporânea, *pop art*), temática (por exemplo, comida, sombras), qualidades visuais (por exemplo, assimétrica, borrada), meio e técnicas (por exemplo, animação, colagem) e materiais (por exemplo, alumínio, pedras preciosas). Esse sistema de classificação permite aos possíveis compradores explorar sem nenhuma linearidade o espaço da arte disponível e, não obstante, de maneira interligada. Por exemplo, o comprador que gosta de Andy Warhol, mas não tem verba para peças desse artista, pode ser direcionado para artistas mais

> jovens cuja obra tem algumas dimensões em comum com a de Warhol e podem ser fotos em vez de pinturas.

Organizadores de grandes grupos

Quais são as alternativas de patrocínio para projetos como fazer um documentário? Se você busca um empréstimo, uma opção é a Prosper. Os interessados pedem valores entre 2 mil e 35 mil dólares, e investidores individuais investem apenas 25 dólares nos projetos que escolhem. A Prosper cuida do procedimento de entregar o empréstimo depois de conectar o investidor e o mutuário.

Enquanto os criadores de mercados conectados estabelecem uma conexão entre o cliente e o fornecedor (por exemplo, um banco), a Prosper conecta os clientes a indivíduos que atuam como fornecedores (de fundos, no caso). A Prosper não só conta com indivíduos que atuam como fornecedores, como foi crucial para a existência dessa fonte de recursos – um grande grupo de indivíduos –, para início de conversa. Portanto, a Prosper organizou um grande grupo, criando um conjunto de conexões entre indivíduos antes desconectados. Em consequência, chamamos essa arquitetura de conexão de *organizador de grandes grupos*. Tal como no caso dos criadores de mercados conectados, neste caso a empresa se dedica a criar conexões em vez de produzir produtos diretamente ou lidar com eles. Desta vez, porém, as conexões ocorrem entre alguns indivíduos e o cliente, não entre empresas e clientes (Figura 7.4).

A Kickstarter é outra empresa que organiza grandes grupos e corresponde ao perfil apresentado na Figura 7.4. A empresa conecta indivíduos que querem patrocinar projetos ou efetuar a compra antecipada de produtos que ainda estão em fase de criação (como o documentário sobre ursos-polares). Embora cada contribuição individual possa ser pequena, a Kickstarter acumulou em seus primeiros nove anos de operação mais de 4 bilhões de dólares em fundos para patrocinar mais de 154 mil projetos, todos realizados sem a participação de um banco ou de um capitalista investidor.

Figura 7.4

Arquitetura de conexão para o organizador de grandes grupos

A Kickstarter não somente patrocina projetos individuais como também, com bastante frequência, é acionada para bancar *startups*. Os bancos e outras instituições financeiras agora têm sua concorrência na forma de indivíduos que se unem nessas plataformas. Quando antes os bancos podiam ser procurados por indivíduos que queriam financiar projetos criativos com empréstimos pessoais a altos juros, agora uma fatia desse mercado foi abocanhada pelo financiamento coletivo.

Embora tanto os criadores de mercados conectados quanto os organizadores de grandes grupos sejam parecidos em termos de conectarem diretamente clientes e fornecedores, há diferenças cruciais entre essas duas arquiteturas de conexão. É provável que o cliente que realiza uma transação por meio de um criador de mercados conectados pudesse ter feito uma transação similar, embora possivelmente menos conveniente ou boa, sem o criador de mercado: o cliente ainda teria feito sua reserva no restaurante (sem a OpenTable), reservado o quarto de hotel (sem a Priceline) ou comprado a passagem aérea (sem a Expedia). Essas transações teriam acontecido porque os fornecedores com os quais se conectam os criadores de mercados conectados já existiam, mas o organizador de grandes grupos cria um novo fornecimento ao fazer com que entrem no mercado indivíduos que antes não teriam participado como fornecedores. Ao criar conexões entre esses indivíduos e os clientes, o organizador de grandes grupos está essencialmente abrindo um novo mercado. Sem a Prosper, seria bem pouco provável que um tomador de empréstimo pudesse achar pessoas dispostas a lhe dar 25 dólares cada uma; sem o Aribnb, seria muito pouco provável que um turista achasse um apartamento para alugar por uma única noite.

Um fator de consideração especial para o organizador de grandes grupos é a margem de controle a ser concedida tanto ao cliente como ao fornecedor. O cliente pode escolher seu fornecedor individual? O fornecedor pode definir os próprios preços? No geral, quanto mais controle o organizador de grandes grupos exerce, mais o cliente experimenta o trabalho realizado pelo grupo todo como uma empresa virtual coerente. Não é o fornecedor individual do produto ou serviço que importa quando usamos o Lyft, o Uber, o Instacart ou outros do gênero. De fato, o cliente não tem meios para escolher quem é a pessoa que atenderá ao seu pedido, e é o organizador de grandes grupos quem define os preços, não o fornecedor individual.

Por outro lado, quanto menor o controle, maior a variedade no mercado. Você talvez não valorize a variedade quando se trata de ir de A a B; para um trajeto curto, qualquer carro serve, desde que esteja limpo e seja basicamente seguro. Já esse critério não se aplica quando se trata de uma casa de veraneio. Nesse cenário, o cliente valoriza a variedade de opções; assim, impor condições ("As portas têm de ser brancas e você precisa cobrar 100 dólares a diária") não seria útil nem para o cliente, nem para o fornecedor da casa.

Assim como ocorre com outras arquiteturas de conexão, podemos constatar que, com o tempo, as empresas funcionam com mais de uma arquitetura:

- O Airbnb começou como uma plataforma onde os turistas podiam achar um lugar para ficar enquanto viajavam, contratando direto com o proprietário um espaço para alugar por pouco tempo. O proprietário adquiria o imóvel basicamente para uso próprio e só recebia hóspedes via Airbnb para abater os custos. Assim, o Airbnb era um organizador de grandes grupos, mas, cada vez mais, os aluguéis listados nessa plataforma são propriedade de imobiliárias comerciais que alugam seus imóveis 365 dias por ano, usando o Airbnb como canal de venda. Para esses clientes, o Airnb também está se tornando um criador de mercados conectados.
- A "mãe de todos os modelos de plataformas" é o site de leilões eBay. Mais uma vez, quando uma pessoa vende seu cortador de grama usado no eBay, a empresa está agindo como organizadora de grandes grupos, mas, quando a loja de material de construção do bairro usa o eBay como canal de distribuição, o eBay é um criador de mercados conectados. Um desenvolvimento similar pôde ser registrado no Etsy, que começou como a arena de negócios onde as pessoas podiam vender itens feitos à mão e agora oferece artigos industrializados.

Organizadores de grandes grupos sem fins lucrativos

As estratégias conectadas podem ser usadas com sucesso tanto por empresas em busca de lucro como por organizações com outros objetivos. A arquitetura de conexão do organizador de grandes grupos pode ser uma poderosa ferramenta para conectar indivíduos com necessidades com outros indivíduos que querem ajudar. Veja o caso da DonorsChoose.org. Nos Estados Unidos, o financiamento de escolas públicas tem sido limitado há muitos anos, criando um déficit no fornecimento de praticamente tudo, de material para aulas de arte a livros e equipamentos de laboratório. Os professores que enfrentam essa espécie de necessidade para dar aula podem enviar uma solicitação para a DonorsChoose.org. Os funcionários da organização avaliam e postam os projetos, incluindo uma detalhada visão geral da parte financeira para mostrar como os fundos angariados serão empregados. Doadores individuais e alguns parceiros corporativos então escolhem seus projetos e contribuem com recursos financeiros. Assim que o projeto está totalmente financiado, a equipe do DonorsChoose.org compra os itens requisitados e os envia diretamente para a escola. Por sua vez, cada doador recebe uma carta de agradecimento do professor, fotos da sala de aula e um relatório de como os recursos recebidos foram usados. Desde 2000, a DonorsChoose.org já conectou mais de 3,5 milhões de doadores a mais de 1,25 milhão de projetos de sala de aula, totalizando mais de 766 milhões de dólares em patrocínios arrecadados. Sem esse organizador de grandes grupos, é difícil conceber como tais doadores e professores teriam se conectado entre si.

A Crisis Text Line é outra organizadora de grandes grupos na esfera das atividades sem fins lucrativos que conecta indivíduos que passam por uma crise pessoal a voluntários treinados que atuam como conselheiros de crise e podem fazer o trabalho a distância estando em qualquer parte, com um computador e acesso à internet. Todas as conversas na linha exclusiva para intervenção na crise, que duram em média uma hora, são realizadas por mensagem de texto, que é o meio favorito da maioria dos adolescentes. A Crisis Text Line fornece treinamento aos voluntários e investiu intensamente em uma tecnologia que permite aos textos ser avaliados de forma automática quanto à gravidade, de modo que a pessoa que enviou a mensagem e parece em risco iminente receba a resposta primeiro. Os voluntários que trabalham como conselheiros de crise contam com o apoio de uma equipe de funcionários pagos que trabalham em regime de período integral e são especialistas graduados em saúde mental ou áreas correlatas. Desde seu lançamento, em agosto de 2013, a Crisis Text Line já trocou mais de 86 milhões de mensagens de texto com pessoas necessitadas. Começou nos Estados Unidos e já reproduziu seu sistema no Canadá e no Reino Unido. Dada a extensão de seus dados, que interligam tópicos de crise, tempo e localização (por exemplo, picos de depressão às oito da noite, ansiedade às onze da noite, agressão contra si mesmo às quatro da manhã e abuso de drogas às cinco da manhã), a organização fornece acesso gratuito a seus dados agregados e sigilosos a departamentos de polícia, conselhos escolares, legisladores, hospitais, famílias, jornalistas e estudiosos. Mais uma vez, sem esse organizador de grandes grupos, não existiriam as conexões entre pessoas necessitadas e as que são treinadas para ouvir.

Criadores de redes ponto a ponto

O outro problema que Jane tinha de resolver na nossa pequena vinheta era escolher entre pagar as bebidas ou reembolsar as amigas. Mesmo sem estar com sua carteira, ela poderia ter acertado a conta por meio de um aplicativo no smartphone usando um serviço como o Venmo. Depois que o cliente assina o Venmo, pode fazer pagamentos com somente um número de celular ou um endereço de e-mail, o que autoriza transferências sem ser correntista de nenhum banco com sua infraestrutura de pagamentos.

O Venmo é um *criador de rede ponto a ponto* (P2P, da sigla em inglês *peer-to-peer*). Ao contrário dos organizadores de grandes grupos, em cujo caso está claro que um é o fornecedor e o outro é o cliente, no caso dos criadores de rede P2P as pessoas podem mudar de papel com frequência, como no exemplo do Venmo. Hoje enviamos dinheiro para você pelo Venmo. No mês que vem, essa transação pode ser inversa. Apenas fazemos parte da mesma rede de pagamentos. O Venmo – que é do PayPal – lida atualmente com bilhões de dólares.

192   Estratégia conectada

Outro criador de rede P2P no âmbito dos serviços financeiros é o TransferWise, focado em transferências internacionais de dinheiro. Enviar dinheiro entre países continua sendo uma operação dispendiosa. O TransferWise entendeu que, se Mario, que vive no país A, quer enviar 100 dólares para Mauro, que vive no país B, e se Jamini, que vive no país B, quer mandar o equivalente a 100 dólares para Juanita, no país A, pode-se obter esse resultado com a transferência de 100 dólares de Mario para Juanita, que moram no país A, enquanto transferem o equivalente a essa soma em moeda local de Jamini para Mauro, que moram no país B. Isso resulta em duas transferências domésticas, cuja execução é muito mais barata que duas transferências internacionais. Ao criar novas conexões entre diversos participantes, o TransferWise obtém uma substancial redução dos custos.

Os criadores de redes P2P são organizações notáveis que, em geral, conectam milhões de pessoas. Além disso, podem representar uma ameaça às empresas existentes. Os bancos costumam adorar transferências domésticas e internacionais de dinheiro por causa das taxas salgadas que cobram. Agora, essa importante fonte de rendimento vem sofrendo com a significativa concorrência representada por empresas que utilizam arquiteturas de conexão completamente diferentes.

A título de antecipação do próximo capítulo, no qual cuidaremos dos modelos de rendimento, achamos útil pensar em três tipos de criadores de rede P2P com base no modo como monetizam sua respectiva arquitetura de conexão:

- **Rendimento por transação ou como membro:** embora não custe tão caro quanto os bancos tradicionais, o TransferWise cobra uma taxa pela transação. O Venmo, embora não cobre taxas para transações dentro da rede, recebe na forma de juros sobre o capital que faz circular e cobra dos clientes quando usam o cartão de crédito para efetuar pagamentos. O rendimento por ser membro é uma fonte de renda para portais de

Como desenhar arquiteturas de conexão   193

encontros como o Match.com. Os corações solitários pagam ao Match.com uma taxa para estarem conectados entre si, o que às vezes resulta em casais felizes, mas sempre representa saldo de caixa no banco para a empresa.

- **Taxas por acesso a informações que são criadas dentro da rede:** onde quer que haja conteúdo e tráfego, existe um gerador de renda potencial, geralmente da publicidade. O YouTube começou como uma plataforma P2P para compartilhar vídeos. Agora lucra com comerciais, vendendo acesso de maneira customizada a públicos da rede (por exemplo, segmentando anúncios específicos para espectadores de determinados programas). O LinkedIn permite que as pessoas entrem na rede gratuitamente, mas vende o acesso às informações a possíveis empregadores.

- **Ganhos com produtos complementares:** além de atuar como produtor conectado de tênis esportivos e de permitir que os clientes carreguem no site e analisem seus dados de desempenho físico, a Nike opera como um criador de rede P2P ao dar apoio a clubes de corrida virtuais. Esses clubes gratuitos criam uma comunidade de praticantes de corrida que se estimulam a correr mais. Isso é uma boa notícia para uma empresa que vende tênis de corrida.

Apresentamos a arquitetura da criação de uma rede P2P na Figura 7.5. Os indivíduos estão conectados entre si por meio da rede, e a maioria dos participantes serve tanto de emissários como de destinatários de tudo que a rede está projetada para facilitar (dinheiro, informações etc.). No caso de alguns criadores de rede, o rendimento é gerado pela venda de acesso a informações criadas dentro da rede. Por fim, alguns criadores de rede conseguem usar a rede que montam para estimular a disponibilidade dos clientes para pagar por outros produtos e serviços oferecidos, ou seja, usam a rede como fator de complementação.

Figura 7.5

Arquitetura de conexão para o criador de uma rede P2P

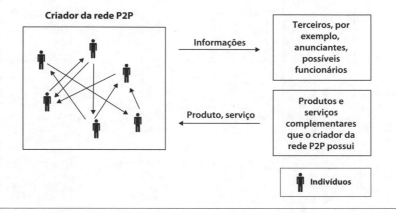

A matriz de uma estratégia conectada

Na segunda parte deste livro, você aprendeu como criar diferentes experiências conectadas para o cliente, e para isso lhe apresentamos quatro tipos: resposta ao desejo, oferta com curadoria, conduta de instrução e execução automática.

Neste capítulo, apresentamos cinco tipos de arquitetura de conexão: produtor conectado, varejista conectado, criador de mercados conectados, organizador de grandes públicos e criador de redes ponto a ponto.

Cada uma dessas arquiteturas de conexão pode ser usada para gerar experiências diferentes para o cliente. Contando com as quatro experiências do cliente e com as cinco arquiteturas de conexão, podemos configurar uma matriz, apresentada na Figura 7.6, em que as experiências do cliente constituem um eixo (fileiras) e as arquiteturas de conexão, o outro (colunas). Chamamos a matriz resultante de *matriz da estratégia conectada*.

Figura 7.6

Matriz da estratégia conectada

	Produtor conectado	Varejista conectado	Criador de mercados conectados	Organizador de grandes grupos	Criador de redes P2P
Resposta a um desejo					
Oferta com curadoria					
Conduta de instrução					
Execução automática					

A finalidade dessa matriz é dupla. Em primeiro lugar, pode servir de referência para ajudar você a entender tanto suas próprias atividades como as de sua concorrência. Quais são seus rivais em ação nessa matriz? Em que ponto têm surgido as novas *startups*?

Porque as empresas podem criar mais de uma experiência para o cliente e atuar com mais de uma arquitetura de conexão, podem operar em múltiplas células da matriz de estratégia conectada. O segundo uso dessa matriz é como ferramenta de inovação. Tomando cada célula e se perguntando "Se nossa empresa tivesse uma estratégia nesta célula, qual seria?", você conta com um modo muito estruturado para direcionar seu processo de inovação. Vamos orientá-lo a percorrer esse caminho com mais detalhes no Capítulo 10.

Além das plataformas: as cinco arquiteturas de conexão

Nos últimos anos, muitos executivos com quem conversamos mostraram-se preocupados com a possibilidade de sofrer rupturas em seu negócio não por parte da concorrência, mas sim de empresas que atuem de maneira muito diferente da deles. O verbo *uberizar* está sendo incluído em dicionários, e a uberização vem sendo elogiada por sua utilização da tecnologia digital para aumentar de forma radical a eficiência de um sistema econômico ao incrementar os benefícios de plataformas interativas P2P. Além do Uber e seus rivais, essa ideia é mais comum em casos como eBay, Airbnb, Zipcar, Facebook e muitas outras empresas que apresentamos neste livro.

A ameaça de uma ruptura digital é muito real, como pode corroborar qualquer um que tenha um carro de praça ou um hotel. Porém, antes de nos empolgarmos demais com a economia compartilhada e as plataformas (veja o boxe a respeito no Capítulo 1), achamos proveitoso observar com mais detalhes esses fenômenos. Em nossa opinião, os detalhes importam. Por isso, enquanto Uber, Airbnb e outros são todos ótimos estudos de caso no campo dos negócios, não devemos ignorar o fato de atuarem de modo muito diferente uns dos outros.

Neste capítulo, discutimos cinco arquiteturas de conexão:

- **Produtores conectados:** você não tem de ser uma *startup* radicalmente nova nem criar um mercado bilateral para ter uma estratégia conectada. Produtores tradicionais como a Disney, a Nike e a Daimler criaram estratégias conectadas no âmbito de suas operações, mudando o modo como se conectam com seus clientes e passando de interações episódicas para ter relacionamentos conectados contínuos com seus consumidores.
- **Varejistas conectados:** o varejista tradicional pede que o cliente vá a sua loja e compre o que ele tem nas prateleiras. O varejista conectado torna muito mais confortável para o cliente todo o processo de escolha e solicitação, pagamento e recepção do produto. Desde a Amazon e seus livros e a Netflix e seus filmes até os fornecedores de *kit* de refeições e itens alimentícios, os varejistas conectados criam um relacionamento muito mais próximo com seus clientes, e isso favorece a customização e a redução dos pontos de incômodo ao longo da jornada inteira de compra.
- **Criadores de mercados conectados:** essas empresas criam um mercado quando conectam fornecedores com clientes. Alguns exemplos são a Expedia, a Priceline, e a Amazon Marketplace. Os criadores de um mercado conectado são os operadores de bazar do século XXI. Essas empresas não compram, nem vendem, apenas garantem que o comprador certo esteja conectado com o fornecedor certo. Essa abordagem lembra muito o sonho de todo gerente de operações: parece que não exige nenhum montante de capital (capacidade, estoque) e ao mesmo tempo está a salvo de qualquer risco operacional. No

entanto, para ter êxito nessa arquitetura de conexão, a empresa precisa ser capaz de atrair tanto compradores como vendedores (criando um mercado bilateral) e proporcionar a todos liquidez e confiança.

- **Organizadores de grandes grupos:** ao contrário dos criadores de mercados conectados, as empresas não podem depender dos fornecedores existentes. A tarefa central do organizador de grandes grupos é mobilizar indivíduos para que sirvam de fornecedores, por exemplo, de serviço de motorista (Uber), de assistente de compras (Instacart), de hospedagem (Airbnb) ou de recursos financeiros (Kickstarter). O desafio-chave é atrair clientes enquanto o conjunto de fornecedores ainda é pequeno. Quando é atingida a massa crítica, porém, os efeitos da rede bilateral já são sentidos: quanto mais fornecedores estão disponíveis, mas clientes virão; quanto maior for o número de clientes, maiores os incentivos para virem novos fornecedores.

- **Criadores de redes P2P:** essas empresas formam e organizam comunidades de usuários, desfazendo as linhas de demarcação entre consumidores e fornecedores. Mais uma vez, os efeitos da rede têm um papel importante na sustentabilidade de empresas com essa arquitetura de conexão. Se o valor que o cliente obtém de uma rede aumenta com o número de participantes (por exemplo, conforme o número de comentários aumenta), as redes maiores serão mais capazes de atrair novos usuários, aumentando ainda mais o tamanho da rede.

A matriz da estratégia conectada que apresentamos neste capítulo ajuda a pensar melhor nessas diferenças; além disso, permite que você integre sua análise das arquiteturas de conexão com os quatro relacionamentos conectados do cliente que introduzimos na segunda parte do livro. No workshop que apresentaremos no Capítulo 10, você colocará essa ferramenta em ação.

Como desenhar arquiteturas de conexão   199

Uma última ideia (por ora) sobre o crescimento de plataformas e redes. As arquiteturas de conexão no lado direito da matriz de uma estratégia conectada são viabilizadas pelos avanços da tecnologia; o simples compartilhamento de um táxi não funciona sem computação móvel e geolocalização. Com os próximos avanços tecnológicos, não há motivos para acreditar que esse crescimento sofra interrupção em breve. No entanto, isso não implica de modo nenhum que os produtores conectados e os varejistas conectados sejam os dinossauros da estratégia conectada. Por exemplo, nossa vinheta de abertura sobre a Disney se refere a um produtor conectado que se concentra mais nas fileiras da matriz de uma estratégia conectada (novas experiências para o cliente conectado) do que nas colunas. Não existe um "tamanho único" quando o assunto são as estratégias conectadas.

8

Modelos de rendimento para estratégias conectadas

O cidadão norte-americano gasta em média 384 dólares por ano em cuidados odontológicos, entre pagamentos diretos ao dentista e pagamentos compartilhados com o seguro. Isso representa em torno de 10 mil dólares de dentista em três décadas, fora toda a trabalheira de agendar consultas, comparecer no horário, esperar e sentir dor – a própria definição de ponto de incômodo.

Agora, imagine que você é o CEO de uma empresa de serviços odontológicos ou dispositivos médicos. Você inventa uma escova de dentes fantástica que detecta a placa e as cáries antes do dentista e dos próprios pacientes. Usando os conceitos deste livro, sua empresa faz com que essa escova seja inteligente e conectada. Ela orienta o paciente quanto ao processo de escovação e agenda uma consulta no dentista, se necessário. Vamos chamar essa escova de Smart Connect XL3000. Ela mantém os dentes do usuário tão limpos que corta o custo anual com dentista pela metade e diminui o tempo gasto nas consultas. Vamos supor que custe 300 dólares para ser produzida e dure cinco anos, desde que a cabeça da escova seja substituída a cada seis semanas. A que preço você venderia a Smart Connect XL3000?

Antes de pensar em uma proposta de preço, seja ele 500 ou 5 mil dólares, tenha uma margem de lucro bruto de 50% ou 20% maior que a da concorrência, observe que a questão é mais do que só o preço. No que diz respeito à escova de dentes conectada, ou a qualquer estratégia conectada, a tarefa abrangente que temos de resolver é o modelo de rendimento.

Definimos o *modelo de rendimento* como um ou vários mecanismos que compensarão a empresa ao capturar uma parte do valor gerado por seu produto ou serviço. No caso da Smart Connect XL3000, o cliente se beneficia ao ter dentes mais saudáveis, mais conforto com menos consultas e uma economia no longo prazo em termos de pagamentos diretos no consultório e de débitos do seguro. Se você vender a escova por 400 dólares, quase todo esse valor ficará com o cliente. A clientela vai amá-lo por isso, mas você só terá um pequeno lucro que talvez não cubra todo o seu investimento em P&D para criar a XL3000. Já se seu preço for 500 dólares, bem poucas pessoas comprarão a escova, e isso destruirá seu possível valor.

Considere as seguintes alternativas de venda da escova de dentes por um preço fixo:

- Você poderia vendê-la por 300 dólares e então ganhar dinheiro vendendo as cabeças de reposição com boa margem de lucro, como no modelo das lâminas de aço da Gillette que todo mundo conhece.
- Você poderia oferecer um modelo de assinatura: por 10 dólares ao mês, uma nova cabeça de escova é automaticamente enviada para o cliente. No caso dos cuidados faciais masculinos, esse é o modelo de rendimento que fez surgir o Dollar Shave Club, uma *startup* posteriormente comprada por 1 bilhão de dólares pela Unilever.

Os dois modelos de rendimento podem ser inovadores em comparação com a mera venda a preço fixo, mas não têm nada a ver com conectividade. Como se pode verificar nos exemplos da Gillette e do Dollar Shave Club, as duas estratégias são usadas pelas empresas existentes no campo das lâminas de barbear (muito pouco conectadas).

Sendo uma empresa com uma estratégia conectada, você tem um relacionamento de longo prazo com o cliente, incluindo uma troca de informações de alta banda larga. Que modelos de rendimento você poderia elaborar que não pudessem ser reproduzidos por uma empresa que só conta com interações episódicas? Veja estas opções:

- Você poderia cobrar do cliente dez centavos de dólar por minuto de escovação. Graças à conectividade, sua empresa mede esse tempo de uso de modo que você pode usar tal informação como parte de seu modelo de rendimento. (Isso cria um desincentivo financeiro para a escova, uma questão que pode ser trabalhada oferecendo uma garantia que prevê um limite mínimo de uso.)
- Você poderia lançar um aplicativo opcional que ajude o consumidor em sua prática de escovação por uma taxa única de 10 dólares ou um valor mensal de assinatura. Essa experiência conectada com conduta de instrução poderia alertar o cliente se a escova não tiver sido usada nas últimas doze horas, se o cliente destro escova demais os dentes da esquerda e pouco os da direita, ou quando ele aplica pressão demais (observe, por exemplo, que esses aplicativos já existem para as escovas elétricas da Oral-B com conexão ao Bluetooth).
- Você tem um sensor na cabeça da escova que detecta automaticamente sua deterioração e solicita uma nova conforme a necessidade, lembrando o exemplo do *toner* da impressora que demos no Capítulo 4.

Esses modelos de rendimento lhe permitem apropriar-se de valores extras gerados por seu produto para o cliente (além do que ele já obtém atualmente com o uso de escovas de dentes normais). Existiriam mais opções? Até o momento, vimos somente a alternativa de dividir o valor entre sua empresa e o consumidor. E quanto a outros participantes? Continuemos com nossas ideias para achar outras formas de modelos de rendimento:

Modelos de rendimento para estratégias conectadas 203

- Alguns dentistas poderiam não ficar felizes com a Smart Connect XL3000, mas outros poderiam pagar à sua empresa um valor por recomendação, se sua escova agendasse uma consulta para eles. E quanto a seguradoras? Você poderia dar gratuitamente a escova às seguradoras, pedindo-lhes então que paguem uma porcentagem da economia referente às despesas anteriores do paciente.
- Você também poderia obter dados cumulativos sobre a prática da escovação, incluindo o horário em que o cliente se levanta de manhã e quando (ou o que) come. Você poderia vender esses dados para a Starbucks (que poderia fornecer café bem no momento em que o cliente está envolvido em sua rotina ao despertar) ou para a seguradora que ele usa, avisando que o cliente parece estar seguindo uma dieta pouco saudável ou está fumando, para que lhe ofereça fortes incentivos para que abandone esses hábitos.
- Por fim, por meio de sua conexão com o banheiro do cliente (e com sua boca, inclusive), você poderia se tornar um parceiro de confiança em termos de sua higiene oral e fazer de sua Smart Connect XL3000 a plataforma na qual as transações de cuidados dentais são organizadas, ganhando uma taxa de recomendação quando o cliente compra pasta de dente e fio dental.

Essa variedade de modelos já vem se difundindo por diversos segmentos, como mostram os exemplos a seguir.

No domínio da adesão ao uso de medicamentos, a PillsyCap desenvolveu um frasco para drágeas de 49 dólares que lembra o paciente de tomar seu remédio ou suplemento. O frasco vem com um sensor simples para detectar quando é aberto, conectado a um servidor hospedado na nuvem. No caso da AdhereTech, outra *startup* com tecnologia similar, os frascos são entregues de graça aos pacientes. As empresas farmacêuticas e as farmácias se beneficiam dessa tecnologia, vendendo mais drágeas, e os hospitais se beneficiam devido a menos reinternações. Assim, o preço zero para o paciente maximiza a adesão ao tratamento medicamentoso e aumenta o valor que pode ser compartilhado entre os segurados, as farmácias, os fabricantes de remédios e os sistemas de assistência médica. Mas como ter certeza de que o remédio foi tomado depois que a pessoa abriu o frasco? Os frascos de remédio inteligentes não têm resposta para essa pergunta. Abilify, um medicamento para esquizofrenia, é uma drágea que contém um sensor que rastreia se o remédio foi ingerido e, assim, resolveu esse problema. O sensor da drágea está conectado a um emplastro que fornece dados a um aplicativo de celular.

De maneira similar, considere o caso da Fitbit. Essa empresa surgiu como uma marca poderosa de dispositivo vestível. Como há milhões de usuários de Fitbit, a empresa tem acesso a dados notáveis. Por exemplo, tem acesso a 105 bilhões de horas de dados sobre a frequência cardíaca, 6 bilhões de noites de sono e 200 bilhões de minutos de exercícios físicos. Ainda que todas essas informações não sejam personalizadas, têm enorme valor. A Fitbit agora está se preparando para lançar dispositivos digitais de saúde a fim de detectar fibrilação atrial, apneia do sono e outros distúrbios.

O propósito deste capítulo é apresentar modelos de rendimento para produtos e serviços conectados. Como é provável que você já tenha reparado, estamos usando o mercado de assistência à saúde como estudo de caso. Muitos livros publicados já se dedicaram inteiramente a modelos de rendimento, de modo que nosso foco recairá sobre as oportunidades únicas que o setor oferece para estratégias conectadas, e faremos isso em quatro passos:

1. Em primeiro lugar, apresentamos um breve apanhado dos modelos de rendimento, apontando algumas limitações importantes às interações episódicas.
2. A seguir, falamos do que é exclusivo dos relacionamentos conectados e que poderia ser usado como parte de um modelo de rendimento. Destacamos o valor que aumenta com a criação

de relacionamentos conectados, assim como a maior dimensionalidade dos mecanismos de precificação, que refletem a maior disponibilidade dos dados, e também os diferentes prazos de pagamento, que resultam de relacionamentos mais longos.

3. Em seguida, ligamos as idiossincrasias dos relacionamentos conectados aos modelos de rendimento e propomos um modelo para explorar modos alternativos de rendimento.

4. Com base nessa referência, apresentamos um conjunto de diretrizes para a escolha de um modelo de rendimento e as apresentamos com exemplos de outros ramos de atividade.

Concluímos o capítulo discutindo os desafios relativos à privacidade, uma questão que tem particular relevância para os modelos de rendimento nos quais os clientes pagam à empresa não com dinheiro, mas com dados.

Modelos de rendimento: uma síntese

Considere a história da precificação em quatro episódios. O primeiro é pechinchar, ainda comum em muitos bazares. O vendedor não indica um preço previamente estipulado e pechincha com cada possível cliente.

O segundo episódio são os preços anunciados, como os impressos nos produtos à venda em supermercados, listados em catálogos de empresas que praticam entrega por mala direta, ou os exibidos em tabuletas na calçada. Os preços anunciados simplificam a transação, aumentando a conveniência e a eficiência. No entanto, impõem uma uniformidade ao universo de clientes. Se Selena está disposta a pagar 500 dólares por um telefone, mas Jackson só concorda com 300, a discriminação de preço entre ambos é difícil. No mesmo sentido, se um varejista só tem um telefone no estoque, pode fazer sentido aumentar o preço, mas isso em geral é impossível se o preço já foi anunciado.

206 Estratégia conectada

Com o advento do mercado *on-line*, entramos no terceiro episódio. Torna-se viável ajustar os preços de modo dinâmico e inteligente. Na qualidade de consumidores, todos conhecemos bem como as companhias aéreas fazem isso – e quanto nos aborrecemos com essa prática. Um voo da Filadélfia para Boston pode ir de 99 dólares num dia para mais de 400 no dia seguinte, refletindo a disponibilidade de assentos e a capacidade da empresa de nos identificar como um possível executivo viajando a trabalho, em virtude do horário escolhido. A internet também facilita esquemas de preço mais complexos, como os programas de fidelidade ou as compras em grupo.

Não obstante, apesar dessas variações – da pechincha à dinâmica da precificação *on-line* –, os modelos de rendimento tradicionais mantêm três limitações:

1. **Informações limitadas:** dada a natureza episódica dessa transação comercial tradicional (não conectada), chega o momento em que o comprador e o vendedor devem concordar quanto ao preço, seja de uma escova de dentes ou de um remédio. O problema é que o valor que o comprador vai usufruir com a transação ainda é desconhecido nesse momento. Será que a nova escova de dentes vai mesmo reduzir minha necessidade de ir ao dentista?

2. **Confiança limitada:** uma solução para enfrentar a limitação das informações é adiar a decisão final do preço até que haja mais informações disponíveis. Por exemplo, o fabricante da escova de dentes poderia exigir que o cliente pagasse mais 500 dólares se seus dentes se mantivessem saudáveis. O problema dessa solução é que, no caso de uma cárie, o cliente vai pôr a culpa na escova e o fabricante vai culpar o mau hábito de escovação. Não havendo monitoramento dos dados, os interesses conflitantes do comprador e do vendedor acabarão com a confiança entre eles.

Modelos de rendimento para estratégias conectadas   207

3. Atritos na transação: mesmo podendo superar a falta de confiança e achar um modo de determinar se a piora dos dentes do cliente é a falta de escovação ou o mau desempenho do produto, ainda temos de enfrentar o problema de o cliente obter valor da escova de dentes todos os dias. No entanto, tradicionalmente, pagar todo dia é uma prática muito dispendiosa. Toda transação exige um valor adicional administrativo para bancar o processamento, o que provavelmente imporá uma distância entre o momento em que o cliente paga e o tempo em que usufrui o valor.

Com os avanços na conectividade e o subsequente aparecimento de relacionamentos conectados como estamos argumentando ao longo deste livro, entramos enfim no quarto episódio da precificação.

O que há de novo nas estratégias conectadas?

Neste quarto episódio da precificação, as três limitações recém-descritas são superadas pelos relacionamentos conectados de duração mais longa, facilitados pela troca de informações de alta banda larga. É possível usar todo um leque de variáveis adicionais como parte do modelo de rendimento. Em outras palavras, agora o preço pode depender de fatores que antes não podiam ser usados para influir na decisão do preço, o que inclui informações sobre o seguinte:

- Quando o produto foi usado.
- Onde foi usado.
- Quem o usou.
- Que benefícios derivaram de seu uso.
- Que problemas ocorreram durante seu uso.

Em resumo, os modelos de rendimento resultantes podem ser customizados, agora, conforme cada caso. Nessa medida, os relacionamentos conectados permitem que a empresa elimine as três limitações discutidas anteriormente, das seguintes maneiras:

- O problema da limitação das informações pode ser superado atrasando os pagamentos até que mais informações estejam disponíveis. O modelo de rendimento mais comum que resulta disto é chamado *pagamento por desempenho*. Os pagamentos são adiados até que haja mais informações sobre os benefícios para o usuário.

- O problema da confiança limitada pode ser superado conforme o fluxo constante de informações permite o monitoramento das ações praticadas pelas duas partes com interesses conflitantes. Essa verificação também é necessária no modelo de pagamento por desempenho.

- Devido ao baixo custo das transações, não existe motivo para acumular todas as transações financeiras num único pagamento, como é comum nos relacionamentos episódicos. Em vez disso, podemos usar modelos de rendimento como o pagamento por uso (paga toda vez que o produto é usado).

Dessa maneira, as estratégias conectadas nos permitem criar modelos de rendimento inteiramente novos. No caso da escova de dentes, podemos tornar o preço uma função do total de minutos de uso diário da escova, de quantos clientes diferentes usam a escova (de preferência com diferentes cabeças na escova?) ou do grau em que as cáries podem ser evitadas. Em outras palavras, a conexão constante e o fluxo de informações associadas nos permitem aumentar a dimensionalidade do espaço de precificação. Não existe mais um preço único impresso na embalagem; agora, existem muitas opções de modelo de rendimento, entre eles diversos tipos para diferentes segmentos.

De início, a maior dimensionalidade é atrativa porque nos proporciona várias alavancas para aumentarmos o lucro, mas, tal como sucederia com a pessoa que passa do banco do motorista de um carro para o assento do piloto de um avião, um excesso de alavancas pode ser desestruturante, o que levanta uma questão: Quais são as regras gerais sobre como configurar novos modelos de rendimento, em especial no caso dos que aproveitam a conectividade? As seis diretrizes que mencionamos a seguir podem ajudar a respondê-la. Cada uma delas vem formatada como uma ação e ilustrada com o exemplo da escova de dentes nas próximas seções, assim como com estudos de caso de outras áreas de atuação:

1. Pense primeiro na criação de valor.
2. A precificação deve ser contingente ao desempenho.
3. Lembre que o ecossistema é mais amplo do que a cadeia de fornecimento.
4. Seja pago conforme o valor for sendo criado.
5. Reinvista uma parte do valor criado no relacionamento de longo prazo.
6. Cuidado ao substituir o pagamento em dinheiro por pagamento com dados dos usuários.

Agora, analisemos cada um desses princípios.

Princípio 1 – Pense primeiro na criação de valor

Veja o caso dos pagamentos recebidos pelo oftalmologista para realizar exames em pacientes diabéticos, uma prática em geral recomendada anualmente para prevenir a cegueira relacionada a essa doença. Os pacientes não gostam desses exames porque exigem dilatação da pupila, o que dura certo tempo, a fim de que o oftalmo possa interpretar a foto da retina. Essa dilatação pode deixar o paciente com a vista embaçada por várias horas. O paciente que em geral poderia ir e vir sozinho dessa consulta, neste caso precisa que alguém o leve de volta para casa. É baixo o índice de adesão ao exame, o que sem dúvida contribui para a alta incidência de cegueira passível de prevenção entre diabéticos.

Uma pesquisa recente mostrou que uma seguradora comercial costuma reembolsar 254 dólares por um exame no consultório com a realização de uma fotografia de retina – em torno de 26 dólares pela foto mais taxas de serviço profissional e de uso do consultório. Essa mesma seguradora só reembolsaria 16 dólares pela foto se o serviço fosse executado remotamente, sem cobertura da interpretação das imagens.

Esse exemplo mostra que muitos relacionamentos comerciais estão destruindo o valor por causa de incentivos mal alinhados. Por exemplo, na área de assistência à saúde, quem paga não é o consumidor. As seguradoras, por falta de informação, se preocupam com o fato de os pacientes consumirem demais e de os médicos também exagerarem. No caso dos diabéticos, as seguradoras aparentemente gostavam do preço mais alto, da dor e do atrito dos exames tradicionais, porque esses fatores impediam os pacientes de realizá-los. (Fica em aberto a questão de essa preferência não ser um tiro pela culatra em virtude de custos mais elevados em futuro próximo.) Com isso, as seguradoras sentiam-se confortáveis com os altos reembolsos por uma ida ao consultório, e só pagavam uma pequena fração do custo por um serviço remoto, igualmente eficiente.

Antes de pensarmos em como montar um modelo de rendimento para um negócio, devemos nos perguntar quais ações maximizam o valor no sistema. Assim que soubermos quais são as ações desejáveis, podemos pensar em um modelo de rendimento que gratifique as pessoas por essas ações. Nos casos que citamos acima, queremos que os diabéticos façam exame de vista e que todo mundo escove os dentes.

Em vez de apenas reproduzir os antigos relacionamentos – no caso dos olhos, as seguradoras se preocupando com fraudes praticadas por médicos e abusos cometidos por pacientes –, devemos usar a conectividade para garantir que cada um dos participantes tome decisões que maximizem o valor. Por exemplo, no campo da construção civil, os empreiteiros e os clientes muitas vezes se desentendem quanto aos incentivos: o empreiteiro é pago pelos custos compostos da precificação, que incluem alocação de verba pelo tempo trabalhado. Isso incentiva o empreiteiro a levar mais tempo para terminar o projeto, o que prejudica o cliente tanto pelos atrasos como pelo preço mais alto. Como o cliente em geral só interage com o empreiteiro uma vez, a má reputação condizente com essa conduta é baixa. Assim, saem lesados tanto o cliente como o empreiteiro que estiver de fato fazendo um bom trabalho. Agora, criadores de mercados conectados como a Angie's List conectam usuários por meio de comentários coletivos que tornam transparente o comportamento dos empreiteiros. Os que costumam explorar os clientes vão receber uma avaliação pior, e isso vai se traduzir em menos oportunidades. É assim que incentivos aos empreiteiros se alinham melhor aos incentivos para clientes, porque trabalhos futuros vão depender de sua reputação.

Princípio 2 – A precificação deve ser contingente ao desempenho

Quando decide comprar um produto, o cliente fica diante da incerteza quanto a se o produto ou o serviço será bom de fato. Quer seja uma pessoa física ou uma pessoa jurídica, o cliente não aprecia a incerteza, e evitá-la pode liquidar com a transação que visa criar valor.

Uma maneira de superar esse problema é pagar por desempenho. O cliente não paga o produto ou o serviço; paga uma parte do valor que recebe disso. Esse cenário é possível em um mundo conectado porque temos bons dados sobre o cliente.

No exemplo da escova de dentes, a conectividade nos permite observar a saúde dos dentes. Com isso, oferecemos ao cliente uma espécie de garantia de desempenho ("Se seus dentes não estiverem em bom estado, você não paga nada"), ao mesmo tempo que alinhamos o incentivo do cliente ("Se você não escovar, nossa garantia de desempenho não é mais válida") e, com isso, evitamos as ineficiências do incentivo que mencionamos antes.

Em geral, definimos nosso modelo de rendimento à base do pagamento por desempenho como o modelo em que os preços fixos da transação são substituídos por pagamentos contingentes a alcançar determinados objetivos. Os exemplos a seguir ajudam a ilustrar sua aplicabilidade em uma ampla variedade de áreas de atuação:

- Como apontamos no Capítulo 1, a Rolls-Royce oferece às companhias aéreas motores de jatos e serviço de substituição de acessórios à base de um custo fixo por hora voada ("potência por hora"), vinculando o rendimento ao desempenho. Isso é sustentado por sensores embarcados que rastreiam o desempenho do equipamento.
- Os PPAs, ou acordos de compra de potência, são amplamente usados no ramo da energia solar. Em vez de pedir aos clientes que comprem painéis solares, paguem à vista pela instalação e esperem que a economia de energia comece a se fazer sentir, os PPAs permitem que o consumidor congele por um preço fixo a energia produzida pelos painéis instalados, cobrado à base de h/kw enquanto durar o PPA, sem possuir o equipamento nem pagar à vista.
- Algumas consultorias estão abandonando o modelo que cobra por hora para o custo de risco, em que uma porção da taxa de consultoria fica vinculada ao resultado alcançado pelo cliente. Essa é uma resposta ao desejo cada vez maior das companhias de obter resultados e ter impacto mais do que meros *insights*.

Princípio 3 – Lembre que o ecossistema é mais amplo do que a cadeia de fornecimento

No posto de gerente de um negócio, você pensa sempre na sua cadeia de suprimento. Você compra componentes, fabrica seu produto e o vende para varejistas, que o revendem aos clientes. Infelizmente, a escala de liberdade dessa cadeia de suprimento é limitada: só existe certo número de parceiros aos quais recorrer para gerar rendimento. É mesmo?

Pesquisas recentes no campo da gestão estratégica deslocaram o foco da cadeia de suprimento para o ecossistema. O ecossistema é muito mais amplo e inclui todas as empresas e outras entidades organizacionais e individuais que têm algum interesse pelo seu produto. Para descobrir quais entidades estão em seu ecossistema, faça a si mesmo a seguinte pergunta: "Quem poderá obter valor com nossa escova de dentes conectada?". No caso desse produto, a lista pode incluir entidades como:

- Seguradoras que cobrem serviços odontológicos.
- Dentistas que entendem que a nova escova significa a probabilidade de menos cáries e a necessidade de estar na lista de recomendações para usuários da escova.
- Fabricantes de pasta de dente.
- Pais preocupados com os hábitos de escovação dos filhos.
- Companhias de produtos para consumidores que iriam adorar saber mais sobre os hábitos dos clientes.
- Comcast, Verizon e outras empresas do tipo que ficam felizes com praticamente qualquer coisa que consuma banda larga.

Muitas dessas empresas seriam beneficiadas com o sucesso da Smart Connéct XL3000. Em outras palavras, elas podem estar dispostas a compartilhar conosco uma parte do valor que obterão com nossa existência.

Temos visto diversos exemplos nos quais as empresas forneceram um produto ou serviço conectado aos clientes e geraram renda de outras fontes que não a cobrança ao cliente. Entre esses exemplos, temos os seguintes:

214 Estratégia conectada

- Muitos aplicativos de rede ponto a ponto que mencionamos no Capítulo 7 são gratuitos para os clientes. Algumas empresas ocupam duas posições no ecossistema: são o organizador da rede ponto a ponto e o produtor de um produto complementar usado nessa rede (por exemplo, tênis esportivos da Nike).
- No mundo da segurança conectada, as firmas seguradoras subsidiam a instalação de alarmes de incêndios sofisticados. Nesse mesmo sentido, as seguradoras de veículos oferecem descontos para motoristas dispostos a ser monitorados enquanto dirigem.
- No mundo do condicionamento físico pessoal, muitas academias agora geram renda com seguradoras em vez de receber diretamente mensalidades dos usuários suando na esteira.

Princípio 4 – Seja pago conforme o valor for sendo criado

No caso da maioria dos produtos e serviços, os clientes obtêm os benefícios com o tempo. Você compra um carro e o dirige durante anos. Compra tênis esportivos e corre mais de 800 quilômetros com o mesmo par. No relacionamento episódico tradicional, no entanto, é comum o pagamento acontecer de uma só vez, à vista. Você poderia enviar para a Nike 50 centavos cada vez que sai para correr, mas não é provável que você ou a Nike queiram isso. Sendo mais específicos, a Nike não confia em você o suficiente para lhe dar um par de tênis à vista sem uma garantia de pagamento concomitante. E você pode não gostar de enviar à Nike um valor cada vez que sai para correr, a menos que seja uma transação automática.

No relacionamento conectado, esses problemas desaparecem, e o resultado é uma vitória sobre a confiança limitada e as ineficiências do atrito quanto ao pagamento. Quando seu tênis fala com seu celular e seu celular se conecta com sua conta-corrente, você pode pagar à Nike 10 centavos a cada 1,5 quilômetro. Esse é o modelo "paga por uso".

O universo do *hardware* e do *software* testemunhou uma forte mudança, passando das grandes transações à vista para modelos "paga por uso". Muitas empresas não compram mais servidores enormes, mas, em vez disso, pagam pela "infraestrutura como serviço" de fornecedores como a IBM ou a Amazon Web Services, em que pagam na base do uso por hora, por semana ou por mês. O valor-chave para o cliente é a redução do risco. O cliente nunca fica sem capacidade nem fica com capacidade ociosa. Também não arca com equipamentos de compra à vista ou que imponham custos de manutenção, que podem ser proibitivos para firmas pequenas que precisam de serviços na nuvem. Outra opção de modelo de rendimento é a "plataforma como serviço", precificada por aplicativo ou por *gigabyte* de memória consumido por hora. Entre os fornecedores de plataforma como serviço estão o Google e a Microsoft.

Nesse mesmo sentido, em muitos casos o *software* mudou do modelo de compra e instalação em máquinas locais para o modelo "*software* como serviço", no qual o cliente paga com base nos atributos e no uso. Empresas como a Salesforce e a Netsuite adotaram esse modelo de rendimento.

Modelos correlatos de "paga por uso" são os *freemium*. Nesse caso, a empresa fornece de graça um modelo básico e cobra o acesso a versões *premium* do seu produto. O Dropbox e o LinkedIn são exemplos. A versão gratuita atrai clientes, e a versão *premium* ("Ficou sem espaço de armazenamento? Faça um *upgrade!*") é usada para obter renda. Os modelos *freemium* devem encontrar o equilíbrio certo entre dar de graça atributos suficientes para atrair clientes (especialmente quando os benefícios para o consumidor aumentam com o tamanho da rede, como é o caso do LinkedIn) e reter melhorias significativas nas versões *premium* a fim de persuadir pelo menos uma fração da clientela a fazer o *upgrade*. Muitos jornais e algumas revistas *on-line* têm percorrido esse caminho também. Algumas matérias podem ser lidas gratuitamente todo mês, mas depois o cliente deve comprar a assinatura para ter acesso a mais conteúdo.

O que torna os modelos *freemium* viáveis é a capacidade de gerenciar micropagamentos com eficiência. Com o advento dos aplicativos para smartphones, as compras por aplicativo tornaram os micropagamentos muito fáceis. Muitos aplicativos começam sem custo para o usuário, oferecendo experiências ou serviços básicos antes de incentivá-lo a liberar o conteúdo *premium* despendendo uma pequena soma. Na China, por exemplo, a Tencent criou o QQ Show, que permite ao usuário desenhar o próprio avatar, podendo este ser usado não só no serviço de mensagens instantâneas do aplicativo QQ, mas também no grupo de bate-papo, em jogos e na função de marcar encontros no âmbito do aplicativo. Entre as opções de customização estão aparência, trajes virtuais, joias e cosméticos. Esses itens também poderiam ser adquiridos como presentes para outros membros. Cada item custa apenas alguns RMB (centavos de dólar), mas gera uma fonte significativa de renda para a Tencent, graças aos seus mais de 800 milhões de usuários ativos no QQ.

Um dos maiores setores para micropagamentos é o desenvolvimento de *videogames*. Os jogadores compram moeda virtual com dinheiro real para gastar no *upgrade* dos personagens, comprar armas especiais, acessar níveis ocultos e acelerar seu progresso no jogo. Embora as compras individuais possam ser pequenas (apenas 99 centavos de dólar), as compras agregadas podem chegar a um volume inacreditável. As estimativas apontam que o jogo gratuito para celular *Clash of Clans* arrecadou mais de 3,5 bilhões de dólares em compras por aplicativo (de produtos que têm um custo de produção de praticamente zero).

Os micropagamentos também permitem que as redes ponto a ponto criem pagamentos entre os membros. A gorjeta virtual, *Da shang*, é uma forma cada vez mais popular de micropagamento entre os cidadãos chineses. Nos sites ou plataformas de mídia social que permitem essa função, o usuário pode escolher dar uma gorjeta virtual aos criadores de conteúdo quando ficam maravilhados com a experiência.

WeChat: o sistema operacional para a vida na China

WeChat, um aplicativo da empresa chinesa Tencent, começou original-
mente como um sistema de mensagens. Depois, evoluiu para se tornar
um aplicativo multiabrangente que permite aos usuários bater papo em
grupo, fazer ligações, postar notícias pessoais (entre elas, texto, imagens
ou vídeos), ler notícias, pedir comida, agendar consultas com o médico,
chamar um táxi, pagar compras, transferir dinheiro para amigos, jogar
e muito mais. Sua funcionalidade se expandiu com mais de 580 mil
miniprogramas que funcionam do mesmo modo que aplicativos separados, mas estão hospedados no aplicativo WeChat. Agora, o WeChat
tem mais de 900 milhões de usuários ativos por dia, os quais passam
em média mais de uma hora no aplicativo. O que torna a Tencent uma
companhia diferente do Google, do Facebook e de outros participantes
do mercado é que a maior parte de seu rendimento provém de serviços
que agregam valor em vez da publicidade. Enquanto o Google deriva
mais de 90% de seus ganhos da publicidade, a Tencent deriva mais de
80% dos ganhos de micropagamentos por serviços como compras
de *games on-line* pelo aplicativo ou de taxas pelo uso da função pagamento do WeChat.

Entre os lugares que adotaram esse formato estão blogs, sites de
vídeo e várias plataformas de mídia social, como o WeChat. Esse modelo encoraja os criadores de conteúdo a oferecer conteúdo de graça
na esperança de reaver o custo desse desenvolvimento com as gorjetas.

Tanto o modelo *freemium* como o método de micropagamento envolvem a mesma ideia: receber um pagamento ao mesmo tempo que
seu produto ou serviço cria valor para o cliente porque, a essa altura, a
maioria dos clientes fica bem satisfeita em pagar.

Princípio 5 – Reinvista uma parte do valor criado no relacionamento de longo prazo

Como vimos, um dos grandes benefícios da estratégia conectada é que você se envolve com seus clientes em um relacionamento de longa duração. Da perspectiva econômica, isso significa que a empresa não tem de concorrer a cada transação com o cliente, o que se traduz em menos descontos e menos dispêndios com o custo de aquisição de cada cliente em termos de vendas e de marketing. Ao mesmo tempo, também se gera valor para o cliente, que não precisa mais se envolver em buscas caras e desconfortáveis e é o destinatário de ofertas bastante personalizadas.

A fim de criar uma vantagem sustentável, é importante que pelo menos uma parte do valor criado seja reinvestida, fortalecendo a dimensão *repetição* da estratégia conectada. Em vez de pegar o valor e simplesmente entregá-lo de volta ao cliente, como fazem os programas de fidelidade tradicionais, a empresa deve tentar aumentar o nível de customização que é capaz de fornecer. Como vimos no Capítulo 5, podemos usar o valor criado pela conectividade para ascender na hierarquia de necessidades de nossos clientes, consolidando a nossa empresa como parceiro de confiança.

No nível de um parceiro de confiança, conquistamos a autoridade para lidar com uma necessidade mais ampla, seja assistência odontológica (a escova Smart Connect KL3000), a gestão de carreira e educação (lembre o exemplo do Lynda.com) ou a gestão de fortunas. Essa responsabilidade é associada à compensação já existente, como os exemplos abaixo mostram:

- O benefício original de se tornar membro da Amazon Prime por uma taxa anual era o envio gratuito em dois dias de muitos artigos vendidos pela Amazon. Com o tempo, a Amazon reinvestiu e ampliou os benefícios, incluindo acesso ao Prime Video (tanto com conteúdo original como licenciado), à Prime Music, à Prime Reading e ao armazenamento de fotos, entre outros atributos. Cada um desses serviços adicionais aumentou o valor do cliente e as informações que a Amazon recebia de seus clientes, permitindo que a empresa personalizasse suas ofertas e fortalecesse a fidelidade. Em 2018, a Amazon Prime excedia 100 milhões de membros, contando entre eles metade de todos os lares nos Estados Unidos.

- Como resultado de repetidas interações, os serviços de assinatura podem agir com curadoria e contextualizar com base no que você aprendeu sobre as preferências do cliente. A Birchbox, um serviço de entrega de produtos de beleza por assinatura mensal, investiu o valor criado em dados e análises para avaliar o que os clientes mais valorizam a fim de melhor atendê-los, aumentando o valor perene de um cliente e a capacidade de dedicar gastos adicionais, criando desse modo um circuito de *feedbacks* positivos.

Princípio 6 – Cuidado ao substituir o pagamento em dinheiro por pagamento com dados dos usuários

Várias empresas com estratégia conectada que obtêm sucesso contam com um modelo de rendimento que parece estranho à primeira vista: elas dão seus produtos de graça. O Google não cobra as buscas, nem o Gmail; o Facebook e o LinkedIn não cobram para você se tornar parte da rede; o TripAdvisor não cobra de quem busca as atrações mais populares de cidades do mundo todo. Nada é de graça, porém. Os usuários desses sites não pagam com dinheiro: pagam com seus dados.

É bem provável que alguém que comece uma busca no Google digitando "cirurgia na coluna" tenha dor nas costas. A cirurgia na coluna representa uma linha de produtos muito lucrativa para hospitais e clínicas particulares, de modo que saber que alguém de Chicago está pesquisando cirurgia de coluna é algo pelo que fornecedores de assistência médica estão dispostos a pagar. Quanto? Como o preço de entrada para a maioria dos AdWords do Google é de centavos por clique, é digno de nota que os anúncios envolvendo necessidades médicas saiam por volta de 40 dólares o clique.

Como esse exemplo mostra, uma fonte importante de rendimento pode vir de anunciantes capazes de usar os dados para criar campanhas publicitárias mais efetivas e focadas. Por exemplo, aplicativos de navegação como o Waze não ganham dinheiro cobrando os usuários. Em vez disso, capturam dados de localização para exibir no aplicativo os anúncios mais relevantes com base no endereço. Isso determina as lojas, os restaurantes e outros pequenos negócios que você vê no mapa conforme dirige.

Outra fonte significativa de ganhos pode vir de taxas de recomendação. Por exemplo, a Mint oferece a conveniência de gerir todas as finanças pessoais de um cliente em um único lugar. Embora seja de uso gratuito, a Mint gera rendimento com base em recomendações feitas a empresas de produtos para o consumidor ou a instituições financeiras que vendem produtos financeiros ou cartões de crédito. Também obtém ganhos de agregar e distribuir dados dos usuários. Embora identificadores únicos sejam eliminados para preservar a confidencialidade dos indivíduos, o conjunto de dados financeiros em tempo real tem um tremendo valor para a avaliação de tendências do consumidor.

A atração psicológica quase irresistível de produtos gratuitos, associada à opacidade dos dados que são reunidos e de como são usados – não raro obscurecida em longas sentenças sobre termos e condições ("clique aqui para aceitar") –, tem desencadeado uma verdadeira corrida do ouro entre empresas que tentam coletar tantos dados quanto possível por quaisquer meios disponíveis. A maioria das empresas captura dados com o único propósito de revender a informação. É um verdadeiro cenário de faroeste. Para nós, esse desenvolvimento não parece sustentável no longo prazo... e ficaríamos muito felizes se isso de fato acabasse acontecendo. Não é difícil imaginar que uma preocupação cada vez mais pronunciada na sociedade por conta da questão da privacidade, associada a soluções tecnológicas que fornecem aos clientes muito mais controle sobre os próprios dados, venha a criar uma carga mais pesada para a prova de viabilidade de modelos de rendimento exclusivamente baseados em pagamento com dados. Podemos imaginar que, no futuro, os cenários de privacidade serão moderados e negociados pelo *software* dos clientes, atuando entre eles e os diversos aplicativos de coleta de dados, em vez de ocultos na configuração dos aplicativos. Nesse ponto, o cliente terá a capacidade de liberar seus dados pessoais fatia por fatia, se constatar que isso tem real valor. Até que essa solução tecnológica exista, só podemos recomendar cautela às empresas que querem usar a revenda de dados como fonte de renda principal. Para criar um modelo de rendimento realmente sustentável será preciso que as empresas cruzem um terreno minado em constante mudança.

Em primeiro lugar, como dissemos antes, o objetivo de um relacionamento conectado é se tornar um parceiro confiável para o usuário, o que exige um grau muito mais alto de confiança do que o necessário em uma interação episódica tradicional entre o cliente e a empresa. Para tanto, acreditamos que a empresa precise ajudar o cliente a entender o preço que ele paga, mesmo que não seja monetário, e sim por meio de dados. O pagamento com dados pode render valor para as duas partes, mas tem de ser transparente para o consumidor o que acontece com os dados que ele fornece.

Em segundo lugar, vários especialistas em tecnologia propuseram substituir o modelo de rendimento com pagamento em dados por um modelo de pagar pelos dados. O argumento é que o cliente não deve ser recompensado apenas por conteúdo gerado como usuário, por exemplo, ensinando o Google a reconhecer a voz humana e capturando dados de tráfego no carro conectado ao obter um produto ou serviço gratuito, mas, além disso, ele deve receber uma compensação em dinheiro. Embora o preço dos dados deva em última instância ser definido pelas forças do mercado, a voracidade quase ilimitada por dados pelos negócios que funcionam com inteligência artificial torna a ideia de pagar os clientes por seus dados pelo menos uma inovação interessante no modelo de rendimento. Por exemplo, há estimativas de que o Instagram do Facebook valha em torno de 100 bilhões de dólares e que seus usuários já tenham postado 20 bilhões de fotos. O cálculo a seguir não pretende ser científico, mas são números que contam uma história: um *valuation* de 100 bilhões por 20 bilhões de fotos geradas por usuários equivale a 5 dólares por imagem. Será que quem tirou essa foto não deveria receber uma parte disso? É verdade que o Instagram faz mais do que apenas acumular fotos. Não obstante, um número crescente de especialistas em tecnologia vem levantando a questão da medida em que os usuários deveriam ser remunerados pelos dados que fornecem.

Em terceiro lugar, quando o cliente paga abrindo a carteira, estão bem claras as questões de jurisdição, por exemplo, as implicações fiscais dessa transação. Quando ele paga com dados, a situação se torna muito mais complexa. De repente, questões como onde os dados são processados e onde são armazenados têm muita importância, como ficou registrado com a implantação da regulamentação da Lei Geral de Proteção de Dados (LGPD) da União Europeia, em 2018, aplicável a todas as companhias de processamento de dados pessoais de consumidores residentes na União Europeia, seja qual for a localização da empresa.

Quando estiver criando sua estratégia conectada – quer a venda de dados se torne parte de seu modelo de rendimento, quer a reunião de dados seja usada apenas para ampliar seu próprio relacionamento com o consumidor –, você precisa lidar ativamente com essas questões. Diante da rapidez com que esse campo se transforma, você deve acompanhar de perto as mudanças legais que acontecem o tempo todo e atualizar suas respostas com frequência.

Os seis princípios para elaborar modelos de rendimento numa estratégia conectada

Começamos este capítulo perguntando qual seria o preço certo para um produto conectado. Nossa discussão na parte final deste capítulo enfatiza o fato de que criar um bom modelo de rendimento é mais do que o sugerido pelo termo "precificação". Em vez disso, elaborar um modelo de rendimento baseia-se na identificação dos vários participantes do ecossistema, entendendo seus objetivos (comumente conflitantes) e aproveitando a tecnologia disponível, tudo com o objetivo de maximizar o valor.

O valor é maximizado quando as forças corrosivas da informação limitada, da confiança limitada e dos atritos da transação são superadas, favorecendo então as forças de um relacionamento conectado. Neste capítulo, apresentamos um conjunto de princípios que servirá para ajudá-lo a elaborar seu próprio modelo de rendimento:

1. Pense primeiro na criação de valor.
2. A precificação deve ser contingente ao desempenho.
3. Lembre que o ecossistema é mais amplo do que a cadeia de fornecimento.
4. Seja pago conforme o valor for sendo criado.
5. Reinvista uma parte do valor criado no relacionamento de longo prazo.
6. Cuidado ao substituir o pagamento em dinheiro por pagamento com dados dos usuários.

Como esses princípios podem ser postos em prática? O próximo workshop apresentará exercícios que poderão ajudá-lo a usar esses princípios a fim de criar o modelo de rendimento certo para o seu negócio.

9
Infraestrutura tecnológica para estratégias conectadas

Os avanços tecnológicos são essenciais aos modelos de entrega conectados. Como devemos pensar sobre as enormes oportunidades que a tecnologia representa? É preciso ser especialista em tecnologia para criar uma estratégia conectada? Este capítulo pretende orientá-lo a percorrer esse labirinto. Em vez de oferecer um catálogo abrangente de tecnologias que inevitavelmente logo serão ultrapassadas, organizamos um modelo para pensar sobre tecnologias conectadas de modo que você possa elaborar e implantar a sua estratégia conectada. Discutiremos tecnologias específicas para exemplificar os princípios gerais do que esperamos ser uma perspectiva mais atemporal.

Assim como nos capítulos anteriores, escolhemos uma situação para exemplificar as lições mais importantes. Aqui, nosso foco é a automação doméstica e a casa conectada. Em três cenários separados, Tom, Carla e Ana são pessoas que voltam para casa à noite, para ficar à vontade e preparar o jantar.

Tom é professor universitário. A caminho de casa, ele para e compra itens para preparar uma refeição. Quando chega, coloca as quatro sacolas no chão, na frente da porta trancada, revira os bolsos atrás da chave e abre a porta. A temperatura dentro de casa está mais para fria; o ar-condicionado ficou ligado o dia todo porque Tom se esqueceu de ajustá-lo quando saiu de manhã. Ignorando os restos de granola no chão, vai até a máquina de café e pensa em ligá-la, mas lembra que o café acabou e que se esqueceu de incluir na lista do mercado. Bom, vai ter de ser chá. Enquanto a água ferve, ele pega o fim de uma história em uma estação de rádio que tinha começado a ouvir no carro; pena que perdeu o meio. Senta-se no sofá com a caneca de chá na mão. Depois dá uma rápida limpada no chão com o aspirador de pó.

Agora é a vez de Carla, uma adolescente que está para concluir o Ensino Médio e mora com os pais. Quando ela chega, a mãe abre a porta e lhe dá um abraço. A mãe, que chegou do trabalho uma hora antes, criou o ambiente doméstico perfeito para Carla: chão limpo, ar-condicionado ajustado a 22 °C, o aroma de café recém-passado no ar. A mãe parou para fazer compras no mercado a caminho de casa, então a geladeira e a despensa estão bem abastecidas, mesmo que na noite anterior Carla e as amigas tenham devorado salgadinhos enquanto viam filmes. Da geladeira reabastecida, Carla pega um refrigerante *diet* e vai para a frente da televisão a fim de assistir a sua série de comédia favorita enquanto aguarda a mãe terminar o jantar. (Só para constar, o pai de Carla também poderia ter feito as compras, cozinhado e limpado, e fazemos esta rápida pausa para parabenizar todos aqueles que mantêm uma casa com filhos.)

Por fim, temos Ana, uma executiva da área tecnológica. Quando chega a casa, a porta da frente se destranca sem que ela a toque, abrindo sem demora, graças a um sensor instalado ali que reconhece sua identidade. Ela entra em casa e fica feliz de ver que o aspirador-robô – Roomba – concluiu o serviço. A temperatura está em agradáveis 24 °C, graças ao termostato Nest pré-programado. Ana diz em voz alta: "Alexa, ligue a máquina de café". Em seguida, vai até a despensa, plenamente abastecida, graças ao serviço de entrega da Amazon, pega algo para beber e se senta. Assim como Tom, que, enquanto dirigia, escutava algo no rádio, Ana estava ouvindo um *podcast*, cuja transmissão foi retomada no ponto exato em que o havia deixado.

Esperamos que, pelo menos em algum momento da vida, você tenha sido paparicado por seus pais, amigos ou cônjuge, tal como Carla. Imaginamos que agora já tenha idade suficiente para se lembrar dos aparelhos de ar-condicionado controlados por uma caixinha cinzenta na parede e que tenha concluído as tarefas de cuidar de uma casa com a família, entre elas passar o aspirador de pó e fazer compras de mercado. E imaginamos que você, pelo menos, já tenha ouvido falar dos produtos presentes na casa de Ana: o iRobô Roomba, a Alexa da Amazon, o termostato Nest do Google e o sistema de segurança doméstica inteligente que detecta quem está à porta.

Eis uma prévia de como vamos usar essas três experiências de usuário no restante deste capítulo:

- Tal como em outros relacionamentos conectados do consumidor, a experiência doméstica do usuário conectado compreende muitas peças individuais. A Alexa, o Nest e o Roomba desempenham funções específicas, como fazer café, regular a temperatura e aspirar a vácuo. Entre as tecnologias para limpar o chão estão os aspiradores automatizados (Roomba), os aspiradores de pó tradicionais e alguém com vassoura e rodo. Na segunda parte deste capítulo, falaremos sobre como desconstruir uma estratégia conectada num conjunto de funções em que cada uma representa uma tarefa a ser cumprida.

- Assim que sabemos as funções que a tecnologia deve realizar, podemos pensar nos meios técnicos para executá-las, mas, quando partimos para a implantação, se somos gerentes devemos sempre ter em mente que os usuários obtêm valor do que o dispositivo faz, e não da tecnologia do aparelho em si. Na terceira parte, vamos descrever o conceito de pilha tecnológica, em que as funções que o usuário enxerga ocupam o alto da pilha e os detalhes técnicos ficam embaixo.

- A implantação de uma função de apoio ao relacionamento conectado do cliente tem muitas opções de design. A máquina de café pode ser acionada por ativação de voz via Alexa, por meio de um aplicativo no telefone, pela percepção de nossa proximidade em relação à casa ou pelo comutador liga/desliga tradicional. Na quarta seção, vamos discutir a árvore de classificação como uma ferramenta poderosa para explorar as opções de design e as tabelas de escolha que nos ajudam na decisão.

- Há dez anos, o cenário de Ana pareceria futurista. Naquele tempo, poucas pessoas podiam comprar tecnologia tão sofisticada para uso doméstico. Hoje, a situação (ou pelo menos parte dela) é amplamente acessível. Essa mudança foi viabilizada por melhorias na tecnologia que vêm com mais funcionalidade e a um custo menor. Como vamos discutir na quinta seção, avanços na base da pilha tecnológica borbulham e sobem à tona, possibilitando novos relacionamentos conectados que antes eram impossíveis ou tinham um custo proibitivo.

Desconstrução: como subdividir uma estratégia conectada em um conjunto de funções

As tecnologias não têm valor por si; os usuários derivam o valor do desempenho de uma função específica pela tecnologia. Podemos pensar que a função é o propósito da tecnologia. O propósito da tecnologia responde à pergunta *o quê*: O que a tecnologia faz? Em nosso exemplo com a Carla, ela não se importa se a porta é inteligente e tem sensor de reconhecimento facial e tranca automática que lhe permite entrar ou se é sua mãe que faz isso. Nesse sentido, a limpeza da casa importa, quer seja obra do Roomba, do trabalho de alguém da casa com uma vassoura ou do aspirador de pó.

Assim que está claro o fator *o quê*, podemos dirigir nossa atenção ao fator *como*: como a tecnologia funciona? As funções são desempenhadas por dispositivos, peças de *software* ou pessoas dentro de um fluxo de trabalho.

Às vezes, as funções são executadas pelo próprio cliente, como ocorreu com Tom, que fez suas compras e praticamente tudo o mais nesse cenário.

A primeira coisa que você deve fazer quando se vê exposto a um conjunto de termos técnicos de tecnologia no contexto de uma tecnologia conectada é deixar de lado o fator *como* e focar o fator *o quê*. Em qualquer relacionamento conectado, há muitos "o que" e, com isso, precisamos nos concentrar em algo mais específico. Podemos focar a desconstrução da estratégia conectada em um conjunto de subfunções exigidas. Desconstruir um problema significa reparti-lo em subproblemas menores, maleáveis, resolvendo-os primeiro.

Achamos proveitoso desconstruir uma estratégia conectada com base em duas dimensões. A primeira engloba todas as funções que precisam ser contempladas nos dois fatores fundamentais de uma estratégia conectada: o relacionamento conectado com o cliente e o modelo de entrega conectado. Nessa primeira dimensão, como vimos nos Capítulos 4 e 5, o relacionamento conectado com o cliente consiste em quatro fatores:

- *Reconhecer* diz respeito a tomar consciência da necessidade, antes de mais nada.
- *Requisitar* inclui o processo de busca e tomada de decisão, de fazer o pedido e de processar o pagamento.
- *Responder* engloba as funções necessárias de tal modo que o cliente possa receber o produto ou serviço, experimentá-lo e estabelecer conexão com qualquer forma de suporte pós-venda.
- *Repetir* inclui todas as funções que permitem à empresa aprender continuamente com as interações repetidas que tem com seus clientes.

No âmbito do modelo de entrega conectado, como descrevemos nos Capítulos 7 e 8, precisamos do seguinte:

- As funções exigidas para definir e sustentar a arquitetura da conexão, o que significa as conexões entre a empresa, seus fornecedores e seu ecossistema. Por exemplo, isso poderia ser uma ligação com um fornecedor e um varejista conectado ou a avaliação de um indivíduo que atribui uma nota dentro de uma rede ponto a ponto.

- As funções necessárias a definir e sustentar o modelo de rendimento que foi escolhido. Entre essas estão medir o tempo de uso, avaliar o desempenho do produto ou transmitir dados para outros membros do ecossistema.

A segunda dimensão da desconstrução toma cada função, como identificar uma pessoa, efetuar um pagamento ou despachar uma mercadoria, e a subdivide em quatro tipos de subfunções: *sentir*,[3] *transmitir, analisar* e *reagir.*

Por que essas quatro? A fim de exemplificar, voltemos ao cenário da casa conectada, desta vez focando o termostato. Para evitar o excesso de ar-condicionado, tão desconfortável quanto dispendioso, é preciso completar as quatro funções. A temperatura atual precisa ser *sentida*; precisa ser *transmitida* do sensor para uma unidade que toma decisões; essa unidade *analisa* a informação e toma uma decisão, e então alguém ou algum dispositivo precisa *reagir* executando a decisão. Tudo isso cria um circuito de *feedback* comum a todas as tecnologias conectadas: sentir-transmitir-analisar-reagir, cujo acrônimo, em inglês, é STAR.

Agora, podemos combinar as duas dimensões em uma tabela, como aparece na Tabela 9.1. As colunas englobam os diferentes elementos da estratégia conectada: reconhecer, requisitar, responder e repetir, mais a arquitetura da conexão e o modelo de rendimento. As fileiras refletem as quatro dimensões da STAR: sentir, transmitir, analisar e reagir. Podemos usar a tabela para catalogar as diversas subfunções ne-

---

3. No sentido de "perceber". Optamos por uma palavra com *s* em função do acrônimo STAR. (N. do T.)

cessárias para criar uma estratégia conectada, como mostra a Tabela 9.1 quanto ao consumo de café por Ana.

Considere a primeira coluna: reconhecer. Uma subtarefa é sentir que Ana só tem 20 gramas sobrando. Essa informação sobre a quantidade deve então ser transmitida para um computador em nuvem ou na borda (dispositivo de computador situado próximo da fonte da informação). Ali, será analisada a questão de se a quantidade é menor do que a desejada, ou seja, 50 gramas. Por fim, o sistema deve reagir e iniciar o módulo de requisição (coluna seguinte) para renovar o pedido de café.

Ou considere a última coluna: o modelo de rendimento. Vamos presumir que o fabricante do café não tenha cobrado à vista de Ana a compra da máquina, mas cobra dela uma taxa diária que inclui a garantia de que a máquina terá um *upgrade* de 100%. Para praticar esse modelo de rendimento, é imperativo sentir continuamente as necessidades de manutenção da cafeteira. Essa informação do *status* deve ser transmitida da máquina para o fornecedor de café. Assim, a informação é analisada, e é tomada uma decisão sobre quando substituir a máquina. Por fim, a empresa deve reagir e enviar uma nova máquina assim que a atualmente em uso evidenciar sinais de desgaste.

Como mostramos na Tabela 9.1, cada função de uma estratégia conectada pode ser subdividida em mais subfunções usando a abordagem STAR. Ao final dessa desconstrução, você tem um conjunto de subfunções muito específicas. Cada uma delas, por sua vez, corresponde a um problema de engenharia. Em outras palavras, você tem um trabalho a fazer e agora pode buscar as tecnologias disponíveis para executá-lo com eficiência.

Tabela 9.1 Duas dimensões para desconstrução de uma estratégia conectada

	Reconhecer		Requisitar		Responder			Repetir	Arquitetura de conexão	Modelo de rendimento
	Tomar consciência da necessidade	Buscar e definir uma opção	Pedir	Pagar	Receber	Experimentar	Pós-venda	Aprender e aprimorar	Conectar membros do ecossistema	Monetizar o relacionamento com o cliente
Sentir	Perceber a quantidade de café que sobrou na despensa	Receber informação sobre o preço atual do café nos varejistas próximos	Ter certeza de que o item desejado está disponível	Conferir o saldo na conta-corrente	Perceber a chegada da encomenda	Perceber a dona da casa se aproximando da porta de entrada	Medir as mudanças na frequência cardíaca e na dilatação das pupilas após o primeiro gole de café	Identificar a usuária sempre que bebe café, seja onde for	Sentir a necessidade de pedidos nas casas próximas	Verificar a funcionalidade da cafeteira
Transmitir	Enviar informações sobre quantidade para o sistema computadorizado	Enviar os preços para o sistema central	Enviar pedido para o varejista	Combinar status da conta com futuros pedidos de itens alimentícios	Enviar informação de identificação para o sistema central	Enviar informação da chegada, da porta para o servidor	Enviar informação para o sistema computacional de borda	Enviar informações de identidade e preferência para o sistema central	Reunir informações sobre a vizinhança num único servidor	Enviar relatório de status sobre a cafeteira para o fornecedor de manutenção

	Reconhecer		Requisitar			Responder		Repetir	Arquitetura de conexão	Modelo de rendimento
	Tomar consciência da necessidade	Buscar e definir uma opção	Pedir	Pagar	Receber	Experimentar	Pós-venda	Aprender e aprimorar	Conectar membros do ecossistema	Monetizar o relacionamento com o cliente
Analisar	Comparar com quantidades-alvo	Considerar preços e descontos por volume, possivelmente fatorando planos de percurso	Se o item desejado não está disponível na fonte favorita, achar alternativa	Atenção a possíveis excedentes de conta e eventuais recompensas por fidelidade	Garantir que a entrega foi autorizada	Identificar a pessoa à porta	Avaliar o prazer do usuário com a marca do café usando mensurações fisiológicas	Analisar as preferências de café, por exemplo, dependendo do momento do dia	Avaliar a elegibilidade de descontos para grupos	Tomar decisão sobre quando mandar substituir por nova cafeteira
Reagir	Decidir que é hora de iniciar o módulo de renovar o pedido	Ativar o módulo de fazer pedido	Enviar o pedido por um item específico e fornecer endereço de remessa	Executar o pagamento	Providenciar acesso à despensa ou à cafeteira	Abrir a porta e ativar o preparo do café	Informar os resultados ao módulo de repetir	Informar os resultados ao módulo de requisição e ajudar o torrefador a aprimorar seu produto	Negociar preço especial com varejista	Enviar cafeteira nova quando necessário

Observação: cada célula corresponde a uma subfunção específica no cenário do preparo do café. As informações da tabela serão mais claras se ela for lida coluna a coluna.

Aplicando a abordagem STAR a um medicamento para esquizofrenia

Como apontamos de maneira breve no Capítulo 8, a Food and Drug Administration (FDA), em 2017, aprovou o primeiro medicamento a ser ingerido dotado de um sistema digital de monitoramento de ingestão cujo propósito é melhorar a adesão do paciente ao uso do remédio. Aderir à terapia medicamentosa é um grande desafio para pacientes esquizofrênicos, assim como para os portadores de outros distúrbios. O sistema sente quando a drágea é ingerida e então transmite essa informação. O medicamento Abilify faz parte de uma combinação de remédios da marca Abilify MyCite.

Veja agora a dimensão *reconhecer*, que está envolvida na estratégia conectada da Abilify MyCite, usando a abordagem STAR discutida neste capítulo:

- **Sentir:** há em cada drágea um sensor (conhecido como marcador de evento para ingestão) do tamanho de um grão de areia. O sensor reage quando chega aos líquidos do sistema digestivo.
- **Transmitir:** o marcador de evento para ingestão transmite um sinal para um emplastro que o paciente usa e que, por sua vez, é transmitido para o telefone do paciente e daí para o servidor hospedado na nuvem.
- **Analisar:** o *software* da empresa compara os eventos associados com a ingestão do medicamento à terapia medicamentosa estipulada pela equipe de atendimento.
- **Reagir:** no caso de uma discrepância significativa, o passo seguinte da estratégia conectada – a requisição – é ativado, alertando o paciente, a família ou a equipe de atendimento para que adotem uma ação corretiva.

Funções desempenhadas pela pilha tecnológica

Retomando a casa conectada de Ana, vejamos o que precisa estar em funcionamento para que a porta se abra de forma adequada quando ela chegar. Precisamos de uma câmera na porta, de tecnologia de transmissão que envie o vídeo em *stream* e de um dispositivo computadorizado que receba os dados enviados e envie um sinal para o mecanismo de fechadura que abre a porta ou a mantém fechada. Podemos identificar pessoas reunindo dados biométricos (imagens faciais, impressões digitais, escaneamento de olho), fazendo com que insiram a identificação de usuário e a senha, ou sentindo a proximidade de um dispositivo como uma chave ou um telefone. Se sofisticamos o item de reconhecimento facial, as opções incluem processamento de imagens em 2-D ou em 3-D. Dentro do processamento da imagem em 3-D, podemos ainda distinguir métodos de reconhecimento facial baseados em metodologias de aprendizagem profunda sem supervisão, usando redes neuronais e outros métodos que agem com base em padrões geométricos de rosto predefinidos.

A chance maior é que você não tenha muito interesse nas minúcias das metodologias de aprendizagem profunda sem supervisão usando redes neuronais. Você só quer que a porta de Ana abra quando ela chega, devendo permanecer fechada para as demais pessoas. A fim de delinear as tecnologias implícitas, seu funcionamento e os serviços comerciais que realizam, ajuda o fato de pensar nas tecnologias como uma pilha de camadas hierárquicas.

As camadas mais técnicas estão na parte de baixo da pilha. Por exemplo, o nível mais baixo de todos pode ser a transmissão física de bits de um dispositivo para outro. Nessa camada, você está falando de volts ou frequência e se preocupando com a força do sinal ou a topologia da rede. A próxima camada na pilha trata das capacidades instaladas. Você sabe que de algum modo os bits migram de um dispositivo para outro; então, pode dirigir sua atenção para criar conexões, o que pode envolver iniciar e encerrar conexões entre dois dispositivos mediante um protocolo. A camada seguinte pode se dedicar a enviar pacotes de dados por meio de uma rede, usando endereços de emissário e destinatário, e assim por diante. No alto da pilha, temos a camada do aplicativo, a mais próxima do usuário final.

A beleza de qualquer modelo de pilha é que o usuário pode ignorar as camadas inferiores, assim como você dirige um carro sem saber como funciona o motor a combustão. As pilhas criam evidentes interfaces e camadas de abstração. No papel de alguém que está construindo estratégias conectadas, você pode decidir sozinho até onde quer se aprofundar na pilha ou o que precisa investigar.

A colaboração entre Steve Jobs e SteveWozniak mostra o que você precisa saber sobre as camadas inferiores da pilha tecnológica (e a medida em que pode avançar na carreira tornando-se excelente nas camadas superiores). Nos primeiros tempos da Apple, Jobs era o visionário que imaginava experiências para o usuário. Ele se interessava basicamente pelas camadas mais altas da pilha enquanto Wozniak era o engenheiro que fazia aquilo acontecer, o que o obrigava a se aprofundar em todos os detalhes técnicos na parte de baixo da pilha. O foco na experiência do usuário e a disponibilidade para se afastar dos detalhes de engenharia nas camadas inferiores foram a marca de Jobs ao longo de toda a sua carreira, inclusive durante o desenvolvimento de produtos icônicos como o iPod, o iPhone e o iPad. Não nos entenda mal: para fazer com que a estratégia conectada aconteça, alguém tem de ir fundo na pilha tecnológica, mas essa pessoa não precisa obrigatoriamente ser você.

Funções podem ser executadas por tecnologias alternativas

Conforme você vai descendo pela pilha, saindo da experiência do usuário e entrando nos detalhes técnicos, você vai ter opções de design. Quase sempre existe um conjunto de alternativas para implantar uma função. Como este não é um livro de engenharia, nosso foco vai para o nível do aplicativo nessa pilha ("Como podemos reconhecer uma pessoa?"), embora a lógica se aplique a qualquer nível ("Como posso transferir 10 *megabits* por segundo através de uma distância de 5 metros?").

Tomemos uma subfunção da Tabela 9.1 para pensar nas alternativas para pô-la em prática. Mais uma vez, vamos ficar com a subfunção "identificar uma pessoa" e explorar sistematicamente nossas opções de design. Uma ótima ferramenta para avançar nessa exploração é a árvore de classificação da Figura 9.1.

A árvore de classificação apresenta o espaço de todas as possíveis soluções e subdivide-as em diferentes categorias. Quando se trata de reconhecer uma pessoa, no nível mais alto podemos distinguir as soluções humanas (um porteiro ou a mãe de Carla) das soluções automatizadas. Estas podem ser subdivididas de novo entre as que exigem uma ação do usuário e as que não, e assim por diante...

Essa árvore o ajuda a ser sistemático ao explorar as opções tecnológicas e em suas conversas com os engenheiros.

Para preencher a árvore de classificação, achamos útil não apenas gerar alternativas internas em sua empresa, mas também verificar como uma subfunção é executada por outras companhias, em particular as que atuam fora de sua área de operações. Considere este exemplo: enquanto escrevíamos este livro, o BMW de uma amiga nossa precisou de manutenção. Quando essa manutenção terminou, ela recebeu um telefonema da concessionária BMW informando que o carro estava pronto e que poderia buscá-lo. Ela pegou um táxi até lá, foi à recepção e foi informada de que, sim, o carro estava pronto, e um funcionário iria tirá-lo do estacionamento e trazê-lo. O carro chegou 15 minutos depois.

Que alternativas existem para implantar a subfunção que poderíamos chamar de "entrega do produto"? Vejamos o cenário além das

Figura 9.1
Árvore de classificação para a subfunção "identificar uma pessoa"

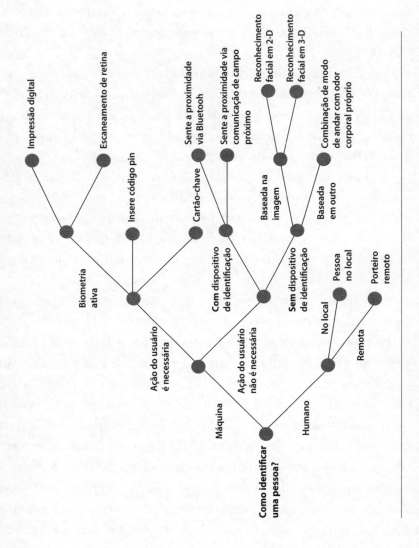

238 Estratégia conectada

concessionárias e comparemos a prática da BMW com a da Wawa, uma cadeia de lojas de conveniência na região do médio Atlântico, famosa por oferecer ótima comida feita conforme o pedido, e que realiza basicamente a mesma subfunção. Na Wawa, você pode pedir um sanduíche pelo aplicativo e depois ir buscá-lo na loja (relacionamento de resposta ao desejo do cliente, como discutimos no Capítulo 4). Como você quer que sua comida tenha acabado de ser feita quando for buscá-la, a Wawa utiliza a geolocalização pelo telefone do cliente para mensurar a proximidade e deixar a comida pronta para quando ele chegar. O preparo bem a tempo cria uma experiência mágica para o usuário. Com esse tipo de serviço, a loja de conveniência regional que vende sanduíches a 5 dólares tem um desempenho superior ao de uma montadora global que vende carros de 50 mil dólares.

A fim de enfatizarmos ainda mais o poder desta abordagem, vamos lembrar do exemplo da Disney que demos no começo do livro. A Disney não criou a pulseira conectada. Em vez disso, encontrou essa tecnologia no ambiente hospitalar. A lição é que, em quase todos os casos, existem empresas que fizeram um ótimo trabalho de implantação de alguma subfunção específica. Seu trabalho é aprender com os melhores, não reinventar a roda. Essa simples e poderosa observação também nos remete a Steve Jobs. Ele não inventou a interface gráfica de usuário quando ele e Wozniak lançaram o Mac. Essa função foi criada pela Xerox PARC, que foi onde Jobs a viu pela primeira vez; ao montar com rapidez sua árvore mental de classificação, ele se deu conta do que poderia ser feito com ela.

O resultado de uma árvore de classificação é uma lista de alternativas de design. Essa lista pode ser resumida numa tabela de escolhas, como aparece na Tabela 9.2. A tabela de escolhas coloca as opções de design nas fileiras e as compara em termos de um conjunto de dimensões; em nosso caso, desempenho, custo, aplicativos existentes e outros comentários. A título de exemplo, ainda subdividimos o desempenho

Tabela 9.2 Seleção de alternativas para a subfunção "identificar pessoa"

Tecnologia	Conveniência	Segurança/ confiabilidade	Custo	Aplicada em...	Comentários
Pessoa à porta	++	++	– –	Hotéis	
Pessoa a distância	+	+	–	Entrada de edifícios	
Cartão-chave	–	++	+	Hospitais	
Inserir código pin	–	–	++	Academia	
Impressão digital	–	++	+	Telefone	
Escaneamento de retina	– –	++	–	Entrada de fronteira global	
Sentir dispositivo de proximidade usando comunicação de campo vizinho	++	+	+	Chave de carro	
Sentir dispositivo de proximidade usando Bluetooth	++	+	+	Wawa	
Reconhecimento facial em 2-D	++	+	+	Hotéis	
Reconhecimento facial em 3-D	++	++	+	Telefone de última geração	
Combinação de padrão de passada com odor	++	?	– –	Cão de segurança	Tecnicamente ainda inviável

Notas: ++ = muito bom; + = bom; – = ruim; – – = muito ruim; ? = desconhecido.

nas subdimensões de conveniência do usuário e segurança ou confiabilidade. Cada opção é então avaliada com relação a outras opções em cada dimensão.

Inovação de baixo para cima: escalando a pilha

É interessante ver como uma pilha muda com o tempo. Veja o caso da Alexa da Amazon, ajudando Ana a fazer café. No topo da pilha – o nível da experiência do usuário – está a função que poderíamos chamar de reconhecimento de voz. Reconhecer a voz é *o que* faz o *software* de reconhecimento, mas *como* faz é uma questão a ser resolvida pelos níveis inferiores da pilha.

Olhando apenas para a camada de cima da pilha, a pessoa pode dizer: "O reconhecimento de voz existe desde sempre" – um comentário válido, uma vez que companhias como a Bell Labs e a IBM fazem experimentos na área há mais de meio século. Por exemplo, na Feira Mundial de 1962 em Seattle, a IBM exibiu um dispositivo chamado IBM Shoebox, um computador do tamanho (você adivinhou) de uma caixa de sapato, com uma capacidade revolucionária. O dispositivo vinha com dez pequenas lâmpadas e um microfone. Se alguém dizia "sete", a lâmpada número sete acendia; se alguém dizia "quatro", a lâmpada número quatro acendia, e assim por diante. Os engenheiros imaginavam que em breve poderiam discar um número de telefone por comando de voz.

O reconhecimento de voz continuou sendo aprimorado com avanços na tecnologia da computação. Na década de 1980, apareceu uma nova abordagem ao reconhecimento de voz usando um método conhecido como "cadeias ocultas de Markov". Essa tecnologia não apenas ouve o som e tenta fazer a correspondência com uma palavra de seu acervo, como também contempla a probabilidade de ocorrência da palavra analisando as palavras que a precedem. Se a palavra que veio antes foi *grand*, é mais provável que a seguinte seja *son* e não *sun*.[4]

A primeira aplicação do reconhecimento de voz para o mercado de massa veio com o *software* Dragon Dictate, um produto inicialmente vendido no varejo por cerca de 9 mil dólares que exigia um treinamento considerável para se aclimatar à voz do usuário. O *software* Dragon foi aperfeiçoado na década de 1990 a fim de exigir menos treinamento e ser vendido por um custo menor.

Conforme os computadores foram ganhando cada vez mais potência de processamento, o reconhecimento de voz foi instalado em mais aplicativos. Talvez você se surpreenda ao saber que tanto o Windows da Microsoft como o Mac OS da Apple vinham com reconhecimento de voz instalado no início dos anos 2000. Se você tinha computador nessa época, o mais provável é que não tenha usado esse recurso, porque era praticamente inútil: nada confiável e mais lento do que o simples deslocamento do *mouse*. Com isso, o reconhecimento de voz continuou sendo um mercado de nicho, limitado por sua precisão limitada.

A revolução aconteceu em 2010, quando o Google adicionou a busca de voz aos telefones com Android e a Siri apareceu em um aplicativo de iOS nesse mesmo ano. Habilitados pela internet, o Google e a Apple reuniram as vozes de milhares de usuários que faziam bilhões de perguntas, cada uma delas somando-se ao seu acervo de palavras faladas, o que tornou o reconhecimento de voz o que é hoje.

A história do reconhecimento de voz demonstra como o aprimoramento da funcionalidade, maior precisão, menos treinamento e custo mais baixo podem resultar de novas tecnologias situadas nas camadas inferiores da pilha. As cadeias ocultas de Markov, maior poder de processamento e a internet: nenhum desses avanços tecnológicos estava relacionado com o reconhecimento de voz, mas, conforme novas tecno-

---

4. *Grandson* = neto; *grand sun* não tem sentido em inglês, embora tenha pronúncia semelhante. (N. do T.)

logias foram se tornando disponíveis e tendo impacto em camadas mais baixas da pilha, elas puderam aprimorar a execução de uma função em nível técnico. Essa melhoria então veio subindo camada a camada no interior da pilha, até atingir o topo. Um exemplo dessa "efervescência" é o recente sucesso dos carros elétricos. Habilitados por uma tecnologia de bateria mais evoluída, desenvolvida nas camadas mais baixas da pilha, os carros elétricos agora se tornaram competitivos para os motores a combustão. Guiar não mudou nada, mas o usuário conta com uma aceleração mais rápida e menos pegadas de carbono, graças aos avanços da tecnologia.

As tecnologias que sobem pela pilha e habilitam novas funcionalidades na camada dos aplicativos têm uma consequência importante para o design e a origem de sua estratégia conectada. Até aqui, descrevemos o processo seguindo de cima para baixo: você tem uma ideia para uma estratégia conectada, desconstrói essa ideia em subfunções e examina as soluções técnicas para cada subfunção. Uma maneira complementar de elaborar novas estratégias conectadas é de baixo para cima. Você identifica uma nova tecnologia e se pergunta: "Que aplicativo será significativamente aprimorado se eu introduzir essa tecnologia na pilha?". Nesses esforços de inovação, começamos com o *como*, buscando avanços substanciais de desempenho ou redução de custos, e então fazemos a pergunta *o quê* para a modificada questão: "Quais novas experiências de usuário são habilitadas por esse avanço tecnológico?".

Gêmeos digitais

A ideia implícita em um gêmeo digital é enganosamente simples: criar uma réplica digital de um sistema físico, seja ele um motor de avião, uma turbina de vento ou um componente de equipamento crítico em uma plataforma de petróleo. Os gêmeos digitais podem ser usados no desenvolvimento de produtos (por exemplo, explorar o melhor formato para a lâmina da turbina de vento), na fabricação de produtos (por exemplo, simular diferentes processos de manufatura para a construção das lâminas) e nas operações de produção (por exemplo, avaliar se o desempenho da turbina vem se degradando de forma prematura). Os gêmeos digitais são um recurso importante para a gestão da validade do produto ao criar o chamado *digital thread* para o produto. A ideia dos gêmeos digitais não é nova, mas os enormes avanços nos sensores, a potência da computação de borda, a transmissão de dados e a análise de dados pela inteligência artificial tornaram-se ferramentas verdadeiramente valiosas, de alto custo-benefício. Este é um exemplo interessante de tecnologias que escalam a pilha a fim de viabilizar as estratégias conectadas.

Por exemplo, a fabricante alemã de máquinas-ferramentas Heller usou a tecnologia de base para captura de dados e o *software* da internet das coisas da Siemens para desenvolver um sistema que permite aos clientes receber informações sobre o desempenho de suas ferramentas em tempo real e simular diferentes estratégias de manutenção. Com essa informação, a Heller é capaz de fornecer uma manutenção preventiva ou, no caso de sobrecarga inesperada no equipamento, pode intervir de imediato, reduzindo o tempo de máquina parada para os clientes. Além disso, a disponibilidade dessa informação permitiu à Heller inovar com respeito ao seu modelo de rendimento. Para os clientes que anteriormente não tinham condição de adquirir uma máquina-ferramenta, a Heller agora oferece um novo modelo de uso da máquina ao fornecer os equipamentos aos clientes, o que garante um tempo útil de 24 horas por dia, cobrando pelo tempo em que a máquina estiver em uso.

Entrega por drone

Na qualidade de gestores, além de monitorar como outras companhias executam subfunções específicas em nossa árvore de classificação (lembre-se do caso BMW *versus* Wawa que apresentamos antes), nosso trabalho é monitorar o ambiente em busca de novas tecnologias promissoras com potencial para escalar a pilha e se apresentar no topo.

Veículos aéreos não tripulados têm uma longa história em cenários militares, entre eles as duas guerras mundiais. Com o avanço da tecnologia, o desempenho desses equipamentos melhorou radicalmente. Hoje chamados drones, esses aparelhos foram feitos em escala muito menor para atuar em espionagem e em versões muito maiores para o lançamento de mísseis, como o Hellfire. Com novos avanços tecnológicos, os drones logo se tornaram menores, mais confiáveis e mais baratos. Em 2018, a companhia alemã Volocopter anunciou um acordo com o governo de Dubai para lançar um serviço de táxi usando carros voadores autônomos na forma de uma aeronave com multirrotor. Quase na mesma época, a gigante da internet Amazon protocolou uma série de patentes de drones de entrega, indicando que os drones despontaram como um possível substituto dos caminhões da UPS e do FedEx. Isso é verdadeiro em particular nas áreas em que os tradicionais caminhões de entrega têm dificuldade para trabalhar, como mostra a *startup* Zipline, que vem experimentando a entrega por drone para o reabastecimento de medicação em hospitais na zona rural da África. Como gestores, precisamos estar sempre atentos ao surgimento de tecnologias em diversas áreas, tal como Jobs fez com o Xerox PARC.

Modelos inovadores de negócios não necessariamente exigem novas tecnologias

A lição mais importante deste capítulo é que você pode criar estratégias conectadas inovadoras sem ser um especialista em tecnologia. Você começa com a visão do negócio e depois trabalha a partir daí, incluindo a desconstrução da jornada do cliente em uma série de subfunções para explorar amplamente algumas alternativas para cada uma delas por meio de árvores de classificação. Também é possível que você tenha notado o surgimento de avanços tecnológicos que lhe permitem resolver subfunções de um modo muito melhor ou com melhor custo-benefício, fazendo-o elaborar novas estratégias conectadas.

Infraestrutura tecnológica para estratégias conectadas   245

No processo de preencher as árvores de classificação, você vai em busca das melhores práticas para uma subfunção específica, tanto dentro como fora de sua área de atuação. É só escolher o que funciona melhor: selecione a subfunção "sentir a chegada de uma pessoa" do segmento dos hotéis; selecione "reconhecimento facial em 3-D" de um sistema de segurança de telefones; e selecione "executar pagamento" em uma plataforma de pagamento ponto a ponto. Depois, combine essas peças conforme vai montando o quebra-cabeça de sua estratégia conectada.

Você pode achar que essa abordagem de se basear sobretudo em soluções tecnológicas existentes carece de imaginação: Onde está a originalidade? Tomar distância de inovações tecnológicas de certa maneira passa a impressão de ter aversão a riscos. Nossa proposta é de que essa abordagem é um ponto forte, não uma fraqueza. Em primeiro lugar, a originalidade em geral está no *uso* da tecnologia, não na tecnologia em si. As empresas de táxi por aplicativo não desenvolveram o GPS, nem os celulares, nem o Google Maps, mas o uso dessas tecnologias lhes permitiu criar uma nova estratégia conectada. Em segundo lugar, a tecnologia evolui tão depressa que novas soluções ficam surgindo o tempo todo. Com isso, a melhor implantação de uma subfunção particular é sempre um alvo móvel. Em terceiro lugar, confiar nas tecnologias existentes pode reduzir os riscos. Os livros sobre a história da tecnologia são repletos de fracassos. Muitos deles foram dispendiosos, em particular nos casos em que as empresas tentaram entregar demais, cedo demais.

Além disso, perceba que nosso modelo dá espaço para mais ideias visionárias do que poderia ser o caso a princípio. Quando a Amazon anunciou seu uso potencial de drones, por volta de 2016, o mercado mundial ficou de queixo caído. Como mostramos no boxe, a entrega de pacotes para consumidores por drones poderia de fato ser uma maneira inédita de implantar a subfunção "entrega rápida". Pode parecer original; no entanto, os militares já contavam há muito tempo com a tecnologia de drones, e esse equipamento tem sido usado para entregas de reposição de medicamentos na zona rural da África. A solução inédita pode advir da aplicação de tecnologias existentes a novas situações. Nem sempre isso requer tecnologias fundamentalmente novas.

Por fim, se você deseja um relacionamento conectado visionário que se baseie em uma tecnologia a ser ainda inventada, aconselhamos que dê uma espiada na seção de títulos de ficção científica da biblioteca mais próxima. Parece loucura? Veja este detalhe da história da MagicBand que ainda não mencionamos. Dissemos que os executivos da Disney foram inspirados pelos hospitais em que pacientes com demência eram rastreados pelo uso de uma pulseira. Mas de onde os executivos do hospital tiraram essa ideia?

A história de rastrear pessoas data dos anos 1960, de uma história em quadrinhos do Homem-Aranha em que o herói é forçado pelo seu inimigo maligno, o Rei do Crime, a usar o que é descrito como uma "pulseira gigante de identificação na forma de um aparelho de radar eletrônico". Em 1983, o juiz Jack Love, de Albuquerque (Novo México), inaugurou o primeiro uso judicialmente sancionado de dispositivos de monitoramento. Inspirado nessa história em quadrinhos, Love vislumbrou condenados em prisão domiciliar ou em liberdade condicional usando uma tornozeleira que indicaria a localização deles. O mundo da ficção científica tem um longo e notável histórico de visualizar novas funções antes mesmo que existam as primeiras aplicações técnicas. Portanto, continue lendo as histórias em quadrinhos e não perca o próximo filme do James Bond.

10

Workshop 3

Como construir seu
modelo de entrega conectado

Neste workshop, você vai aplicar os modelos que apresentamos nos três últimos capítulos para ajudá-lo a montar seu próprio modelo de entrega conectado. No mesmo ritmo dos últimos capítulos, você fará isso em três partes. Na Parte I, vai mapear sua arquitetura de conexão e as experiências conectadas para o cliente que proporciona, comparando-as com as da concorrência por meio da matriz de estratégia conectada. A Parte II o ajudará a pensar em seu modelo de rendimento, ou seja., como você vai recolher uma parte do valor que cria. Por fim, na Parte III, irá catalogar as tecnologias que fazem parte de sua infraestrutura tecnológica.

Assim que tiver se apossado do *status quo*, cada uma dessas três partes o desafiará a repensar o que está fazendo atualmente e ajudará a tirar proveito de uma estratégia conectada:

- Parte I – Como construir sua arquitetura de conexão
  - ◊ *Passo 1* – Use a matriz de estratégia conectada para mapear suas próprias atividades e as da concorrência.
  - ◊ *Passo 2* – Use as células vazias na matriz de estratégia conectada para criar novas ideias para estratégias conectadas.
- Parte II – Como criar seu modelo de rendimento

◊ **Passo 3** – Compreenda seu modelo de rendimento atual, identifique suas principais limitações e pense em alternativas para suas atividades no presente, assim como para as ideias geradas no passo anterior.

- Parte III – Como escolher sua infraestrutura de tecnologia

◊ **Passo 4** – Desconstrua sua estratégia conectada em subfunções tecnológicas e então catalogue as soluções tecnológicas atualmente utilizadas para cada subfunção.

◊ **Passo 5** – Identifique novas soluções tecnológicas e como podem favorecer mais ainda as inovações em sua estratégia conectada que até aqui não foram identificadas.

Parte I – Como construir sua arquitetura de conexão

Passo 1 – Use a matriz de estratégia conectada para mapear suas próprias atividades e as da concorrência

Neste passo, queremos que você use a matriz de estratégia conectada para se apossar do *status quo* em sua área de atuação, e fará isso comparando a sua arquitetura de conexão e as experiências conectadas do cliente que elas criam com o que a concorrência faz, incluindo os rivais de longa data e as empresas entrantes em seu segmento. No próximo passo, você vai usar a matriz de estratégia conectada como ferramenta de inovação.

Para o primeiro passo, comece fazendo uma lista de seus rivais, tanto os antigos como os novos. A seguir, vá para a matriz na Planilha 10.1 e use-a para posicionar suas próprias atividades, além das da concorrência. Que experiências do cliente você e a concorrência estão criando? Que arquiteturas de conexão são usadas para isso?

Em geral, é muito esclarecedor compreender onde estão emergindo os novos entrantes. Quando os mapeamos em nossa matriz de estratégia conectada, podemos ver que tipo de estratégia estão usando e em

Planilha 10.1

A matriz de estratégia conectada: levantamento de suas ações e das ações da concorrência

	Produtor conectado	Varejista conectado	Criador de mercados conectados	Organizador de grandes grupos	Criador de rede P2P
Resposta a desejo					
Oferta com curadoria					
Conduta de instrução					
Execução automática					

que diferem da concorrência existente. Com isso, você pode identificar seus pontos vulneráveis, passíveis de sofrer uma ruptura.

Neste workshop, sua primeira tarefa será preencher a Planilha 10.1. Lembre que uma empresa pode ocupar mais de uma célula na matriz. Muitas empresas tentam criar mais de uma experiência conectada para o cliente. Nesse sentido, enquanto a maioria das empresas só atua numa das colunas, outras (como a Netflix, a Amazon e a Nike) operam com múltiplas arquiteturas de conexão, como vimos no Capítulo 7.

Passo 2 – Use as células vazias na matriz de estratégia conectada para criar novas ideias para estratégias conectadas

Entregar uma folha de papel em branco aos gerentes e implorar que inovem costuma ser uma experiência frustrante para todos os envolvidos. Por onde começar? Pensamos que a matriz da estratégia conectada pode ser um recurso útil para direcionar seu processo de inovação.

Para cada célula da matriz de estratégia conectada, especialmente aquelas em que no momento você não está atuando, faça-se as seguintes perguntas:

- O que significaria se tentássemos atuar nesta célula?
- Que tipo de serviço ou produto iríamos oferecer aos clientes?
- Em quais das atividades necessárias nos envolveríamos e quais proveríamos por meio de outros participantes neste ramo de negócios?
- Que tipos de conexão com outros participantes teríamos de criar para levar isso adiante?

Este exercício força a pessoa a pensar mais longe (e estende seu modelo de negócio atual), em particular no caso das células que ficam além de sua coluna existente, ou seja, sua arquitetura de conexão atual.

Um segundo ponto de partida para a geração de ideias é perguntar que ineficiências poderiam ser reduzidas ou que serviços melhores poderiam ser criados se você pudesse conectar a entidade A e a entidade B, atualmente desconectadas. Como vimos nos exemplos do varejo de itens para alimentação e de táxis por aplicativo, no Capítulo 7, a eficiência pode ser aperfeiçoada formando-se novas conexões. Portanto, quando for pensar em diferentes arquiteturas de conexão, faça-se as seguintes perguntas:

- Quais são os recursos mais caros para criar nosso produto ou serviço agora?
- Onde é que desperdiçamos custos ou capacidade agora e como isso poderia ser reduzido se conectássemos a entidade A com a entidade B?
- Como poderíamos usar uma arquitetura de conexão para compartilhar ou reduzir os riscos associados à flutuação da demanda ou outras formas de volatilidade?

Por exemplo, no ramo da hospitalidade, o recurso mais valioso para o produtor conectado é o quarto de hotel. A capacidade é desperdiçada quando o quarto fica ocioso ou por não ter sido reservado, em primeiro lugar, ou devido a um cancelamento de última hora. Ao conectar quartos vagos com possíveis hóspedes – como fazem a Expedia (criadora de mercador conectador) ou o Airbnb (organizador de grandes grupos) –, são feitas novas reservas e diminui o número de quartos de hotel vagos. Além disso, as redes ponto a ponto e os organizadores de grandes grupos podem ajudar a prover capacidade adicional quando a demanda se torna alta.

Quando estiver pensando em novas arquiteturas de conexão ou experiências de cliente conectadas, tanto para aumentar a disponibilidade para pagar quanto para melhorar a eficiência, você precisa responder às seguintes perguntas:

- Que tipo de fluxo de informação precisará ocorrer entre os participantes? (Isso serve de previsão da infraestrutura tecnológica que você poderá precisar instalar. Você analisará esse item com mais profundidade logo adiante, neste workshop.)
- Que incentivos você irá fornecer aos diversos participantes para se conectarem com você? (Isso serve de previsão do modelo de rendimento que você deverá adotar, o que constitui o tema da próxima parte deste workshop.)

Use a Planilha 10.2 para fazer o acompanhamento do seu trabalho.

Parte II – Como criar seu modelo de rendimento

Passo 3 – Compreenda o seu modelo de rendimento atual, identifique suas principais limitações e pense em alternativas para suas atuais atividades, assim como nas ideias formuladas no passo anterior

Como você ganha dinheiro? Primeiro, pense em todos os fluxos de caixa que você tem com seus clientes. As questões a seguir podem ajudar nisso:

- O cliente paga pelo quê?
- Quais são suas fontes de renda (por exemplo, venda inicial, serviços)?
- Quem paga (por exemplo, o usuário, o terceirizado)?
- Quando acontece o pagamento? (No momento da compra? No momento do uso? De uma vez só ou com o tempo, como nas assinaturas?)

A seguir, busque eventuais ineficiências em seu modelo de rendimento. Você usa esse modelo de rendimento porque acredita que seja

254   Estratégia conectada

Planilha 10.2
Matriz de estratégia conectada: imagine sua empresa em cada célula

	Produtor conectado	Varejista conectado	Criador de mercados conectados	Organizador de grandes grupos	Criador de rede P2P
Resposta a desejo					
Oferta com curadoria					
Conduta de instrução					
Execução automática					

o certo ou está preso a ele devido à conectividade com o cliente? Lembre-se de nossa discussão no Capítulo 8, onde apontamos a existência de três ineficiências típicas:

- Fluxo de informações limitado
- Confiança limitada
- Atritos na transação

Agora que você entende o modelo de rendimento vigente, pense em maneiras de superar essas ineficiências. Por exemplo, no Capítulo 8, discutimos as seguintes melhorias:

- Reduzir ineficiências devidas à prévia falta de capacidade de monitoramento.
- Tornar a precificação contingente ao desempenho.
- Ser pago conforme o valor é criado para o cliente.

Além disso, pergunte-se quem, além do cliente, se beneficia de seu produto e quem, no ecossistema, se beneficiaria dos dados que você está coletando. Escolhendo o modelo certo de rendimento, você será capaz de se beneficiar do valor que está sendo criado no ecossistema inteiro, e não somente do valor para seu cliente.

Por fim, vá para as novas ideias que você formulou nos passos anteriores e busque modelos de rendimento para elas também. Quais novos modelos de rendimento você colocaria em prática se fosse capaz de criar novas experiências conectadas para o cliente (por exemplo, conduta de instrução ou execução automática)? Em outras palavras, quais novos modelos de rendimento seriam possíveis ou necessários se você decidisse passar para novas fileiras na matriz de estratégia conectada, dada sua arquitetura de conexão atual?

Nesse mesmo sentido, você também precisa pensar como uma mudança em sua arquitetura de conexão vai influenciar seu modelo de rendimento.

Parte III – Como escolher sua infraestrutura de tecnologia

Passo 4 – Desconstrua sua estratégia conectada em subfunções tecnológicas e depois catalogue as soluções tecnológicas atualmente em uso para cada subfunção

Nesta altura, esperamos já ter elaborado uma lista de ideias possíveis de estratégias conectadas para sua organização. Retome as ideias que você teve no workshop do Capítulo 6 e também as das Partes I e II deste workshop.

A seguir, queremos que você desconstrua suas ideias para estratégias conectadas, identificando as funções tecnológicas necessárias que precisam ser executadas. Como dissemos no Capítulo 9, o melhor modo de fazer isso é seguir os passos da jornada do cliente e as dimensões adicionais da arquitetura conectada e do modelo de rendimento. Cada uma delas pode ser mais desconstruída em subfunções usando a abordagem STAR e perguntando em cada função o que é preciso nas dimensões de sentir, transmitir, analisar e reagir. Atualize sua análise na Planilha 10.3. Cada célula dessa planilha corresponde a um "trabalho a ser feito". Elabore a lista das soluções tecnológicas possíveis que existem e complete cada um desses trabalhos na Planilha 10.4. Observe que a mesma tecnologia pode solucionar diversas subfunções. Esse passo não deve envolver apenas uma busca interna de opções tecnológicas que os próprios especialistas na área podem fornecer, mas incluir também como outras empresas vêm resolvendo cada subfunção em particular. Como ponto de partida, eis algumas tecnologias, agrupadas conforme a tipologia STAR:

Tecnologias para sentir

Nesta categoria entram todas as tecnologias que analisam diretamente alguns aspectos do mundo que oferecem pistas sobre as necessidades

Planilha 10.3
Descontrua sua estratégia conectada em subfunções

	Reconhecer	Requesitar			Responder			Repetir	Arquitetura de conexão	Modelo de rendimento
	Tomar consciência da necessidade	*Buscar e definir uma opção*	*Fazer o pedido*	*Pagar*	*Receber*	*Experimentar*	*Pós-venda*	*Aprender e aprimorar*	*Conectar participantes do ecossistema*	*Monetizar o relacionamento com o cliente*
Sentir										
Transmitir										
Analisar										
Reagir										

ou os desejos do cliente, ou que ajudam os usuários a expressar sua necessidade. Esta categoria inclui todos os tipos de sensores, sejam já instalados em dispositivos ou pistas de rodagem, vestíveis ou ingeríveis. A esta categoria também pertencem tecnologias como interfaces de gesto ou voz e plataformas de diálogo, que facilitam a expressão das necessidades do cliente (e pedem esclarecimentos se a necessidade não foi completamente compreendida). Nesse mesmo sentido, tecnologias de realidade aumentada e de realidade virtual capacitam o cliente a expressar e compreender suas necessidades e seus desejos, por exemplo, mostrando-lhe diversas opções em uma situação muito semelhante à real.

Tecnologias de transmissão

A ubiquidade da internet de alta velocidade nos lares, nos escritórios e em smartphones no bolso das pessoas facilitou tremendamente a transmissão de dados. Novos desenvolvimentos, como o fatiamento da rede entre 5G, Bluetooth Low Energ, LiFi (comunicação sem fio usando a luz) e LoRa (comunicação de dados sem fio a distâncias de até 10 quilômetros com baixa potência de consumo), prometem grandes avanços de eficiência no futuro. Também gostaríamos de incluir a tecnologia *blockchain* – de proteção aos dados – nessa categoria. A *blockchain* garante a veracidade dos dados sendo transmitidos, o que acrescenta um importante nível de confiança às transações executadas no ambiente das redes.

Tecnologias de análise

A rápida diminuição dos custos de computação, armazenagem de dados e sua transmissão tornou as soluções baseadas em nuvem viáveis e acessíveis a todas as organizações, seja qual for seu tamanho. Toda empresa agora tem acesso a uma infraestrutura de computação que oferece amplo espaço de armazenagem e uma tremenda potência computacional. Em parte impulsionado por esses avanços técnicos, ocorreu um progresso notável com respeito à análise de dados via aprendizagem de máquina e algoritmos de aprendizagem profunda. Os próximos aprimoramentos na potência de processamento com utilização de computação quântica vão acelerar ainda mais esse desenvolvimento.

Tecnologias de reação

Uma vasta gama de avanços tecnológicos está sempre empurrando para baixo os custos de reagir às solicitações do cliente. Por exemplo, melhorias na inteligência artificial estão autorizando respostas automatizadas numa escala tão ampla que estão se tornando cada vez mais personalizadas. A realidade aumentada também pode ser uma maneira muito eficiente de responder a uma solicitação, fornecendo ao usuário ricas informações. Avanços na impressão 3-D e uma robótica de ponta diminuem o custo da produção em baixa escala, assim como a evolução dos veículos autônomos e de drones está diminuindo os custos de movimentar produtos até o consumidor.

Se você tiver dificuldade em alguma célula, pode ser vantajoso usar uma árvore de classificação para produzir mais ideias e alargar o conjunto de possíveis soluções tecnológicas para determinada subfunção. Lembre-se da descrição, no Capítulo 9, de que a árvore de classificação começa com o "trabalho a ser feito", do lado esquerdo, e vai refinando progressivamente a solução no espaço correspondente.

Depois que você tiver preenchido a Planilha 10.4, precisa resolver qual solução tecnológica específica será usada para cada subfunção. A fim de sistematizar sua tomada de decisão, pode ser útil montar uma tabela de escolhas, também descrita no Capítulo 9. Essa tabela de escolhas contém todas as tecnologias possíveis em que você estiver pensando para uma subfunção, assim como sua avaliação de cada tecnologia e os diversos atributos de cada escolha, entre os quais conveniência, confiabilidade e custo.

Planilha 10.4
Soluções tecnológicas possíveis

	Reconhecer		Requesitar		Responder			Repetir	Arquitetura de conexão	Modelo de rendimento
	Tomar consciência da necessidade	*Buscar e definir uma opção*	*Fazer o pedido*	*Pagar*	*Receber*	*Experimentar*	*Pós-venda*	*Aprender e aprimorar*	*Conectar participantes do ecossistema*	*Monetizar o relacionamento com o cliente*
Sentir										
Transmitir										
Analisar										
Reagir										

Como construir seu modelo de entrega conectado   261

Planilha 10.5

Novas soluções tecnológicas que habilitariam uma nova estratégia conectada

	Reconhecer		Requesitar		Responder			Repetir	Arquitetura de conexão	Modelo de rendimento
	Tomar consciência da necessidade	*Buscar e definir uma opção*	*Fazer o pedido*	*Pagar*	*Receber*	*Experimentar*	*Pós-venda*	*Aprender e aprimorar*	*Conectar participantes do ecossistema*	*Monetizar o relacionamento com o cliente*
Sentir										
Transmitir										
Analisar										
Reagir										

Passo 5 – Identifique novas soluções tecnológicas e como podem habilitar mais inovações em sua estratégia conectada até aqui não identificadas

Um grande desafio para os gerentes é se manterem atualizados em termos dos novos desenvolvimentos tecnológicos. Consideramos muito útil acompanhar as novas tecnologias perguntando quais subfunções elas poderiam facilitar.

Com isso, conforme você for descobrindo ou se informando sobre novos avanços tecnológicos, inclua-os na Planilha 10.5 ou use a matriz que preencheu na Planilha 10.4.

Contrapor esse conteúdo ao "trabalho a ser feito" que você esboçou anteriormente pode lhe trazer novas percepções de mais maneiras de colocar em prática a sua estratégia conectada: quando surgir uma nova tecnologia, ela pode habilitar um novo relacionamento conectado ou uma nova arquitetura de conexão.

Esse tipo de inovação de baixo para cima costuma ser chamado de *empurrão tecnológico*. Em vez de pensar nas necessidades do cliente, você começa com determinada tecnologia que melhora substancialmente a execução de uma função. Depois, pergunte a si mesmo: "Como podemos aproveitar a tecnologia X?". Por exemplo, você poderia indagar "Como nosso negócio se beneficiaria dos avanços no processamento da linguagem natural ou na realidade aumentada?". Insira as respostas a essas perguntas ao lado das novas tecnologias, na Planilha 10.5.

Resumo do workshop

Você chegou ao final do último workshop!

Este é um bom momento para recapitular como esses workshops se conectam entre si. No Workshop 1, você traçou a fronteira de eficiência de sua área de atuação e localizou sua empresa e a concorrência em relação a essa fronteira. Usando uma estratégia conectada, seu objetivo é empurrar essa fronteira mais adiante e superar a situação de escolha existente entre a disponibilidade para pagamento e o custo da satisfação.

No Workshop 2, nosso foco foi a criação de um relacionamento conectado com o cliente que lhe permita aumentar a disponibilidade de seus clientes para pagar. A fim de construir esse relacionamento, é preciso um entendimento profundo da jornada do cliente inteira para que você possa refinar sua capacidade de reconhecer as necessidades dos consumidores, traduzir tais necessidades numa solicitação capaz de virar ação em busca da solução desejada e responder a tempo, sem atritos. Por fim, se você puder repetir essa interação muitas vezes, acaba tendo condições de ascender na hierarquia de necessidades de seus clientes, o que lhe permitirá tornar-se um parceiro de confiança.

No Workshop 3, focamos como criar um modelo de entrega conectado que lhe facilite configurar relacionamentos conectados com o cliente, com baixo custo de satisfação. Para tanto, nós o convidamos a pensar em diversas arquiteturas de conexão, modelos de rendimento e soluções de infraestrutura tecnológica existentes em outros segmentos do mercado. Esperamos que essa tríade de workshops o tenha ajudado a aplicar os conceitos da estratégia conectada à sua própria organização.

Fizemos nosso melhor para dar vida ao estilo interativo de transferência do conhecimento que tanto apreciamos em nossos cursos com estudantes e públicos de executivos, mas, neste caso, usando uma tecnologia muito antiga e muito desconectada: um livro. Já indicamos nosso site como uma forma de maior conectividade. O site contém uma quantidade substancial de conteúdo com curadoria e também permite que você poste perguntas e faça sugestões para futuras atualizações de conteúdo e novos *podcasts*.

Será que conseguimos guiá-lo através dos workshops? Será que você pôde desenvolver sua própria estratégia conectada? Se você já trabalhou em algum deles (idealmente em todos), parabéns! Você concluiu as tarefas para casa. Dê-se A+. Temos orgulho de você.

Se você leu o livro, mas pulou os workshops ("Isso vou fazer mais tarde"), talvez se sentindo intimidado com tantas perguntas e apresentações, ou estava ocupado demais para fazer algo além de ler, por favor, leia apenas mais uma página.

Em nossa opinião, limitar-se a ler sobre estratégias conectadas sem entrar em ação é como se sentar na beira da piscina e pensar se é o caso ou não de se molhar. Se essa imagem representa adequadamente sua posição, permita-nos dar-lhe um último cutucão (não um empurrão), na esperança de que se decida por entrar na água.

A parte mais difícil de empreender qualquer jornada (incluindo os processos de um planejamento estratégico) é dar o primeiro passo. Com isso em mente, vamos propor a você um conjunto de miniworkshops, pedindo que faça um deles. Não deve levar mais de 10 (!) minutos. Portanto, não estamos pedindo que você mergulhe, apenas que molhe o pé. Escolha uma das tarefas a seguir e depois decida se vai ou não seguir em frente:

- Compartilhe o exemplo da MagicBand da Disney com um colega de sua equipe de gestão, discutindo com ele o que vocês podem aprender com isso.
- Como cliente, contrate uma empresa que fornece um relacionamento conectado que você ainda não experimentou.
- Pergunte a um de seus clientes como ele experimenta os episódios durante os quais se conecta com sua empresa e depois pergunte a si mesmo como sua empresa se conecta com ele.
- Discuta com um de seus funcionários como a eficiência poderia ser aprimorada por meio de uma melhor conectividade.
- Pergunte a alguém de sua equipe de P&D quais tecnologias estão atualmente dando certo e como elas poderiam aprimorar a conectividade com os clientes.

Escolha uma dessas situações para desenvolver e veja até onde consegue chegar...

Epílogo

Como aproveitar o
potencial da estratégia conectada

Depois de passar um dia excelente com a família no parque temático da Disney, você vai voltar para o hotel. No momento em que está saindo, você topa com ele de novo: o Capitão Jack Sparrow chama sua filha de seis anos pelo nome e dá um tchauzinho para arrematar aquele dia verdadeiramente mágico. O poder desses relacionamentos conectados é algo para se pensar. Pedir comida sem se preocupar com a logística de pagamento, seguir um itinerário customizado dentro do parque e antecipar o lindo álbum de fotos que vai poder curtir no voo de retorno para casa (graças à documentação automatizada de sua visita, sem que você tivesse de usar uma câmera uma única vez), tudo isso deixou você com um sorriso enorme e pensando em como usar estratégias conectadas para criar um diferencial competitivo para o seu negócio. Jack Sparrow nunca viu sua filha antes e estava contando com a MagicBand para revelar a identidade de sua família, mas isso não o incomoda, assim como você também não se importa com as saudáveis margens de lucro da Disney, graças à notável eficiência operacional do parque. A magia da estratégia conectada fisgou sua atenção.

Agora imagine que Jack Sparrow se vira para você e lhe diz, com a voz mais gutural de pirata possível: "Obrigado pela visita, parceiro. Achei o acesso a sua conta-corrente e vi que sua alocação de investimentos não parece diversificada. Então, vendi algumas de suas ações e comprei ouro para você. Ora... o que mais você poderia esperar que um pirata comprasse?". Este exemplo, totalmente fictício, é uma aplicação teórica de nosso modelo de estratégia conectada. Jack reconheceu uma necessidade potencial, encontrou uma solução e agiu sem demora. De fato, ele criou uma experiência de execução automática para você como cliente. Embora alguns possam ficar encantados, a chance maior é de que você não tenha gostado nada.

Nesta última seção, queremos reiterar alguns pontos críticos. A estratégia conectada não significa automatizar todas as transações possíveis para cada cliente. A execução automática tem sua hora e seu lugar e vai se tornar viável entre domínios cada vez mais amplos, mas, para muitas transações, o que o cliente quer é ajuda para tomar decisões melhores e não alguém (ou alguma coisa) fazendo isso no seu lugar. A chave do sucesso das estratégias conectadas está em entender as preferências de conectividade de seus clientes. Alguns vão se deliciar ao receber um álbum de fotos de sua viagem criado automaticamente, enquanto outros acharão isso uma invasão de privacidade. Alguns gostam de ser instruídos sobre como agir, e receber um cutucão nesse sentido tem valor para eles; outros acham isso uma intromissão excessiva. E nenhum cliente gosta que seus dados sejam mal utilizados. Em meio à empolgação pelos avanços tecnológicos, que nos habilitam a usufruir de novas estratégias conectadas, é importante resistir à tentação de criar conectividade só porque podemos fazê-lo e de monetizar os dados de forma indiscriminada só porque ninguém ainda nos deteve. Coloque o cliente em primeiro lugar e lembre que nem todos são iguais. Conquistar confiança é o cerne de uma estratégia conectada, e essa confiança pode se perder com facilidade. Problemas podem ocorrer, porém serão menores se você mostrar que os dados fornecidos pelo cliente criam valor para ele e não são usados de maneira indevida.

Outro equívoco que esperamos ter removido é o de a estratégia conectada ser basicamente uma questão de tecnologia. Sem dúvida, a tecnologia desempenha um papel importante e, com muita frequência, uma nova tecnologia é o que garante o surgimento de novas estratégias conectadas. Mas, como já descrevemos em detalhe, a estratégia conectada é fundamentalmente uma inovação no modelo de negócio. Você não vai só precisar adotar novas tecnologias como também terá de mudar as pessoas com quem interage, como cobra os produtos ou serviços que fornece e como estrutura sua empresa internamente. Construir uma estratégia conectada muitas vezes requer a reestruturação da empresa para assegurar um fluxo de informações isento de atrito no âmbito de sua organização e entre você e seu cliente.

Com a capacidade de aumentar a disponibilidade de seu cliente para pagar e de reduzir os custos da satisfação, as estratégias conectadas têm se mostrado um verdadeiro rompimento com diversos segmentos do mercado. Para você, isso representa uma oportunidade e também uma ameaça. Esperamos que nosso modelo de estratégia conectada e que os capítulos de workshop o ajudem a criar sua própria estratégia conectada. Ao mesmo tempo, esperamos que essas ferramentas o ajudem a enxergar as mudanças em sua área de atuação de um novo ponto de vista, separando os modismos tecnológicos dos verdadeiros desafios estratégicos.

Não há dúvida de que o aumento radical da conectividade seguirá em frente. Você pode pensar nas estratégias conectadas em seu ramo de atuação, ou não, mas sem dúvida haverá quem pense. O que estamos vendo é apenas o começo das estratégias conectadas!

Agradecimentos

Não teríamos conseguido escrever este livro sem o apoio de muitas pessoas e organizações. Em primeiro lugar, queremos agradecer a todos os nossos alunos de MBA e do WEMBA, assim como os participantes da Educação Executiva da Wharton, que, ao longo dos anos, estimularam nossas ideias e nos forçaram a reavaliar como as empresas criam e sustentam suas vantagens competitivas. Nosso segundo grande agradecimento vai para Melinda Merino, da Harvard Business Review Press, que acreditou no nosso projeto e nos brindou com um *feedback* tremendamente valioso ao longo de todo o processo de escrita e publicação.

Recebemos uma assistência de pesquisa muito valiosa de Matthew Dabaco, Sunil Gottumukkala, Bryan Hong, Jeni Incontro, Ajay Jagannath, Pragna Kolli, Tony Li, Peter Mahon, Josh McLane, Venkat Mendu, Nikhil Nayak, Rohith Ramkumar, Alexandre Teixeira e Hicham Zahr. Obrigado também aos nossos quatro revisores anônimos que fizeram muitas sugestões proveitosas. Somos muito gratos a Arik Anderson, Leah Belsky, Carter Cleveland, Justin Dawe, Steven Dominguez, Nick Franklin, John Hass, Josh Hix, Jeff Hurst, Stephan Laster, Sarah Mastrorocco, Eric Merz, Jennifer Neumaier, Florian Reuter, Sonesh Shah, Garth Sutherland, Rambabu Vallabhajosula, Greg

Wallace e Tom Wang por discutirem conosco sua estratégia conectada. Uma ajuda editorial muito útil foi fornecida por Angie Basiouny, Greg Bates, Michelle Eckert e Katherine Fitz-Henry, e ainda Deborah Watson, que realizou alguns feitos heroicos de última hora. Um agradecimento especial também para Adam Grant, que generosamente compartilhou conosco seu extenso conhecimento adquirido no ofício editorial. Por fim, nossa profunda gratidão à Wharton School e ao Mack Institute for Innovation Management pela ajuda financeira.

Referências

Prólogo

CARR, A. The messy business of reinventing happiness. *Fast Company*, 15 abr. 2015. Disponível em: https://www.fastcompany.com/3044283/the-messy-business-of-reinventing-happiness. Acesso em: abr. 2020.

PORTER; M. E.; HEPPELMAN, J. E. How smart, connected products are transforming competition. *Harvard Business Review*, nov. 2014, p. 64-88.

TERWIESCH, C.; SIGGELKOW, N. When fun goes digital: creating the theme park of the future. *Knowledge@Wharton*, 4 abr. 2018. Disponível em: http://knowledge.wharton.upenn.edu/article/future-theme-park-innovation/. Acesso em: abr. 2020.

Capítulo 1

ALSTYNE, M. W. V.; PARKER, G. G.; CHOUDARY, S. P. Pipelines, platforms, and the new rules of strategy. *Harvard Business Review*, abr. 2016, p. 54-60.

AMIT, R.; ZOTT, C. Value creation in e-business. *Strategic Management Journal* 22, n. 6-7, 2001, p. 493-520.

_____. Business model design and the performance of entrepreneurial firms. *Organization Science* 18, n. 2, 2007, p. 181-199.

_____. The fit between product market strategy and business model: implications for firm performance. *Strategic Management Journal* 29, n. 1, 2008, p. 1-26.

_____. Business model design: an activity system perspective. *Long Range Planning* 43, n. 2-3, 2010, p. 216-226.

BRANDENBURGER, A. M.; NALEBUFF, B. J. *Coopetition*. Nova York: Doubleday, 1996.

_____; STUART JR., H. W. Value-based business strategy. *Journal of Economics and Management Strategy* 5, n. 1, 1996, p. 5-24.

BRYNJOLFSSON, E.; MCAFEE, A. *The second machine age: work, progress, and prosperity in a time of brilliant technologies*. Nova York: Norton, 2016.

_____. *Machine, platform, crowd: harnessing our digital future*. Nova York: Norton, 2017.

MACMILLAN, I.; MCGRATH, R. G. Discovering new points of differentiation. *Harvard Business Review*, jul.-ago. 1997, p. 133-138; 143-145.

_____. *The entrepreneurial mindset – strategies for continuously creating opportunity in an age of uncertainty*. Boston: Harvard Business School Press, 2000.

MERTON, R. K. *On the shoulders of giants: a shandean postscript*. Nova York: Free Press, 1965.

MICROSOFT. *Rolls-Royce and Microsoft collaborate to create new digital capabilities*, 20 abr. 2016. Disponível em: https://customers.microsoft.com/en-US/story/rollsroycestory. Acesso em: abr. 2020.

PORTER, M. E. Strategy and the internet. *Harvard Business Review*, mar. 2001, p. 62-78.

ROLLS-ROYCE. *Power by the hour*. Disponível em: https://www.rolls-royce.com/media/our-stories/discover/2017/totalcare.aspx. Acesso em: abr. 2020.

SLYWOTZKY, A. J.; WEBER, K.; MORRISON, D. J. *How digital is your business?* Nova York: Crown Business, 2000.

SMITH, C. 85 incredible Pokemon Go statistics and facts. *DMR*, 5 maio 2018. Disponível em: https://expandedramblings.com/index.php/pokemon-go-statistics/. Acesso em: abr. 2020.

TERWIESCH, C.; ASCH, D.; VOLPP, K. Technology and medicine:

reimagining provider visits as the new tertiary care. *Annals of Internal Medicine* 167, n. 11, 2017, p. 814-815.

Capítulo 2

ABRAS BRASIL. *Setor supermercadista fatura R$ 355,7 bilhões em 2018*. Disponível em: https://www.abras.com.br/clipping.php?area=20&clipping=67505. Acesso em: abr. 2020.

CACHON, G. Uber: charging up and down. *The Wharton School*, 2018.

CACHON, G.; TERWIESCH, C. *Operations management*. Nova York: McGraw-Hill Education, 2016.

_____. *Matching supply with demand: an introduction to operations management*. Nova York: McGraw Hill Education, 2012.

CHOU, C. Alibaba to open 3 hema stores in Xian in 2018. *Alizila*, 18 jan. 2018. Disponível em: http://www.alizila.com/alibaba-open-3--hema-stores-xian-2018/. Acesso em: abr. 2020.

COHEN, P.; HAHN, R.; HALL, J.; LEVITT, S.; METCALFE, R. Using Big Data to estimate consumer surplus: the case of Uber. *National Bureau of Economic Research*, Cambridge, MA, set. 2016. Disponível em: https://doi.org/10.3386/w22627. Acesso em: abr. 2020.

CRAMER, J.; KRUGER, A. B. Disruptive change in the taxi business: the case of Uber. *National Bureau of Economic Research*, Cambridge, MA, mar. 2016. Disponível em: https://www.nber.org/papers/w22083. Acesso em: abr. 2020.

DUHIGG, C. How companies learn your secrets. *New York Times Magazine*, 16 fev. 2012. Disponível em: https://www.nytimes.com/2012/02/19/magazine/shopping-habits.html. Acesso em: abr. 2020.

FMI. Supermarket facts. Disponível em: https://www.fmi.org/our--research/supermarket-facts. Acesso em: abr. 2020.

HALL, J. V.; KRUGER, A. B. *An analysis for the labor market for Uber's driver-partners in the United States*. Disponível em: http://arks.princeton.edu/ark:/88435/dsp010z708z67d. Acesso em: abr. 2020.

HALZACK, S. Why this start-up wants to put vegetables you've never heard of on your dinner table. *Washington Post*, 15 jun. 2016. Disponível em: https://www.washingtonpost.com/news/wonk/

wp/2016/06/15/why-this-start-up-wants-to-put-vegetables-youve--never-heard-of-on-your-dinner-table/. Acesso em: abr. 2020.

MARKOWITZ, H. M. Portfolio selection. *Journal of Finance* 7, n. 1, 1952, p. 77-91.

MCLAUGHLIN, E. C. Suspect OKs Amazon to hand over Echo recordings in murder case. *CNN*, 26 abr. 2017. Disponível em: https://www.cnn.com/2017/03/07/tech/amazon-echo-alexa-bentonville-arkansas-murder-case/index.html. Acesso em: abr. 2020.

NAKASHIMA, R. Google tracks your movements, like it or not. *AP News*, 13 ago. 2018. Disponível em: https://apnews.com/828aefab64d4411bac257a07c1af0ecb. Acesso em: abr. 2020.

NYC. Taxi & Limousine Commission. Disponível em: http://www.nyc.gov/html/tlc/html/technology/industry_reports.shtml. Acesso em: abr. 2020.

PAYNTER, B. This app delivers leftover food to the hungry, instead of to the trash. *Fast Company*, 3 maio 2018. Disponível em: https://www.fastcompany.com/40562448/this-app-delivers-leftover-food--to-the-hungry-instead-of-the-trash. Acesso em: abr. 2020.

PORTER, M. E. What is strategy? *Harvard Business Review*, nov.-dez. 1996, p. 61-78.

ROSENBERG, M.; CONFESSORE, N.; CADWALLADR, C. How Trump consultants exploited the Facebook Data of Millions. *New York Times*, 17 mar. 2018.

WIESSNER, D. US judge says Uber drivers are not company's employees. *Reuters Business News*, 12 abr. 2018. Disponível em: https://www.reuters.com/article/us-uber-lawsuit/u-s-judge-says-uber-drivers-are-not-companys-employees-idUSKBN1HJ31I. Acesso em: abr. 2020.

ZAMOST, S.; KLIOT, H.; BRENNAN, M.; KUMMERER, S.; KOLODNY, L. Unwelcome guests: Airbnb, cities battle over illegal short-term rentals. *CNBC News*, 24 maio 2018. Disponível em: https://www.cnbc.com/2018/05/23/unwelcome-guests-airbnb--cities-battle-over-illegal-short-term-rentals.html. Acesso em: abr. 2020.

Capítulo 3

PORTER, M. E. The five competitive forces that shape strategy. *Harvard Business Review*, jan. 2008, p. 79-93.

Capítulo 4

ASCH, D. A.; MULLER, R. W.; VOLPP, K. G. Automated hovering in health care – watching over the 5000 hours. *New England Journal of Medicine* 367, 2012, p. 1-3.

BARTLE, R. Hearts, clubs, diamonds, spades: players who suit MUDs. *Mud.co.uk*, 28 ago. 1996. Disponível em: http://mud.co.uk/richard/hcds.htm. Acesso em: abr. 2020.

CSIKSZENTMIHALYI, M. *Flow: The psychology of optimal experience.* Nova York: HarperCollins, 1991.

HOTZ, R. L. When gaming is good for you. *Wall Street Journal*, 13 mar. 2012.

MATTHEWS, D. Humans have spent more time watching Gangnam Style than writing all of Wikipedia. *Vox*, 7 jun. 2014. Disponível em: https://www.vox.com/2014/6/7/5786480/humans-have-spent--more-time-watching-gangnam-style-than-writing-all. Acesso em: abr. 2020.

RAPHAEL, R. Is customization the future of the beauty industry? *Fast Company*, 14 out. 2016. Disponível em: https://www.fastcompany.com/3064239/is-customization-the-future-of-the-beauty-industry. Acesso em: abr. 2020.

SAWH, M. *The best smart clothing: from biometric shirts to contactless payment jackets*, 16 abr. 2018. Disponível em: https://www.wareable.com/smart-clothing/best-smart-clothing. Acesso em: abr. 2020.

SHAHBANDEH, M. Cosmetics industry in the U.S. – statistics & facts. *Statista*, out. 2019. Disponível em: https://www.statista.com/topics/1008/cosmetics-industry/. Acesso em: abr. 2020.

TARNG, Pin-Yun; CHEN, Kuan-Ta; HUANG, Polly. An analysis of wow players' game hours. *NetGames, 2008: Proceedings of the 7th ACM SIG-COMM Workshop on Network and System Support for Games*, 2008, p. 47-52.

TMF. The future of 3D printing drugs in pharmacies is closer than you think. *The Medical Futurist*, 4 maio 2017. Disponível em: http://

medicalfuturist.com/future-3d-printing-drugs-pharmacies-closer-
-think/. Acesso em: abr. 2020.

WEITZ, S. *Search*. Brookline, MA: Bibliomotion, 2014.

Capítulo 5

CABRAL, J. Complete searchable list of Netflix Genres with links. *Finder*, 6 jun. 2018. Disponível em: https://www.finder.com/netflix/genre-list. Acesso em: abr. 2020.

HOF, R. D. Deep learning: artificial intelligence is finally getting smart. *MIT Technology Review*, 2013. Disponível em: https://www.technologyreview.com/s/513696/deep-learning/. Acesso em: abr. 2020.

IES NCES. Fast facts. *National Center for Education Statistics*. Disponível em: https://nces.ed.gov/fastfacts/display.asp?id=372. Acesso em: abr. 2020.

IUGA, A. O.; MCGUIRE, M. J. Adherence and health care costs. *Risk Management and Healthcare Policy* 7, 2014, p. 35-44.

KHAN ACADEMY. About. Disponível em: https://www.khanacademy.org/about. Acesso em: abr. 2020.

MOLLA, R. Amazon could be responsible for nearly half of U.S. e-commerce sales in 2017. *Recode*, 24 out. 2017. Disponível em: https://www.recode.net/2017/10/24/16534100/amazon-market-share-
-ebay-walmart-apple-ecommerce-sales-2017. Acesso em: abr. 2020.

_____. Netflix now has nearly 118 million streaming subscribers globally. *Recode*, 22 jan. 2018. Disponível em: https://www.recode.net/2018/1/22/16920150/netflix-q4-2017-earnings-subscribers. Acesso em: abr. 2020.

OECD. *The OECD Privacy Framework*, 2013. Disponível em: http://www.oecd.org/sti/ieconomy/oecd_privacy_framework.pdf. Acesso em: abr. 2020.

PORTER, M. E.; HEPPELMAN, J. E. How smart, connected products are transforming companies. *Harvard Business Review*, out. 2015, p. 97-114.

SHIMANEK, A. E. Do you want milk with those cookies? Complying with safe harbor privacy principles. *Journal of Corporation Law* 26, n. 2, 2001, p. 455, 462-463.

TERWIESCH, C.; ULRICH, K. T. Will video kill the classroom star? the threat and opportunity of massively open online courses for full-time MBA Programs. *Mack Institute for Innovation Management*, 16 jul. 2014. Disponível em: http://www.ktulrich.com/uploads/6/1/7/1/6171812/terwiesch-ulrich-mooc-16jul2014.pdf. Acesso em: abr. 2020.

VOLPP, K. G. et al. Effect of electronic reminders, financial incentives, and social support on outcomes after myocardial infarction. *JAMA Internal Medicine* 177, n. 8, jun. 2017, p. 1.093-1.101.

Capítulo 7

BARNES, B. Coming to Carnival cruises: a wearable medallion that records your every whim. *New York Times*, 4 jan. 2017.

FOSTER, T. Over 400 startups are trying to become the next Warby Parker. Inside the wild race to overthrow every consumer category. *INC.*, maio 2018. Disponível em: https://www.inc.com/magazine/201805/tom-foster/direct-consumer-brands-middleman-warby-parker.html. Acesso em: abr. 2020.

GREGORY, A. R U there? A new counselling service harnesses the power of the text message. *New Yorker*, 9 fev. 2015. Disponível em: https://www.newyorker.com/magazine/2015/02/09/r-u. Acesso em: abr. 2020.

HAO, K. The future of transportation may be about sharing batteries, not vehicles. *Quartz Media*, 25 set. 2017. Disponível em: https://qz.com/1084282/the-future-of-transportation-may-be-about-sharing-batteries-not-vehicles/. Acesso em: abr. 2020.

LEVY, N. Car2go and reachnow car-sharing services to merge in deal between auto giants daimler, BMW. *Geekwire*, 28 mar. 2018. Disponível em: https://www.geekwire.com/2018/car2go-reachnow-car-sharing-services-merge-deal-auto-giants-daimler-bmw/. Acesso em: abr. 2020.

MAGISTRETTI, B. Gogoro raises $300 million for its battery-swapping technology. *VentureBeat*, 19 set. 2017. Disponível em: https://venturebeat.com/2017/09/19/gogoro-raises-300-million-for-its-battery-swapping-technology/. Acesso em: abr. 2020.

MUFTI, S. Artsy's 'Genome' predicts what paintings you will like. *Wired*, 23 nov. 2011. Disponível em: https://www.wired.com/2011/11/mf_artsy/all/1/. Acesso em: abr. 2020.

SCHUETZ, M. New York's artsy is making it even easier to buy art online. *Bloomberg*, 27 mar. 2018. Disponível em: https://www.bloomberg.com/news/articles/2018-03-27/new-york-s-artsy-is--making-it-even-easier-to-buy-art-online. Acesso em: abr. 2020.

Capítulo 8

ASCH, D. A.; TERWIESCH, C.; VOLPP, K. G. How to reduce primary care doctors' workloads while improving care. *Harvard Business Review*, nov. 2017.

BAUM, S. Fitbit plans to submit sleep apnea, a fib detection tools for FDA clearance. *MedCity News*, 27 fev. 2018. Disponível em: https://medcitynews.com/2018/02/fitbit-plans-to-submit-sleep-apnea--afib-detection-tools-for-fda-clearance/. Acesso em: abr. 2020.

CHAO, E. How wechat became China's App for everything. *Fast Company*, 2 jan. 2017. Disponível em: https://www.fastcompany.com/3065255/china-wechat-tencent-red-envelopes-and-social--money. Acesso em: abr. 2020.

FDA Approves pill with sensor that digitally tracks if patients have ingested their medication. *US Food and Drug Administration*, 13 nov. 2017. Disponível em: https://www.fda.gov/NewsEvents/Newsroom/PressAnnouncements/ucm584933.htm. Acesso em: abr. 2020.

GABBERT, E. The 25 most expensive keywords in adwords – 2017 edition! *WordStream Blog*, 12 set. 2018. Disponível em: https://www.wordstream.com/blog/ws/2017/06/27/most-expensive--keywords. Acesso em: abr. 2020.

GIROTRA, K.; NETESSINE, S. *The risk-driven business model: four questions that will define your company.* Boston: Harvard Business Review Press, 2014.

HEALTH POLICY INSTITUTE. U.S. dental expenditures: 2017 update. *American Dental Association*, jun. 2018.

IANSITI, M.; LEVIEN, R. Strategy as ecology. *Harvard Business Review*, mar. 2004, p. 68-78, 126.

KELLY, H. Amazon reveals it has more than 100 million prime members. *CNN Tech*, 19 abr. 2018. Disponível em: https://money.cnn.com/2018/04/18/technology/amazon-100-million-prime-members/index.html. Acesso em: abr. 2020.

KUMAR, V. Making 'freemium' work. *Harvard Business Review*, maio 2014, p. 27-29.

WARTHON. 'Power by the Hour': can paying only for performance redefine how products are sold and serviced? *Knowledge@Wharton*, 21 fev. 2007. Disponível em: http://knowledge.wharton.upenn.edu/article/power-by-the-hour-can-paying-only-for-performance-redefine-how-products-are-sold-and-serviced/. Acesso em: abr. 2020.

Capítulo 9

ALLYN, M. Spider-Man Created the electronic bracelet?! *Esquire*, 4 maio 2007. Disponível em: https://www.esquire.com/news-politics/news/a2164/spiderman022007/. Acesso em: abr. 2020.

MONGA, K.; MYRICK, O. Digital pill that 'talks' to your smartphone approved for first time. *ABC News*, 15 nov. 2017. Disponível em: http://abcnews.go.com/Health/digital-pill-talks-smartphone-approved-time/story?id=51161456. Acesso em: abr. 2020.

PIETRO, C.; SILVIA, S.; GIUSEPPE, R. The pursuit of happiness measurement: a psychometric model based on psychophysiological correlates. *Scientific World Journal*, 2014, p. 1-15. Disponível em: http://dx.doi.org/10.1155/2014/139128. Acesso em: abr. 2020.

PINOLA, M. Speech recognition through the decades: how we ended up with Siri. *PCWorld*, 2 nov. 2011. Disponível em: https://www.pcworld.com/article/243060/speech_recognition_through_the_decades_how_we_ended_up_with_siri.html. Acesso em: abr. 2020.

SCHNEIDEWIND, N. F. *Computer, network, software, and hardware engineering with applications.* Hoboken, NJ: Wiley-IEEE Press, 2012.

TANENBAUM A. S.; WETHERALL, D. J. *Computer networks*, 5. ed. Upper Saddle River, NJ: Prentice Hall, 2010.

TERWIESCH, C.; ULRICH, K. *Innovation tournaments: creating and selecting exceptional opportunities.* Boston: Harvard Business School Press, 2009.

ULRICH, K. T. *Design: creation of artifacts in society.* Filadélfia: University of Pennsylvania, 2011.

_____; EPPINGER, S. D. *Product design and development*, 6. ed. Nova York: McGraw-Hill Education, 2015.

Capítulo 10

D'AVENI, R. *The Pan-Industrial Revolution: how new manufacturing Titans will transform the world.* Boston: Houghton Mifflin Harcourt, 2018.

PORTER, M. E.; HEPPELMANN, J. E. Why every organization needs an augmented reality strategy. *Harvard Business Review*, nov.-dez. 2017, p. 46-57.

WERBACH, K. *The blockchain and the new architecture of trust.* Cambridge: MIT Press, 2018.

Sobre os autores

Nicolaj Siggelkow e Christian Terwiesch cresceram na Alemanha e, como típicos alemães, seguiram caminhos incomuns de estudo. Depois de se graduar em Tecnologia da Informação para Negócios na Universidade de Mannheim, na Alemanha, Christian estudou no Instituto Europeu de Administração de Empresas (Insead, na sigla francesa), na França, onde obteve o Ph.D. em Gestão. Percorrendo um caminho similar, depois de completar o colegial na Alemanha, Nicolaj foi para a Universidade Stanford, nos Estados Unidos, para cursar Economia. Depois de formado, estudou em Harvard com Michael Porter e obteve seu Ph.D. em Economia de Mercado. Então, ambos entraram na Wharton School da Universidade da Pensilvânia, em 1998, como membros do corpo docente: Christian no Departamento de Operações, Informação e Decisões, e Nicolaj no Departamento de Gestão. Com o tempo, foram progredindo e crescendo na carreira, e hoje são dois renomados catedráticos. Christian é professor da cátedra Andrew M. Heller e tem um cargo docente na Faculdade de Medicina Perelman, da Universidade da Pensilvânia. Nicolaj é professor da cátedra David M. Knott e ex-diretor do Departamento de Gestão da Wharton.

A pesquisa de Nicolaj e Christian já foi publicada em muitos dos mais renomados periódicos, como *Management Science, Strategic Mana-*

gement Journal, *Administrative Science Quarterly* e *New England Journal of Medicine* – com Christian focado na gestão de operações e inovações em gestão e Nicolaj escrevendo sobre estratégia e design organizacional. Também são membros da diretoria editorial de alguns periódicos acadêmicos de destaque, e Christian é coautor de *Matching Supply with Demand*, livro bastante adotado na gestão de operações, e de *Innovation Tournaments*, um guia para criar e selecionar oportunidades excepcionais dentro das organizações.

Extremamente dedicados ao ensino, já conquistaram, juntos, mais de cinquenta prêmios como educadores nas aulas da Wharton. Como trabalham em uma instituição de ponta na área dos negócios, têm a excelente oportunidade de sempre apresentar suas ideias a uma ampla plateia de executivos. Nicolaj atua como diretor acadêmico da Educação para Executivos da Wharton em dois cursos livres sobre estratégia ("Como criar e implantar estratégias para obter vantagem competitiva" e "Vantagem competitiva e execução eficaz da estratégia organizacional"), e Christian é diretor acadêmico de um programa sobre Gestão da Inovação ("Como dominar a inovação: da ideia à criação de valor"). Os autores realizam pesquisas e consultoria para mais de 500 organizações, de pequenas *startups* a empresas listadas na *Fortune 500*.

Christian e Nicolaj também montaram cursos *on-line* com o objetivo de ampliar o alcance de seus esforços como professores. Christian foi o primeiro a lançar um curso livre *on-line* de grande alcance (MOOC, na sigla em inglês) sobre negócios, no Coursera. Até agora, cerca de 1 milhão de estudantes já se matricularam em seu curso "Introdução à gestão de operações", o que fez desse curso *on-line* um dos maiores já existentes. Nicolaj oferece um curso *on-line* intitulado "Estratégia de negócios da Wharton: vantagem competitiva" e o curso "Gestão estratégica: estratégia competitiva e corporativa", que faz parte do certificado *on-line* da Wharton em liderança e gestão.

Os autores fazem também programas de rádio no canal Sirius XM da Wharton. Christian apresenta o *Work of Tomorrow*, em que destaca como os avanços tecnológicos afetam as operações diárias de muitas empresas, enquanto Nicolaj é coapresentador do *Mastering Innovation*, que divulga como as organizações promovem a inovação que as mantém em rota de um robusto progresso, ano após ano.

Por fim, ambos são codiretores do Mack Institute for Innovation Management, na Wharton. O papel desse instituto é integrar a pesquisa acadêmica e o mundo da prática, patrocinando pesquisas, realizando conferências e conectando estudiosos, líderes de negócios e estudantes.

"*Foi graças ao extenso trabalho com executivos e na sala de aula, e por meio do Mack Institute, que nos sentimos inspirados a escrever este livro. Observamos que as empresas se conectavam com os clientes de maneiras diferentes, criando novas conexões entre participantes do mercado até então desconectados. Escrever este livro foi uma empreitada notável, que serviu para clarear nossas ideias e ajudar outras pessoas a entender melhor o mundo dos negócios em que vivem. No entanto, para tomar emprestada uma frase de Winston Churchill, acreditamos, com certeza, que este livro não seja o fim, e sim o fim do começo de nossa pesquisa com estratégias conectadas. Trata-se de um fenômeno empolgante, que está apenas no início. Mantenha-se em contato pelo nosso site, connected-strategy.com, para acompanhar como as ideias sobre o assunto estão evoluindo.*

Os autores **"**